Questões Controvertidas de
**DIREITO DO TRABALHO
E OUTROS ESTUDOS**

Q5   Questões controvertidas de Direito do Trabalho e outros estudos /
Gilberto Stürmer, org.; Amélia Elisabeth Baldoino da Silva Stürmer
... [*et al.*] – Porto Alegre: Livraria do Advogado Ed., 2006.
207 p.; 23 cm.

ISBN 85-7348-410-1

1. Direito do Trabalho. I. Stürmer, Gilberto, org. II. Stürmer, Amélia
Elisabeth Baldoino da Silva.

CDU - 331

Índices para o catálogo sistemático:
Direito do Trabalho

(Bibliotecária Responsável: Marta Roberto, CRB-10/652)

Gilberto Stürmer
Organizador

Questões Controvertidas de DIREITO DO TRABALHO E OUTROS ESTUDOS

Amélia Elisabeth Baldoino da Silva Stürmer
Ana Maria Ortiz Machado
André Jobim de Azevedo
Denise Pires Fincato
Eugênio Hainzenreder Júnior
Gilberto Stürmer (org.)
Guilherme Pederneiras Jaeger
Janete Aparecida Deste
Luciane Cardoso Barzotto
Mariangela de Oliveira Guaspari
Olga Maria Boschi Aguiar de Oliveira
Rafael Foresti Pego
Simone Cruxên Gonçalves

Porto Alegre, 2006

©

Amélia Elisabeth Baldoino da Silva Stürmer
Ana Maria Ortiz Machado
André Jobim de Azevedo
Denise Pires Fincato
Eugênio Hainzenreder Júnior
Gilberto Stürmer (org.)
Guilherme Pederneiras Jaeger
Janete Aparecida Deste
Luciane Cardoso Barzotto
Mariangela de Oliveira Guaspari
Olga Maria Boschi Aguiar de Oliveira
Rafael Foresti Pego
Simone Cruxên Gonçalves
2006

Capa, projeto gráfico e diagramação de
Livraria do Advogado Editora

Revisão
Rosane Marques Borba

Direitos desta edição reservados por
Livraria do Advogado Editora Ltda.
Rua Riachuelo, 1338
90010-273 Porto Alegre RS
Fone/fax: 0800-51-7522
editora@livrariadoadvogado.com.br
www.doadvogado.com.br

Impresso no Brasil / Printed in Brazil

Prefácio

Com o maior respeito e admiração pelo autores – na maioria, professores da PUCRS/Faculdade de Direito, à qual tenho a honra de dirigir – apresento este livro, "Questões Controvertidas de Direito do trabalho e outros Estudos". Faço-o, primeiro, com o propósito de divulgar e incentivar a produção intelectual, fruto de criteriosa pesquisa e reflexões de seus autores, professores reconhecidos e profissionais consagrados nas suas especialidades. Em segundo lugar, faço-o, não com menor prazer, por tratar-se de temas que ocupam lugar de destaque na agenda social, e que, por sua importância, constituem assuntos obrigatórios para os estudiosos do direito. O objetivo do trabalho, fácil perceber, foi o de reunir aspectos de cunho doutrinário, levando-se em consideração o envolvimento fático, com questões da mais delicada valoração e importância, do mais alto interesse público, de inexcedível significado econômico e social. A iniciativa atende uma lacuna, guarda cuidados de sistematização, embora coletiva, é abrangente e de inegável consistência pelo conteúdo e pela unidade interior. É recomendável, também, pelo seu referencial teórico. O trabalho contribuirá para a educação jurídica. O prestigiamento aos autores Amélia Elisabeth Baldoino da Silva Stürmer, Ana Maria Ortiz Machado, André Jobim de Azevedo, Denise Pires Fincato, Eugênio Hainzenreder Júnior, Gilberto Stürmer, Guilherme Pederneiras Jaeger, Janete Aparecida Deste, Luciane Cardoso Barzotto, Mariangela de Oliveira Guaspari, Olga Maria Boschi Aguiar de Oliveira, Simone Cruxên Gonçalves e Rafael Pego, significa reconhecimento e estímulo para outros trabalhos e valiosas contribuições. Como intelectuais que lidam com a ciência e com a vida, na sua face mais pobre - das relações humanas do trabalho - é que eu saúdo os produtores da obra e aos que tiverem o prazer de sorvê-la. É sabido que o número de livros jurídicos é grande, mas nem todos contribuem com novidades e enfoques originais. Este trabalho, ouso afirmar, é instigante e inovador. Desbrava áreas ainda pobremente servidas, mesmo que fundamentais para a paz social. Para o cultor do direito, é uma excelente fonte de consulta.

Dezembro/2005.

Jarbas de Mello e Lima
Diretor da Faculdade de Direito da PUCRS

Sumário

Apresentação
Gilberto Stürmer (org.) 9

1. A constitucionalização do Direito Civil: a propriedade e a liberdade
Amélia Elisabeth Baldoino da Silva Stürmer e *Gilberto Stürmer* 11

2. O estágio de estudantes: oportunidade de aprendizado ou porta aberta para a fraude aos direitos trabalhistas?
Ana Maria Ortiz Machado 21

3. Trabalho insalubre, perigoso e penoso – Fiscalização arts. 161/2 da CLT
André Jobim de Azevedo 33

4. Teletrabalho: uma análise juslaboral
Denise Pires Fincato 45

5. O poder diretivo do empregador frente à intimidade e à vida privada do empregado na relação de emprego: conflitos decorrentes da utilização dos meios informáticos no trabalho
Eugênio Hainzenreder Júnior 63

6. Despedida arbitrária e sem justa causa: inaplicabilidade da Convenção 158 da OIT
Gilberto Stürmer 83

7. O Direito do Trabalho à luz do Direito Internacional Privado: um exercício de teorização
Guilherme Pederneiras Jaeger 91

8. Decisões judiciais: construção e efetividade
Janete Aparecida Deste 109

9. Responsabilidade civil do empregador
Luciane Cardoso Barzotto 117

10. Juízo de admissibilidade dos recursos na Justiça do Trabalho
Mariangela de Oliveira Guaspari 133

11. O contrato-lei no Direito do Trabalho mexicano
Olga Maria Boschi Aguiar de Oliveira 149

12. A proteção ao direito de personalidade do empregado e o novo Código Civil
Simone Cruxên Gonçalves 169

13. Formas de contratar no Direito do Trabalho brasileiro: evolução histórica e aplicação subsidiária do Código Civil
Rafael Foresti Pego 181

Apresentação

O presente livro emerge dos estudos realizados, na maioria, por professores universitários. Oriundo de uma idéia antiga de reunir conclusões acerca dos diversos temas abordados em sala de aula, especialmente de Direito do Trabalho, os Professores do Departamento de Direito Social e Processual do Trabalho da faculdade de Direito da PUCRS, Ana Maria Ortiz Machado, André Jobim de Azevedo, Denise Pires Fincato, Eugênio Hainzenreder Júnior, Gilberto Stürmer, Janete Aparecida Deste, Luciane Cardoso Barzotto e Mariangela de Oliveira Guaspari, acompanhados dos também Professores da PUCRS, Amélia Elisabeth Baldoino da Silva Stürmer (Departamento de Propedêutica Jurídica) e Guilherme Pederneiras Jaeger (Departamento de Direito Público), da Professora Olga Maria Boschi Aguiar de Oliveira (UFSC), da Professora da UNISINOS Simone Cruxên Gonçalves e do bacharel em Direito pela PUCRS Rafael Foresti Pego, trazem ao público em geral, temas atuais e controvertidos.

O livro é prefaciado pelo Diretor da Faculdade de Direito da PUCRS, Professor Jarbas Lima.

Gilberto Stürmer
organizador

— 1 —

A Constitucionalização do Direito Civil: a propriedade e a liberdade

AMÉLIA ELISABETH BALDOINO DA SILVA STÜRMER
Professora de Direito Constitucional na PUCRS,
Mestre em Direito pela PUCRS, Servidora Pública Federal

GILBERTO STÜRMER
Advogado, professor de Direito e Processo do Trabalho na PUCRS,
Coordenador do Departamento de Direito Social e Processual do Trabalho da
Faculdade de Direito da PUCRS, Mestre em Direito pela PUCRS,
Doutor em Direito do Trabalho pela UFSC

Sumário: Introdução; 1. Fases Históricas do Estado Moderno; 2. O início do Constitucionalismo; 3. A Constitucionalização do Direito Civil e a liberdade neste novo contexto; 4. Epílogo: A propriedade como expressão da liberdade.

Introdução

A clássica dicotomia direito público/direito privado, formando esferas quase que impermeáveis no ordenamento jurídico, hodiernamente não se encontra mais tão definida.

Na realidade, a imbricação entre o *publicum* e o *privatum* sempre ensejou controvérsias, e é tão antiga quanto a existência humana. Deita raízes no mundo antigo, mais particularmente, na *pólis* grega, e chega até nós legada pela tradição incorporada e desenvolvida pela cultura romana.[1] [2]

---

[1] Alexandre Pasqualini. O público e o privado. In: Ingo Wolfgang Sarlet (org.). *O direito público em tempos de crise*. Estudos em homenagem a Ruy Ruben Ruschel, 1999, p. 15-16.

[2] Segundo René David, a divisão entre o direito público e o direito privado é um fenômeno exclusivo dos países integrantes da família romano-germânica: "Esta distinção se baseia sobre uma idéia que parece evidente aos juristas desta família: as relações entre governantes e governados dão lugar a problemas específicos, e tornam necessárias normas diversas das que regulam as relações entre as pessoas privadas, quando mais não seja porque o interesse geral e os interesses particulares não podem

O presente estudo trata da questão a partir do chamado Estado Moderno, que costuma ser dividido em três fases históricas distintas: absolutista, liberal e social.[3] O ponto de partida é o Estado Liberal; o rumo, o Estado Social.

1. Fases Históricas do Estado Moderno

O Estado Liberal, antípoda do Estado Absolutista, foi concebido no plano jurídico através da limitação do poder estatal e da legislação do mínimo necessário. O seu surgimento está intrinsecamente ligado à ascensão da burguesia aos poderes econômico e político, tornando universal o ideário de cidadania e dignidade humana a partir da liberdade de aquisição, domínio e transmissão da propriedade.[4] O direito privado, influenciado pelo iluminismo do século XVIII, teve o seu grande desenvolvimento no Estado Liberal:[5]

Este foi o período do apogeu da codificação, sublimada no direito civil como ramo do direito mais representativo da época. Surge o *Code Napoléon* (1804) para dar a satisfação ideológica à nova realidade,[6] constituindo uma ode ao individualismo, e trazendo como princípios fundamentais a família monocrática, a propriedade individual, a autonomia da vontade individual e a responsabilidade individual.[7] No dizer de J. Miguel Lobato Gómez, "o objetivo do Código Civil como instrumento jurídico foi desterrar o passado e instaurar uma nova sociedade civil, construir uma ordem nova para regular todas as relações importantes entre as pessoas, entre estas e os bens, pôr fim aos antigos privilégios senhoriais e desmontar as caducas estruturas sociais e econômicas".[8] O jusnaturalismo e o racionalismo levaram a conceber o ordenamento jurídico, então entendido essencialmente como "direito privado", em função do indivíduo e a considerá-lo como o conjunto dos direitos que a estes cabem. A novel legislação foi saudada como "baluarte da liberdade", pois o contrato nele regulamentado possibilitava o

---

ser pesados na mesma balança". *Os grandes sistemas do direito contemporâneo*. São Paulo: Martins Fontes, 1998, p. 67.

[3] Vide Paulo Luiz Netto Lôbo. A repersonalização das relações de família. In: Carlos Alberto Bittar (coord.). *O Direito de Família e a Constituição de 1988*. São Paulo: Saraiva, 1989, p. 57.

[4] Vide Paulo Luiz Netto Lôbo. *O contrato* – Exigências e concepções atuais. São Paulo: Saraiva, 1986, p. 10-11.

[5] Alexandre Pasqualini. Op. cit., p. 30.

[6] Rosa Maria de Campos Aranovich. Incidência da constituição no direito privado. *Revista da Procuradoria-Geral do Estado*, 22(50), 1994, p 49.

[7] Vide John Gilissen. *Introdução histórica ao direito*. Trad. de A. M. Hespanha e L. M. Macaísta. 2.ed. Lisboa: Fundação Calouste Gulbenkian, 1995, p. 536.

[8] J. Miguel Lobato Gómez. *O Código Bicentenário*. P. 2. Texto utilizado nos Seminários de Pesquisa ministrados no Curso de Pós-Graduação em Direito da Universidade Federal de Santa Catarina, em agosto e setembro de 2004.

acesso à propriedade a todos, porquanto dotados de autonomia. Liberdade de contratar e igualdade formal das partes eram pilares do estado burguês que se completavam reciprocamente, como duas faces da mesma moeda.[9] Continua o Professor J. Miguel Lobato Gómez, registrando que "o Code Civil não é somente um marco monumental da história do Direito Francês – fim da velha ordem jurídica e ponto de partida da nova – senão também um dos elementos culturais mais importantes da organização social contemporânea. Esse texto jurídico, muito reconhecido e celebrado desde sua promulgação, considera-se expressão das liberdades civis, um modelo de legislação moderna e um êxito indiscutível do ponto de vista técnico".[10]

Na lição de Clovis do Couto e Silva,[11] "no Estado liberal, com a nítida separação entre Estado e Sociedade, assumiu extraordinário relevo a autonomia dos particulares, sendo-lhes deferida quase totalmente a formação da ordem privada".

Neste universo, a divisão entre os direitos público e privado apresentava-se bem marcada. O direito privado inseria-se no âmbito dos direitos naturais e inatos dos indivíduos. O público, por seu turno, era aquele emanado pelo Estado para a tutela de interesses gerais, impondo limites aos direitos dos indivíduos somente em razão da exigências destes.[12]

2. O início do Constitucionalismo

A origem formal do constitucionalismo deu-se no período da Revolução Francesa que provocou o primeiro processo constituinte no continente europeu. A partir de então, antigas nações européias e jovens países que se emancipavam na América adotaram a prática de elaborarem suas constituições, algumas delas através de assembléias constituintes.[13]

Espalharam-se pelo mundo os ideais e as teses a respeito da necessidade de um "estado de direito", um sistema jurídico organizado, a todos submetendo – governantes e governados – e a todos dando garantia.

Os indivíduos, ao invés de estarem à mercê do soberano, passam a ter direitos contra ele, imprescritíveis e invioláveis. Em vez de um órgão único, o Rei, passa a haver outros órgãos, tais como Assembléia ou Parlamento, Ministros e Tribunais independentes – para que, como preconizou Montes-

---

[9] Vide Enzo Roppo. *O contrato.* Coimbra: Almedina, 1988, p.35 e Julio Cesar Finger. Constituição e direito privado: algumas notas sobre a chamada constitucionalização do direito civil. In: Ingo Wolfgang Sarlet (org.). *A constituição concretizada. Construindo pontes com o público e o privado.* Porto Alegre: Livraria do Advogado, 2000, p. 89.

[10] J. Miguel Lobato Gómez, ob. cit., p. 2.

[11] *A obrigação como processo.* São Paulo: José Bushatsky, 1976, p. 18.

[12] Rosa Maria de Campos Aranovich. Op. cit., 49.

[13] As primeiras constituições escritas foram a dos Estados Unidos da América, em 1787, e da França, em 1791.

quieu, o poder limite o poder. Daí a necessidade de uma Constituição desenvolvida e complexa: pois quando o poder é mero atributo do Rei, e os indivíduos não são cidadãos, mas sim súditos, não há grande necessidade de estabelecer regras do poder; mas quando o poder é decomposto em várias funções alcunhadas de poderes do Estado, então é mister que se estabeleçam regras para dizer quais são os órgãos a que competem essas funções.[14] [15]

Como salienta Karl Lowenstein:[16] "En un sentido ontológico, se deberá considerar como el telos de toda constitución la creación de instituciones para limitar y controlar el poder político. (...) Desde um ponto de vista histórico, portanto, el constitucionalismo, y en general el constitucionalismo moderno, es un producto de la ideologia liberal."

Com efeito, o constitucionalismo nasce no seio do Estado liberal, e os direitos fundamentais, como categoria dogmática, surgem como uma reação aos excessos do regime absolutista. A solução era limitar e controlar o poder do Estado, pois a não-atuação estatal significava liberdade.[17]

Neste cenário, os direitos fundamentais arrolados nas Constituições desta época representavam apenas uma garantia dos indivíduos contra o Estado, e costumavam ser caracterizados como posições fundamentais subjetivas de natureza defensiva. Ou seja, tornavam possível ao particular defender-se contra prejuízos não autorizados em seu *status* jurídico-constitucional pelos poderes estatais no caminho do direito.[18] São tênues, senão inexistentes, as conexões entre o direito civil e a Constituição. Esta aparece como algo de exterior em relação ao sistema jurídico, contentan-

---

[14] Jorge Miranda. *Manual de Direito constitucional*. 3.ed. Coimbra: Coimbra Editora, Tomo II, 1996. p.17.

[15] Sobre o tema, ver também Nelson Saldanha. *O Estado Moderno e a Separação dos Poderes*. São Paulo: Saraiva, 1987, p. 38, que observa: "O Estado Liberal, teoricamente nascido do consentimento dos indivíduos, tinha por finalidade fazer valerem os direitos destes. Daí a necessidade de estabelecer os limites do poder, mais as relações entre este poder e aqueles direitos. Ou seja, o Estado existiria para garantir tais direitos. No entendimento liberal ortodoxo, portanto, o Estado deveria ter por núcleo um sistema de garantias, e a primeira garantia seria a própria separação dos poderes. Daí a fundamental e primacial relevância do 'princípio' da separação dos poderes, um tema já legível em Aristóteles, retomado por Locke e reformulado com maior eficácia por Montesquieu. Para fixar, verbal e institucionalmente, a divisão do poder, ou, por outra, a separação dos poderes, o Estado liberal precisou de um instrumento jurídico, a Constituição, que o converteu em Estado constitucional".

[16] *Teoría de la constitución*. Trad. para o espanhol de Alfredo Gallego Anabitarte. 2. ed. Barcelona: Editora Ariel, 1976, p. 151. *Tradução livre do autor*: No sentido ontológico, dever-se-á considerar como o *telos* de toda Constituição a criação de instituições para limitar e controlar o poder político. (...) Do ponto de vista histórico, portanto, o constitucionalismo, e em geral o constitucionalismo moderno, é um produto da ideologia liberal.

[17] Flávia Piovesan, Luciana Piovesan e Priscila Kei Sato. Implementação do direito à igualdade, in Cadernos de Direito Constitucional e Ciência Política. *Revista dos Tribunais*, nº 21, outubro-dezembro,1997, p. 139-140.

[18] Vide Konrad Hesse. *Elementos de direito constitucional da República Federal da Alemanha*. Porto Alegre: Fabris, 1998, p. 235.

do-se apenas com a estrutura dos órgãos e de suas competências, como o exercício do poder político.[19]

Surgiram, assim, os hoje denominados direitos de primeira geração,[20] ou de primeira dimensão, com a consagração do direito fundamental de liberdade consignando uma esfera negativa de proteção contra o Estado, devendo este abster-se da invasão na autonomia privada.

Assim como o conceito de Constituição, o conceito de direitos fundamentais surge indissociável da idéia de Direito liberal. Daí que se carreguem as duas características identificadoras da ordem liberal: a postura individualista abstrata e o primado da liberdade, da segurança e da propriedade, completadas pela resistência à opressão.[21] [22]

Como salienta J.J. Gomes Canotilho:[23] "As constituições liberais costumam ser consideradas como 'códigos individualistas' exaltantes dos direitos fundamentais do homem. A noção de indivíduo, elevado à posição de sujeito unificador de uma nova sociedade, manifesta-se fundamentalmente de duas maneiras: (1) a primeira acentua o desenvolvimento do sujeito moral e intelectual livre; (2) a segunda parte do desenvolvimento do sujeito econômico livre no meio da livre concorrência".

Os primeiros passos do constitucionalismo foram marcados pela nítida separação entre direito público e direito privado. De um lado, estava a Constituição, encarregada de dividir os poderes do Estado e limitar o âmbito de sua atuação, entre si e perante os cidadãos, como diploma público; de outro lado, descansava o Código Civil, responsável por regrar as relações entre os particulares, como diploma privado por excelência. Não se cogitava de

---

[19] Palestra proferida por Joaquim de Sousa Ribeiro. Constitucionalização do Direito Civil. *Boletim da Faculdade de Direito*, separata do v. 74, Coimbra, 1998, p. 2.

[20] Vide Alexandre de Moraes. *Direito constitucional*. 9.ed. São Paulo: Atlas, 2001, p. 57-58. Modernamente, a doutrina classifica os direitos fundamentais em gerações, baseando-se na ordem cronológica em que passaram a ser constitucionalmente reconhecidos. Assim, os direitos de primeira geração são os direitos e garantias individuais e políticos clássicos (liberdades públicas); os direitos de segunda geração são os direitos sociais, econômicos e culturais, e os direitos de terceira geração são os chamados direitos de solidariedade ou fraternidade. Saliente-se que há hoje uma tendência em se reconhecer a existência de uma quarta geração ou dimensão de direitos. Vide Paulo Bonavides. *Curso de Direito Constitucional*. 7.ed. São Paulo: Malheiros, 1999, p. 524-525, para quem estes direitos seriam compostos pelos direitos à democracia (no caso, a democracia direta), direito à informação e o direito ao pluralismo. Outros doutrinadores arrolam, ainda, como tais direitos, por exemplo, a manipulação genética, a mudança de sexo, etc. Assim, a classificação em 4ª geração de direitos ainda não está pacificada na ordem constitucional interna. Com efeito, ressalte-se que o termo "gerações" tem recebido críticas das doutrinas nacional e estrangeira, ao fundamento de que pode ensejar a falsa impressão da substituição gradativa de uma geração por outra, razão pela qual há quem prefira o termo "dimensões". Neste sentido, Paulo Bonavides. Ibidem, p. 525 e Ingo Wolfgang Sarlet. *A eficácia dos direitos fundamentais*. Porto Alegre: Livraria do Advogado, 1998, p. 47.

[21] Jorge Miranda. *Manual de Direito Constitucional*. Op. cit. Tomo IV, p. 22.

[22] Sobre o tema, ver Karl Marx. *A questão judaica*. 5.ed. São Paulo: Centauro, 2000, p. 35-42. Para o autor "a segurança é o conceito social supremo da sociedade burguesa, o conceito de polícia, segundo o qual toda a sociedade somente existe para garantir a cada um de seus membros a conservação de sua pessoa, de seus direitos e de sua propriedade".

[23] *Direito constitucional e teoria da constituição*. 2.ed. Coimbra: Almedina, 1997, p. 104.

eventuais ligações entre essas duas fontes, porquanto tratavam de esferas materialmente opostas: o campo de organização e limitação do Estado e o campo de regulação da sociedade civil.[24] A partir da segunda metade do século XIX, a concepção ideológica do Estado passou a mudar, não mais persistindo aquela separação, outrora advogado, entre Estado e sociedade. Ainda que a passos lentos, estava-se a caminho do chamado Estado Social.

O processo de transformação é conseqüência das mudanças econômicas, sociais e jurídicas que se iniciaram após a Primeira Grande Guerra,[25] e que provocaram o surgimento de um Estado intervencionista e regulamentador. A guerra trouxe consigo graves restrições à liberdade contratual e à liberdade de utilização da propriedade, ao publicizar a comercialização de quase todos os bens e ao tomar medidas legislativas relativas à carência de habitação, por exemplo.[26]

O Estado interveio diretamente nas questões sociais e econômicas, por necessidade de sobrevivência, com a conseqüente compressão da autonomia individual.

As Constituições da época, como normas fundamentais do Estado, reagiram às mudanças, não ficando desvinculadas da realidade histórica do seu tempo, ganhando uma nova dimensão.[27]

A Constituição de Weimar, de 1919, embora não tenha sido a primeira,[28] foi o marco referencial desta realidade. Com ela, o panorama das re-

---

[24] Marcos de Campos Ludwig. *Direito público e direito privado: a superação da dicotomia.* In: Judith Martins-Costa (org.). *A Reconstrução do direito privado.* São Paulo: RT, 2002, p. 96.

[25] Vide Ricardo Aronne. *Propriedade e Domínio. Reexame sistemático das noções nucleares de direitos reais.* Rio de Janeiro: Renovar, 1999, p. 39. "Advém, nesse contexto, a Revolução Industrial com a política liberalista vindo a esmagar massas arrastadas ao proletariado, fermentando a inquietação destas contra o individualismo, de modo a questionar o mundo de então sobre a questão social, promovendo, conseqüentemente, uma reviravolta no sistema de então.

Começa a nascer uma nova concepção de Estado, ainda embrionário, que resultaria do Estado Social moderno. A Filosofia e a Ciência Jurídica não passam incólumes a esse espírito reformista e dinamizador (...)".

[26] Franz Wieacker. *História do direito privado moderno.* 2.ed. Lisboa: Fundação Calouste Gulbenkian, 1967, p. 631.

[27] Vide Konrad Hesse. *A força normativa da Constituição.* Tradução de Gilmar Ferreira Mendes. Porto Alegre: Fabris, 1991, p.14-15. "A norma constitucional não tem existência autônoma em face da realidade. A sua essência reside na sua *vigência*, ou seja, a situação por ela regulada pretende ser concretizada na realidade. Essa pretensão de eficácia (*Geltungsanpruch*) não pode ser separada das condições históricas de sua realização, que então, de diferentes formas, numa relação de interdependência, criando regras próprias que não podem ser desconsideradas. Devem ser contempladas aqui as condições naturais, técnicas, econômicas, e sociais. A pretensão de eficácia da norma jurídica somente será realizada se levar em conta essas condições. Há de ser igualmente contemplado o substrato espiritual que se consubstancia num determinado povo, isto é, as concepções sociais concretas e o baldrame axiológico que influenciam decisivamente a conformação, o entendimento e a autoridade das proposições normativas".

[28] A Constituição Mexicana de 1917 precedeu a Constituição de Weimar para conferir ao Estado a posição de prestador de benefícios, seguindo as novas tendências mundiais. Entretanto, foi a segunda que se converteu no texto paradigma do constitucionalismo do primeiro pós-guerra, sendo o marco que separa duas épocas históricas: a do constitucionalismo liberal dos séculos XVIII e XIX e a do constitucionalismo social do século XX. É a lição de Raul Machado Horta. *Direito Constitucional.* 2ª ed. rev. e atual. Belo Horizonte: Del Rey, 1999, p. 215-221.

lações entre o direito constitucional e o direito civil sofre importantes alterações, pois além da parte orgânica, de estruturação do poder político, ela incorpora também matérias atinentes às relações jurídico-privadas.[29]

Assim, as Constituições do século XX estendem o seu domínio a novas regiões, garantindo não só direitos do homem, do cidadão, do trabalhador, como também princípios objetivos da vida social, permitindo e impondo intervenções econômicas, remodelando as instituições públicas e privadas.[30]

As Cartas Constitucionais passam a incluir nos seus textos os direitos fundamentais de segunda geração, que são os direitos sociais, econômicos e culturais, também designados por direitos a prestações.[31]

3. A constitucionalização do Direito Civil e a liberdade neste novo contexto

O direito civil, ramo do direito que regula as relações entre as pessoas privadas, seu estado, sua capacidade, sua família, e, especialmente, sua propriedade, passa a ter uma nova feição, distanciando-se do individualismo e da patrimonialização, pontos cardeais do liberalismo, decorrentes da Revolução Francesa.

Com a crescente proliferação de leis extracodificadas, também denominadas microssistemas, o direito civil deixa de ser o pólo das relações de direito privado,[32] deslocando-se, a partir da unidade do sistema e do respeito à hierarquia das fontes normativas, para a Constituição, base única dos princípios fundamentais do ordenamento jurídico,[33] operando-se, assim, a chamada "constitucionalização"[34] do direito civil.[35]

---

[29] Joaquim de Sousa Ribeiro. Op. cit., p. 3. Segundo o autor, inicialmente a eficácia jurídica destas modificações estava, ainda, comprometida dadas as freqüentes remissões ao legislador, pois "à míngua de substância normativa própria, essas normas giravam vazias". Só após a Segunda Grande Guerra se impôs definitivamente, a idéia da supremacia normativa e da eficácia direta dos preceitos constitucionais tuteladores de posições subjetivas.

[30] Jorge Miranda, op. cit., p. 21-22.

[31] Vide José Carlos Vieira de Andrade. Op. cit., p. 56-57. Os direitos a prestações distinguem-se dos direitos de defesa – liberdades – porque representam exigências de comportamento estaduais positivos, embora a contraposição indivíduo-Estado não desapareça, suaviza-se na medida em que os direitos não são, em si, direitos *contra* o Estado (contra a lógica estadual), mas sim direitos *através* do Estado.

[32] Vide Gustavo Tepedino. Op. cit., p. 10. "O direito civil perde, então, inevitavelmente, a cômoda unidade sistemática antes assentada, de maneira estável e duradoura, no Código Civil".

[33] Cf. Maria Celina B. M. Tepedino. A caminho de um direito civil constitucional. *Revista de Direito Civil, Imobiliário, Agrário e Empresarial*, nº 65, 1993, p. 24.

[34] Vide J.J. Gomes Canotilho, op. cit., p. 348. "Designa-se por *constitucionalização* a incorporação de direitos subjectivos do homem em normas formalmente básicas, subtraindo-se o seu reconhecimento e garantia à disponibilidade do legislador ordinário (*Stourzh*)".

[35] Importante ressaltar que a constitucionalização do Direito Civil não tem o mesmo significado que a sua publicização. A publicização compreende o processo de crescente intervenção estatal, especialmente no âmbito legislativo, com a redução do espaço de autonomia privada para a garantia da tutela

A Constituição é fonte que exerce influência, direta, através de normas operativas, e indireta, modificando o espírito informador do direito, adotando o direito civil uma permanente "perspectiva constitucional".[36]

A pessoa e seu feixe de direitos passam a ser o ponto de articulação do sistema, tanto na ordem constitucional como na privada. Normas constitucionais protetivas da pessoa aplicam-se ao direito privado, e direitos personalíssimos jusprivatistas adquirem significado constitucional.[37]

O novo direito civil é certamente diferente do direito civil do Código Napoleônico, que exauria sua tutela, por um lado, no direito subjetivo (ou seja, sobretudo na propriedade) ou antes, no seu titular, e, por outro lado, na vontade individual, ou seja, no contrato. Mas, todavia, os instrumentos privatísticos tradicionais – como a propriedade, o contrato, a obrigação, a família – revelam-se instrumentos insuprimíveis da atividade econômica e da vida dos indivíduos, tanto que lhe foram acrescentadas novas expressões de autonomia, como por exemplo, a empresa.[38]

A sociedade contemporânea, assim, é marcada pela interpenetração do direito público e do direito privado, com profundas alterações nas relações entre o cidadão e o Estado, não mais caracterizadas pelo binômio autoridade/liberdade, naquela visão oitocentista.

Salienta Perlingieri[39] que o Estado moderno não é caracterizado por uma subordinação do cidadão ao Estado, onde um é subordinado ao poder, à soberania e, por vezes, ao arbítrio de outro. A sua tarefa não é tanto aquela de impor aos cidadãos um próprio interesse superior, quanto àquela de realizar a tutela dos direitos fundamentais e de favorecer o pleno desenvolvimento da pessoa, removendo obstáculos que impedem a participação de todos na vida do Estado. Ele assume como sua a obrigação de respeitar os direitos individuais do sujeito e, portanto, de promovê-los, de eliminar aquelas estruturas econômicas e sociais que impedem de fato a titularidade substancial e o efetivo exercício. O Estado tem a tarefa de intervir e de programar na medida em que realiza os interesses existenciais e individuais, de maneira que a realização dele é, ao mesmo tempo, fundamento e justificação da sua intervenção.

Nesta nova ótica, contudo, não há falar que o direito civil perdeu território ou que teve expulso o seu conteúdo patrimonial, mas como escreveu

---

jurídica dos mais fracos. A constitucionalização, por sua vez, é a submissão do direito positivo aos fundamentos de validade constitucionalmente estabelecidos. Vide Paulo Luiz Netto Lôbo. *A constitucionalização... Op. cit.*, p. 100-101.

[36] Ricardo Luis Lorenzetti. *Fundamentos do Direito Privado.* Trad. de Vera Maria Jacob Fradera. São Paulo: RT, 1998, p. 252.

[37] Ricardo Luis Lorenzetti, op. cit., p. 159.

[38] Michelle Giorgianni. Op. cit., p. 50.

[39] Pietro Perlingieri. *Perfis do Direito Civil. Introdução ao Direito Civil Constitucional.* Rio de Janeiro: Renovar, 1999, p. 54.

o mestre italiano Michelle Giorgianni, adquiriu novos rumos, impondo o uso de seus instrumentos à atividade econômica do Estado e dos entes públicos.[40]

Tampouco há que se imaginar que a intervenção direta do Estado nas relações de direito privado significa um agigantamento do direito público em detrimento do direito civil. Pelo contrário, a interpretação civil-constitucional permite que sejam revigorados os institutos de direito civil, muitos defasados da realidade contemporânea, repotencializando-os, de molde a torná-los compatíveis com as demandas sociais e econômicas da sociedade atual.[41]

Na verdade, os setores do direito pessoal e patrimonial privado que invadem a Constituição não representam perda qualitativa ou quantitativa da matéria cível, mas proveito e garantia da qualidade de vida e das relações de natureza privada, que o texto constitucional corporificou.[42]

Como bem observa Hesse,[43] direito constitucional e direito privado aparecem como partes necessárias de uma ordem jurídica unitária que reciprocamente se complementam, se apóiam e se condicionam. "En tal ordenamiento integrado, el Derecho Constitucional resulta de importancia decisiva para el Derecho Privado, y Derecho Privado de importancia decisiva para el Derecho Constitucional".[44] Neste contexto, a liberdade em sentido amplo, abrange diversas vertentes. Destacam-se aqui, a liberdade de contratar[45] e a liberdade relativa ao direito de propriedade.

4. Epílogo: A propriedade como expressão da liberdade

Em rápidas palavras, procurou-se, neste trabalho, fazer um exame da origem do constitucionalismo a partir das fases do Estado moderno e, a partir do chamado estado social, uma referência da moderna doutrina cami-

---

[40] Ibid., p. 55.

[41] Gustavo Tepedino. Op. cit., p. 21.

[42] Maria Amália Dias de Moraes. Op. cit., p. 48.

[43] Konrad Hesse. *Derecho constitucional y derecho privado*. Trad. de Ignácio Gutíerrez Gutíerrez. Madrid: Civitas, 1995, p. 81.

[44] Ibidem.

[45] Vide J. Miguel Lobato Gómez. *Livre iniciativa, autonomia privada e liberdade de contratar*. P. 6. Texto utilizado nos Seminários de Pesquisa ministrados no Curso de Pós-Graduação em Direito da Universidade Federal de Santa Catarina, em agosto e setembro de 2004: "Em definitiva, o princípio da livre iniciativa econômica seu fundamento último na própria idéia de pessoa e no respeito de seus direitos fundamentais. Portanto, é um princípio que é reflexo, no campo econômico, dos princípios da dignidade da pessoa humana e do direito ao livre desenvolvimento da personalidade. Com o reconhecimento da livre iniciativa econômica se garante aos indivíduos um poder de auto-governo, dirigido a fornecer-lhes um instrumento que permita alcançar os próprios fins e interesses pessoais no campo econômico. Supõe, portanto, um poder de auto-regulamentação das próprias relações jurídicas denominado pela doutrina 'autonomia contratual', 'autonomia privada' ou 'autonomia de vontade'.

nhar para a constitucionalização do direito civil. A partir daí, a abordagem neste moderno contexto, da liberdade e da propriedade.

Independentemente da tendência de constitucionalização do Direito Civil, o instituto da propriedade permanece regulado tanto nos textos constitucionais,[46] quanto nos códigos.[47]

Na visão bem fundamentada de Friedrich Hayek,[48] ainda que em contexto filosófico, "o individualismo possessivo de John Locke, por exemplo, não foi apenas uma teoria política, mas o produto de uma análise das condições às quais Inglaterra e Holanda deveram sua prosperidade. Ela se baseou na percepção de que a justiça, que deve ser aplicada pela autoridade política para assegurar a cooperação pacífica entre os indivíduos na qual se baseia a prosperidade, não pode existir sem o reconhecimento da propriedade privada." Ainda, citando David Hume, continua Hayek:[49] "Hume não cometeu o erro, mais tarde tão comum de confundir dois sentidos de liberdade: o curioso sentido segundo o qual um indivíduo isolado poderia supostamente ser livre, e aquele segundo o qual muitas pessoas que colaboram reciprocamente podem ser livres. Considerando-se o último contexto dessa colaboração, somente as normas abstratas de propriedade – ou seja, as normas de direito – garantem a liberdade."

Neste contexto, entende-se que, dentre as diversas formas de expressão da liberdade, talvez a propriedade seja a mais autêntica e relevante: Sem propriedade não existe liberdade e "onde não há propriedade não há Justiça".[50]

---

[46] Na Constituição brasileira de 1988, o *caput* do artigo quinto expressa: "Todos são iguais perante a lei, sem distinção de qualquer natureza, garantindo-se aos brasileiros e aos estrangeiros residentes no País a inviolabilidade do direito à vida, à liberdade, à segurança e à propriedade nos termos seguintes:"

[47] O Código Civil brasileiro de 2002 dispõe sobre a propriedade nos artigos 524 e seguintes.

[48] Friedrich Hayek. *Arrogância Fatal – os erros do socialismo*, Porto Alegre: Ortiz, p. 55.

[49] Ob. cit., p. 56.

[50] Ob. cit., p. 55.

— 2 —

O estágio de estudantes: oportunidade de aprendizado ou porta aberta para a fraude aos direitos trabalhistas?

ANA MARIA ORTIZ MACHADO

Professora da PUC/RS

Sumário: 1. Introdução; 2. Fontes; 3. Conceituação; 4. Objetivo do Estágio Curricular; 5. O Prazo do Estágio Curricular; 6. Os Direitos do Estagiário; 7. A Formalização do Estágio; 8. Requisitos Obrigatórios; 9. Os Agentes de Integração; 10. Os Estágios Ilegais; 11. Os Estágios na Administração Pública; 12. A Primazia da Realidade; 13. A Norma Mais Benéfica; 14. A Responsabilidade do Tomador do Serviço; 15. A Jurisprudência; 16. Conclusão.

1. Introdução

A crise no mercado de trabalho e os altos índices de desemprego fazem com que os interessados em obter uma colocação que garanta a sua sobrevivência busquem outras formas de trabalho remunerado mesmo que tenham que abrir mão do chamado "emprego formal".

Os estudantes dos ensinos profissionalizante, supletivo e universitário fazem parte do grande contingente de pretendentes a um emprego que, em não o obtendo, migram para outra alternativa, que é a realização de estágio remunerado.

As empresas, freqüentemente, alquebradas pelos chamados "encargos sociais", optam por enxugar o quadro de empregados, substituindo-os por outros trabalhadores.

A veiculação de reportagens mostrando o sucesso daqueles que iniciaram como meros estagiários e hoje ocupam cargos importantes nas empresas colabora para a busca de estágios. Semanalmente, os anúncios classificados estampam colunas e mais colunas de anúncios que procuram estagiários para o exercício das mais diversas atividades: recepcionistas, telefonistas, auxiliares administrativos, digitadores, caixas, vendedores, *office boys,* entre outros.

Para comprovar o que aqui se afirma, vale a pena informar o que o jornal Zero Hora, publicado no dia 8 de junho do corrente ano, veiculou no caderno denominado Empregos & Oportunidades. Na capa do caderno, uma manifestação de um profissional sobre a importância de ter sido estagiário. Na página 6, em um único anúncio, são oferecidas 156 vagas para estagiários dos mais diversos cursos; na página 7, são oferecidas vagas para estagiários que estejam cursando o 4° ou 5° semestres em Administração *"com experiência em planilhas"* e torneiro mecânico com *"dois anos de experiência".* Na página 11, existem vagas para estagiários dos cursos de Administração (cursando até o 5° semestre), Contábeis, a partir do 4° semestre, Estatística, Administração/Economia/Sociologia (cursando entre o 3° e o 4° semestres). Na página 12, vaga oferecida para estagiário técnico mecânico/elétrica, cursando o 2° semestre. Encontramos ainda vagas para estágios ofertadas nas páginas 14, 15, 16 e 17.

É inegável que os estágios são hoje uma alternativa de mão-de-obra qualificada para as empresas e uma fonte de ganhos para muitos estudantes.

Este estudo se propõe a fazer uma reflexão sobre esta realidade, demonstrando que o estágio pode ser tanto uma fonte de aprendizado para o estudante e uma oportunidade para a empresa oxigenar as suas práticas, quanto uma fonte de frustração e angústia para o estagiário e de problemas jurídicos futuros para a empresa.

2. Fontes

A primeira fonte a tratar de estágios no ordenamento jurídico brasileiro foi a Portaria n. 1002 do Ministério do Trabalho e Previdência Social, que entrou em vigor em 29-9-1967, disciplinando o estágio e prevendo também a criação de uma Carteira Profissional de Estagiário, que deveria ser anotada pela empresa concedente.

O estágio foi instituído pela Lei 6.494, de 07-12-1977, alterada pela Lei 8.859, de 23-03-1994, e pela Medida Provisória n. 2.164-41, de 24-08-2001. A Lei 6.494/77 foi regulamentada pelo Decreto 87.497, de 18-08-1982.

Poder-se-ia indagar sobre a existência de outras fontes que disciplinassem também a realização de estágios de estudantes. A resposta seria positiva, pois existe a Portaria 1.886 que entrou em vigor em 30-1-1994, da lavra do Ministro de Estado da Educação e do Desporto, que disciplinou a realização de estágios dos alunos do curso de Ciências Jurídicas e Sociais. Outras fontes são também encontradas nos diversos estados da federação, todas, entretanto, limitadas pela Lei 6.494/77 e atendendo, quando possível, às necessidades regionais. Nada mais.

3. Conceituação

O artigo 1º do Decreto assim determina:

O estágio curricular *de estudantes regularmente matriculados e com freqüência efetiva* nos cursos vinculados ao ensino oficial e particular, em nível superior e de 2º grau regular e supletivo, obedecerá às presentes normas (sem grifos no original).

Hoje, com a alteração introduzida pela Medida Provisória no art. 1º da Lei, conforme a referência feita no item 2, os alunos deverão estar freqüentando cursos de educação superior, de ensino médio, de educação profissional de níveis médio ou superior, ou escolas de educação especial.

O Poder Executivo ampliou o leque de cursos que possibilitam a realização de estágio de modo genérico. Cabe, todavia, grande responsabilidade às instituições de ensino, conforme adiante demonstrar-se-á.

A expressão "regularmente matriculados e com freqüência efetiva" se justifica plenamente.

Quantos professores são testemunhas de que alunos se matriculam, iniciam um estágio e cancelam a matrícula para que possam se dedicar ao estágio? Ou quantos são os alunos que vêm perante o professor e tentam justificar suas ausências da sala de aula apresentando uma declaração da empresa, onde consta a informação de que o estagiário deve trabalhar em regime de prorrogação de jornada?

É comum que os alunos abandonem o curso e permaneçam em atividade como se estagiários fossem, contrariando, portanto, a expressa disposição de lei, o que, por si, fulminaria o suposto estágio.

3.1. O conceito de *estágio curricular* é expresso no artigo 2º do Decreto, que assim dispõe:

Considera-se estágio curricular, para os efeitos deste Decreto, as atividades de aprendizagem social, profissional e cultural, proporcionadas ao estudante pela participação em situações reais de vida e trabalho e de seu meio, sendo realizadas na comunidade em geral ou junto a pessoas jurídicas de direito público ou privado, sob responsabilidade e coordenação de instituição de ensino.

Ao exame de todos os artigos da Lei e do Decreto, constata-se que o legislador cuidou de referir a expressão "estágio" sempre seguida da expressão "curricular". Logo, segundo o que se deduz da vontade do legislador, o estágio de estudantes deverá ser sempre "estágio curricular".

O estágio curricular é aquele que está previsto na chamada "grade curricular". Nem todos os cursos prevêem estágio. Os cursos que exigem estágio como condição para que o aluno obtenha a graduação, fazem-no nos últimos semestres, porque, naturalmente, o aluno já deve ter um conhecimento teórico prévio suficiente para que o estágio resulte em algo que venha acrescentar conhecimento prático ao conhecimento teórico já assimilado.

Para que se saiba com certeza se um curso prevê a realização de estágio (portanto, curricular) é necessário consultar a grade do curso freqüentado pelo aluno. Muitas serão as surpresas para quem consultar as grades curriculares dos cursos que estão no mercado. Grande é o número de cursos que não prevêem estágio curricular, embora sejam encontrados "estagiários" destes cursos em atividade.

Alguns cursos prevêem disciplinas chamadas de "Prática Profissional I e Prática Profissional II" ou expressões equivalentes. Estas, todavia, não se confundem com estágios curriculares porque estes são realizados em ambientes *externos* às salas de aulas, e aquelas, *dentro* das salas de aula, constituindo em elaboração de projetos e simulações de implantações em empresas fictícias.

Os denominados "estágios extracurriculares" ou "estágios voluntários" são figuras desconhecidas no direito positivo, ou seja, inexiste permissivo legal para tais práticas.

3.2. Em um único artigo, a expressão "estágio" aparece desacompanhada da expressão "curricular", conforme se constata no artigo 2º da Lei 6.494/77. Este refere que "o estágio, independentemente do aspecto profissionalizante direto e específico, poderá assumir a forma de atividades de extensão, mediante a participação do estudante em empreendimentos ou projetos de interesse social".

Logo, esta é a segunda forma possível de estágio sem ser curricular: o estágio como atividade de extensão para propiciar a participação em projetos de interesse social, como por exemplo, o Projeto Rondon por volta dos anos 80.

O legislador previu que o estágio curricular *somente* poderá ser concedido por pessoas jurídicas de direito público ou direito privado. Assim, não se admite que pessoas físicas tenham a seu serviço estagiários. Profissionais liberais, portanto, em seus escritórios ou consultórios não podem ter estagiários.

4. Objetivo do Estágio Curricular

O estágio curricular tem como objetivo complementar o aprendizado teórico do aluno. Resulta disto, que seu caráter é, sem dúvida, didático-pedagógico. Por tal razão é que os estágios curriculares surgem quase no final dos cursos, eis que o aluno já deverá ter avançado conhecimento teórico, para que possa atingir o objetivo visado pelo legislador.

O § 2º do art. 1º da Lei 6.494/77 é imperativo ao determinar que: "O estágio somente poderá verificar-se em unidades que tenham condições de proporcionar experiência prática *na linha de formação do estagiário*, devendo o aluno estar em condições de realizar o estágio, segundo o disposto na regulamentação da presente lei".

Assim sendo, o estudante do curso de odontologia, por exemplo, poderá fazer o estágio em uma clínica; o estudante de educação física poderá estagiar em uma escola, numa academia de ginástica, ou em uma clínica, entre outras; o estudante do curso de direito poderá estagiar em uma empresa de advogados, fazendo pesquisas, elaborando petições, recursos, indo ao foro ou estagiar em uma empresa que preste assessoria jurídica ou ainda em um departamento de pessoal em contato com a legislação trabalhista, entre tantas outras atividades pertinentes ao curso; quem estuda biologia poderá estagiar em um laboratório de análises ou de pesquisas. Nenhum destes estudantes poderá estagiar auxiliando clientes de banco a realizarem operações em terminais eletrônicos, por exemplo. Ressalte-se que, em qualquer caso, o estudante deverá ser acompanhado, supervisionado e avaliado pela instituição de ensino, por expressa exigência do legislador.

5. O Prazo do Estágio Curricular

O prazo do estágio curricular não foi expressamente limitado pelo legislador e é fácil entender por quê. Sendo o universo de cursos muito amplo e todos com diferentes cargas horárias, seria muito difícil a fixação de duração de estágios curriculares para todos em uma única fonte. Sabiamente, o legislador optou por fixar o limite mínimo de um semestre letivo (art. 4º, letra "b", do Decreto 87.497/82) e deixou a critério das instituições de ensino a regulamentação da carga horária do estágio, atendendo a necessidade de cada curso.

É por tal razão que encontramos estágios curriculares com carga horária de 300 (trezentas) horas-aula, 240 (duzentas e quarenta) horas-aula, 180 (cento e oitenta) horas-aula e muitos outros limites. De qualquer modo, a duração mínima jamais poderá ser inferior a um semestre letivo. Frise-se que para sabermos com certeza a duração de qualquer estágio curricular, deveremos consultar a grade das disciplinas do curso freqüentado pelo aluno.

Muitos comentam que a duração de um estágio não pode ser superior a um ano, e outros dizem que não pode ser superior a dois anos. Alguns dizem que podem ser prorrogados por mais um período. Como se demonstrou acima, tais afirmações não passam de meras especulações, uma vez que o legislador não estabeleceu uma duração máxima para o estágio, apenas o condicionou à observância da grade curricular.

6. Os Direitos do Estagiário

Outra questão de grande relevância é a que envolve os direitos dos estudantes estagiários. O que dispõe o art. 4º da Lei 6.494/77 é que o "estagiário poderá receber bolsa, ou outra forma de contraprestação que venha a ser acordada, ressalvado o que dispuser a legislação previdenciária, devendo o estudante, em qualquer hipótese, estar segurado contra acidentes pessoais".

Deste modo, conclui-se que o único dever a que, obrigatoriamente, a instituição de ensino *ou* a empresa cedente da oportunidade de estágio está obrigada, é providenciar um seguro contra acidentes pessoais em favor do estudante (art. 8º do Decreto 87.497/82). Tudo o mais será objeto de acordo entre as partes. Nem mesmo a bolsa-auxílio é obrigatória, porque a empresa cedente da oportunidade de estágio poderá acordar com o estudante que ele utilizará seu laboratório para realizar suas pesquisas, ou sua biblioteca, ou suas máquinas, assim por diante, como contraprestação pelos seus serviços.

Do mesmo modo, o recebimento de outros benefícios por parte do estudante, como por exemplo, o vale-transporte, o vale-alimentação e outros, dependerá de ajuste no momento da celebração do instrumento formal de estágio.

7. A Formalização do Estágio

O estágio curricular não se presume e não pode ser verbal, por ser uma exceção à regra geral em matéria de Direito do Trabalho. Assim sendo, exige-se a celebração de um instrumento jurídico, onde as partes deverão acordar todas as condições para a realização do estágio, tais como: prazo, possibilidade de prorrogação, tarefas do estagiário, horário de estágio, forma de contraprestação, e tudo o mais que interesse às partes. A praxe mostra que o *nomem juris* praticado é de Termo de Compromisso de Estágio (TCE).

O TCE é, portanto, um documento obrigatório para a caracterização e definição do estágio curricular, devendo ser celebrado entre o estudante e a parte concedente da oportunidade de estágio, com a interveniência *obrigatória* da instituição de ensino.

8. Requisitos Obrigatórios

Da análise dos instrumentos normativos, resulta que são requisitos obrigatórios para a existência e validade dos estágios curriculares:

a) que o contratado seja estudante;

b) que esteja matriculado em um curso que preveja a possibilidade de estágio curricular;

c) que o estudante esteja freqüentando o curso regularmente;

d) que seja celebrado um TCE;

e) que a assinatura das três partes (estudante, escola e cedente do estágio) conste no TCE;

f) que haja correlação entre a atividade e o curso freqüentado pelo aluno (linha de formação);

g) que seja assegurado ao estudante o seguro contra acidentes pessoais.

h) que a jornada de trabalho seja compatível com o horário do curso;

9. Os Agentes de Integração

Ao contrário do que se poderia imaginar, os chamados Agentes de Integração não são obrigatórios neste processo de seleção e encaminhamento de estagiários para cedentes de oportunidades de estágio. O Aluno ou a empresa podem agir diretamente sem a intervenção de terceiros. É o que diz o art. 7º do Decreto 87.497/82: que a participação do agente de integração é facultativa.

Inegavelmente, o chamado Agente de Integração funciona como um facilitador para as partes, eis que aproxima os interessados, cuida da seleção e também de toda a parte administrativa que envolve a celebração do estágio curricular. De qualquer sorte, se as partes utilizarem os préstimos do Agente de Integração, este não poderá cobrar *do estudante* qualquer valor a título de taxa administrativa (art. 10 do Decreto 87.497/82). A legislação não veda, todavia, a cobrança de taxas à empresa cedente do estágio.

10. Os Estágios Ilegais

Como se afirmou no início deste estudo, as dificuldades na obtenção de um emprego fazem com que, muitas vezes, os estudantes se sujeitem à celebração de um TCE, conscientes de que aquela atividade pouco irá contribuir para o seu aprimoramento acadêmico.

Não raras vezes, o estudante, ao iniciar o estágio, crê, sinceramente, que irá aprender algo que lhe acrescente experiência prática à teórica e vê o tempo passando sem que isso ocorra de fato. O estudante, freqüentemente, queixa-se de que é tratado com rigor excessivo pelos superiores hierárquicos e que sua mão-de-obra é utilizada em tarefas para as quais o curso freqüentado não constitui nenhum diferencial e ainda, que trabalha muito mais que os demais empregados do estabelecimento.

Os estudantes assumem o fato de que se dedicam com tal empenho ao trabalho, que relegam o curso a um segundo ou terceiro planos, sempre na esperança de que, ao final, sejam reconhecidos pelos méritos e transformados em empregados.

Muitos sentem-se usados, explorados, desvalorizados e facilmente vislumbram a possibilidade de serem descartados e substituídos por outros, pois como se sabe, o mercado de trabalho está inflacionado de estudantes que se oferecem dia a dia.

Assim sendo, poderá emergir dos fatos concretos uma relação que se inicia com a aparência de um contrato de estágio mas que, ao exame, não atende aos pressupostos contidos na Lei 6.494/77 e nem no Decreto 87.497/82. Ou seja, do ponto de vista formal o TCE existe; do ponto de vista dos fatos, não existe estágio curricular.

O artigo 6º do Decreto diz que: "A realização do estágio curricular, por parte de estudante, não acarretará vínculo empregatício de qualquer natureza".

Melhor seria se o legislador tivesse dito: "A realização do estágio curricular, por parte do estudante, *nos termos da Lei 6.494/77 e deste Decreto*, não acarretará vínculo empregatício de qualquer natureza".

Pois é justamente assim que os Tribunais vêm julgando as controvérsias decorrentes de relações que mascaram estágios, mas que, concretamente, visam apenas a utilização de mão-de-obra em atividades normais da empresa, com baixo custo para o tomador de serviço.

Os Tribunais do Trabalho das diferentes regiões entendem que existem estágios em sintonia com a lei e outros que estão à margem da lei. Ou seja, existem estudantes que trabalham como legítimos estagiários e outros que trabalham como empregados em situação irregular, por que sem registros e sem a garantia dos direitos trabalhistas mínimos e previdenciários reconhecidos a todo e qualquer empregado.

11. Os Estágios na Administração Pública

Os Auditores do Ministério do Trabalho e do Emprego, diariamente, se deparam com situações concretas nas empresas, que comprovam esta realidade no âmbito privado. Entretanto, estas irregularidades não ocorrem unicamente nesta esfera. A Administração Pública utiliza largamente a mão-de-obra dos estudantes estagiários em quase todos os tipos de atividades, inclusive naquelas onde não poderia.

A política de desmonte do aparelho estatal tem levado à não-realização de concursos públicos nas mais diversas áreas, e o modo encontrado de não cessarem a prestação de muitos serviços públicos foi a utilização de estagiários que passam a fazer o "papel" de servidores públicos.

12. A Primazia da Realidade

O Direito do Trabalho, como ciência voltada à proteção do hipossuficiente, não pode fechar os olhos a esta realidade. Os Princípios do Direito do Trabalho, especialmente o da Primazia da Realidade, fazem com que sempre que houver um desajuste entre a realidade *in concreto* e os documentos, prefira-se àquela em detrimento destes, eis que as normas protetivas se destinam ao homem e não a papéis.

O homem pode ser induzido a erro. O homem pode ser compelido por necessidades prementes que colocam em risco a sua sobrevivência e a de sua família. O homem, muitas vezes, não conhece o seu direito. O homem, outras vezes, escolhe o mal menor no presente, sabendo que no futuro poderá buscar o direito que hoje lhe é negado. O estagiário é homem (gênero), logo, é razoável que firme um TCE a fim de que possa auferir ganhos e aprendizado e constate mais adiante que tal aconteceu.

A interpretação da Lei 6.494/77 e o Decreto 87.497/82 não podem ser ampliadas, eis que estes instrumentos regulam situações específicas, especiais, que fogem ao ordinário. Assim, o intérprete não pode alargar as hipóteses legais para concluir que é estágio algo que não está previsto legalmente.

13. A Norma Mais Benéfica

Deste modo, se uma relação de trabalho inicia como se fosse um estágio curricular, e os fatos mostram que ele jamais ocorreu nos limites estreitos da lei e do decreto, claro está que esta realidade irá atrair mais um Princípio de Direito do Trabalho, qual seja, o da Proteção que, segundo Américo Plá Rodriguez, se manifesta também através da Aplicação da Norma Mais Benéfica.

Dúvidas não poderão restar de que é mais benéfico ao trabalhador ser considerado empregado do que ser estagiário.

A Consolidação das Leis do Trabalho, em seus artigos 2º e 3º, define o sujeitos empregador e o empregado, respectivamente. Como as normas contidas na CLT são de ordem pública e, portanto, imperativas, se sobrepondo à vontade das partes, claro está que diante da presença de tais requisitos numa situação concreta, estaremos diante de uma relação onde estará caracterizado o vínculo empregatício.

14. A Responsabilidade do Tomador do Serviço

Resta, por derradeiro, analisar a responsabilidade do tomador do serviço do falso estagiário. Sem dúvida, este será o responsável pelo pagamento de todos os direitos decorrentes da legislação trabalhista e previdenciária por que é quem se beneficia diretamente pelo serviço prestado. Caso os empregados do estabelecimento sejam beneficiados por normas específicas, oriundas de convenções ou acordos coletivos, então também serão aplicáveis ao estagiário que tiver o seu TCE declarado nulo. Nos casos de fraude, sem dúvida, deve ser aplicado o art. 9º da CLT e reconhecido o vínculo empregatício na forma dos artigos 2º e 3º da CLT.

Em se tratando de Administração Pública, sabe-se que a CF/88 determina a realização do concurso público como condição para a investidura em cargo ou emprego público. Todavia, o Direito do Trabalho, com suas peculiaridades, admite a nulidade do contrato com produção de efeitos, conforme refere o Enunciado do TST n. 363. Assim sendo, havendo fraude na contratação de estagiários, mesmo no âmbito da Administração Pública, é cabível que o estudante prejudicado busque os direitos decorrentes da relação havida.

Poder-se-ia indagar sobre a responsabilidade da instituição de ensino quando um estágio acontece à margem do direito positivo.

Entendo que à instituição de ensino não cabe qualquer responsabilidade pelos estágios irregulares ocorridos entre empresas e estudantes de seus cursos.

A coordenação, supervisão e avaliação devem ocorrer quando se tratar de um estágio curricular, segundo o disposto na lei própria. O fato de que a escola informa o curso do aluno e o semestre freqüentado não poderia ter como conseqüência arrastá-la para o pólo passivo de uma reclamatória trabalhista, eis que trata-se de mera declaração ou atestado de matrícula.

Não é a escola que se beneficia pelo serviço, nem que dá ordens ao estudante ou paga valores pelo serviço prestado. Assim, não pode ser responsabilizada de forma alguma, nem solidária nem subsidiariamente.

15. A Jurisprudência

Inúmeras sentenças vêm julgando procedentes os pleitos de reconhecimento de vínculo empregatício em relações que mascaravam um contrato de estágio. Veja-se, por exemplo, a sentença publicada em 24-10-2002, prolatada pela Juíza Marta Kumer da 5ª Vara do Trabalho de Porto Alegre, no processo 00680.005/02-1 que assim se manifestou:

> Na verdade, apesar de aparentar uma relação de estágio, não o é, em razão da natureza jurídica do ajuste. O fim colimado é obter mão-de-obra qualificada – ainda que em decorrência do conhecimento propiciado pela formação acadêmica em curso do obreiro – para o desenvolvimento normal das atividades comerciais da ré. Não se afigura como mera forma de favorecer o contrato do estudante com o conhecimento

prático, a complementar as informações teóricas ministradas nas salas de aula de sua graduação.

Dita Sentença, composta de 11 (onze) laudas, foi confirmada pelo Egrégio TRT da 4ª Região, conforme abaixo se constata:

ACÓRDÃO do Processo 00680.005/02-1 (ROPS)
Data de Publicação: 10/03/2003
Juiz Relator: JOAO ALFREDO BORGES ANTUNES DE MIRANDA
RECORRENTE(S): X ORIGEM: 5ª VARA DO TRABALHO DE PORTO ALEGRE CERTIDÃO DE JULGAMENTO Processo TRT 00680.005/02-1 ROPS CERTIFICO e dou fé que, em sessão realizada nesta data pela Eg. 6ª Turma do Tribunal Regional do Trabalho da 4ª Região, sob a presidência do Exmo. Juiz DENIS MARCELO DE LIMA MOLARINHO, presentes os Exmos. Juízes BEATRIZ ZORATTO SANVICENTE, JOÃO ALFREDO BORGES ANTUNES DE MIRANDA e a Exma. Procuradora do Trabalho, Dra. DENISE MARIA SCHELLENBERGER, sendo Relator o Exmo. Juiz JOÃO ALFREDO BORGES ANTUNES DE MIRANDA, decidiu a Turma, por unanimidade de votos, negar provimento ao recurso ordinário interposto pela reclamada W, mantendo a sentença por seus próprios e jurídicos fundamentos. Porto Alegre, 12 de fevereiro de 2003. Rubmar Fanni Adami Secretário da 6ª Turma (...)

Os Acórdãos abaixo extraídos do Repositório Autorizado *JURIS MILLENIUM*, n. de série JS164-40, de março-abril /2003, são também no sentido do reconhecimento do vínculo empregatício:

VÍNCULO DE EMPREGO – ESTAGIÁRIO – O estágio, regulado pela Lei nº 6.494/77, deve propiciar enriquecimento à formação profissional do estudante, com a prática fornecida pela empresa aliada ao conhecimento teórico obtido na escola. A falta deste objetivo, bem como a ausência de prova do atendimento dos requisitos legais para acompanhamento e avaliação do estágio profissional, desqualificam a relação formalmente ajustada e autorizam o reconhecimento do vínculo de emprego. (TRT 4ª R. – RO 00303.016/00-0 – 4ª T. – Rel. Juiz Ricardo Gehling – J. 22.08.2002).

RELAÇÃO DE EMPREGO – MENSAGEIRO-MIRIM E ESTAGIÁRIO – Se o Eg. Tribunal Regional, analisando o fato e a prova, reconhece o vínculo de emprego, ante o princípio da primazia da realidade, ao constatar que o reclamante não exercia a atividade de mensageiro-mirim, mas se inseria na atividade normal da empresa e também se constata a ausência de complementação de ensino e de aprendizagem, na atividade desenvolvida, não há como conhecer do recurso de revista, a teor do que dispõe o Enunciado nº 126 do C. TST. Recurso de revista não conhecido. (TST – RR 378801 – 2ª T. – Rel. Min. Conv. Aloysio Corrêa da Veiga – DJU 14.12.2001).

DA RELAÇÃO DE EMPREGO – DO ESTÁGIO – Os elementos dos autos criam a convicção de que, de fato, a relação entre as partes não se deu sob a forma jurídica de estágio. (TRT 4ª R. – RO 00191.024/01-5 – 7ª T. – Relª Juíza Dionéia Amaral Silveira – J. 25.09.2002).

No mesmo sentido o processo n. 00568.903/95-1, data da publicação: 06-05-2002; processo n. 0708.732/01-1, data da publicação: 08-04-2002; processo 00761.030/99-9, data da publicação: 22-04-2002.

Não se pode assegurar que a jurisprudência é unânime, nem tampouco que exista uma forte tendência neste ou naquele sentido. O que sem dúvida fica evidente é que os Julgadores analisam caso a caso e decidem conforme as provas constantes nos autos, aplicando os Princípio de Direito do Trabalho quando convencidos da existência de fraude.

16. Conclusão

Deve-se destacar a importância da Lei 6.494/77 e do Decreto 87.497/82 como instrumentos capazes de proporcionar aos estudantes que aperfeiçoem e complementem seu aprendizado e também para que ingressem no mercado de trabalho, após a colação de grau, com alguma experiência e maior segurança no enfrentamento da realidade profissional.

Igualmente, as empresas, ao proporcionarem a oportunidade de estágio para estudantes, têm a possibilidade de trocar experiências com os jovens estudantes atualizados e interessados em servir e aprender simultaneamente, com um custo quase insignificante.

O Poder Judiciário tem relevante papel neste processo. A busca da harmonia e a tão sonhada Justiça Social passam, inegavelmente, pelo cumprimento da legislação trabalhista por todos os sujeitos que integram a sociedade. Quando alguém usa a mão-de-obra do estudante estagiário como se fosse seu empregado e não lhe reconhece os direitos trabalhistas e previdenciários assegurados, faz concorrência desleal e predatória a outros empresários que cumprem as normas e suas obrigações patronais. A Justiça do Trabalho, através de seus Julgadores, não deve dar prêmios aos infratores e nem tampouco acobertar o enriquecimento ilícito e a exploração do homem pelo homem. É o que se deseja, e a sociedade espera.

— 3 —

Trabalho insalubre, perigoso e penoso – Fiscalização arts. 161/2 da CLT

ANDRÉ JOBIM DE AZEVEDO

Professor Mestre em Direito – Direito do Trabalho,
Direito Processual Civil PUC/RS – Advogado.

Sumário: 1. Trabalho insalubre, perigoso, penoso; Noções Introdutórias; a) positivação constitucional e legal; b) eliminação das condições impróprias e pagamento de adicionais; c) base de cálculo dos adicionais; 2. Fiscalização do trabalho; a) atribuições e poderes do agente fiscal; b) livre acesso; c) exibição de documentos; d) informação, esclarecimentos, autuações, multas e recursos

1. Trabalho insalubre, perigoso e penoso

Noções introdutórias

O inaugurar da preocupação com o ambiente de trabalho data aproximadamente a segunda metade do século XVIII.

Como é sabido, com o advento da Revolução Industrial, modificaram-se substancialmente as condições de trabalho, por conta da urbanização, adoção do trabalho livre, assalariado e subordinado em massa, industrialização, utilização de máquinas na produção, sistematização dos processos produtivos, surgimento das fábricas, linhas de produção, introdução das "meias forças" (mulheres e crianças) no ambiente de trabalho.

A respeito das máquinas, é de se lembrar a significativa mudança gerada especificamente por uma delas: a máquina a vapor. Criada em 1712 por Thomas New Comen, com importantes alterações em 1750 por James Watt serviu às outras máquinas anteriormente existentes. Até então movidas por força animal, humana e das águas, com o introdução da máquina a vapor, houve a substituição da matriz energética. O vapor passou a movê-las, tornando menos necessária a participação humana na sua movimentação, verdadeiramente substituindo essa mão-de-obra. Essa substituição, dada a desnecessidade do vigor físico masculino, deu-se pelo trabalho feminino e infantil.

Exemplo disso foi a utilização da máquina a vapor para o bombeamento das águas nas minas inglesas, ou mesmo nos grotescos teares da época. Não se deixe de referir também a utilização da mesma nos transportes ferroviários em largo desenvolvimento nos meios de transporte.

A vigorosa e crescente produção industrial e comercial acarretou, entretanto, sérios problemas para a população trabalhadora no que respeita ao ambiente de trabalho. Identificava-se a substituição cada vez mais intensa do trabalho escravo pelo subordinado assalariado em larga escala. A manufatura cede lugar à fábrica que ensejaria posteriormente o surgimento das próprias linhas de produção.

É que vigia à época o Estado Liberal, onde cada um deveria ser o tutor de seus interesses, e capaz de orientar sua vida de acordo com os mesmos. Assim é que interessava apenas a cada um os contratos que avençasse. O indivíduo detinha total liberdade para tanto. Ao Estado não era dado o direito de intervir em relações entre particulares, como as de trabalho.

Inexistia qualquer regulamentação acerca do trabalho, suas condições, seu ambiente. Era o que se pode chamar de liberalismo jurídico, no qual a liberdade de contratação era plena e sem limites.

Teoricamente razoável, mas na prática, lastimável. É que pelo volume de pessoas interessadas nos postos de trabalho, muitas fugidas do campo e dos feudos, havia um evidente desequilíbrio entre oferta e procura, o que naturalmente deixava os tomadores do trabalho em condições infinitamente superiores para imporem suas condições para o trabalho em suas máquinas e fábricas, essas verdadeiramente abusivas, quer quanto a salários, jornadas e ambiente de trabalho. A hipossuficiência dos trabalhadores era evidente.

Decorrência disso, é que o interesse capitalista era apenas nos resultados lucrativos, sem qualquer proteção àqueles que realizavam e davam condições de lucros, ou ao ambiente onde essas atividades eram desenvolvidas.

Tão nefasto foi o resultado sobre a classe trabalhadora, que resultou em período reconhecido pela doutrina como de piores condições de trabalho livre da história da humanidade e de maior miséria dos trabalhadores.

A conseqüência disto foi justamente, a seu tempo, o surgimento do direito do trabalho, por pressão dos interessados e agentes externos ao trabalho (escritores progressistas – Villermè, Von Brentano, Leon Burgeois –, solidaristas, humanitaristas, correntes e doutrinas socialistas – Escola Alemã Socialismo de Estado – e até posteriormente da Igreja – doutrina social da Igreja) que impôs ao estado a necessidade de intervenção nessa relação e atividade, o que o levou à edição de regras e imposição de limites às relações de trabalho. Era o Estado intervindo na atividade privada por questão de asseguramento de poder.

Especificamente quanto ao ambiente de trabalho, o mesmo era absolutamente impróprio, de vez que incapaz de assegurar a integridade física e psicológica, e, porque não dizer, moral do trabalhador.

Eram absolutamente desumanos, gerando malefícios enormes aos trabalhadores. Os locais de trabalho eram imundos e com condições de ampla proliferação de doenças. As doenças profissionais disseminavam-se pela ausência de qualquer norma de higiene ou segurança, submetendo a todos – lembrem-se das mulheres e crianças, essas de até 6 anos de idade – a situações inaceitáveis. Veja-se, também exemplifcativamente, as moléstias advindas da aspiração de pó de carvão, nas mesmas antes referidas minas inglesas.

Quando o trabalhador adoecia, cessava a contraprestação salarial e extinguia-se o contrato, pelo que novos trabalhadores, dentre os inúmeros interessados, eram então recrutados.

Refira-se, ao final, que justamente a inadequação do meio ambiente do trabalho foi um dos importantes motivos havidos para a intervenção do Estado e surgimento do Direito do Trabalho.

a) Positivação Constitucional e Legal

A matéria que envolve a presente abordagem tem íntima ligação com o tema do Meio Ambiente do Trabalho. É que a lei determina e conceitua o que seja ambiente de trabalho insalubre ou perigoso, a partir de previsão constitucional.

Historicamente como já estudado, a preocupação e em seguida o regramento trabalhista nasceu a partir da Revolução Industrial. Nesta época, os ambientes de trabalho não detinham condições razoáveis capazes de proteger a higidez física e mental dos trabalhadores. Ao contrário, inseguros e sem mínimas condições de higiene, causaram inúmeras moléstias ao então denominado proletário e oportunizaram a ocorrência volumosa de acidentes do trabalho.

Essa situação, dentre outras ocorrências, como dito, fez surgir o Direito do Trabalho, disciplina dedicada à tutela do trabalhador através de medidas impositivas aos empregadores e regramento geral da relação.

No tocante à saúde e integridade dos operários, o ambiente de trabalho e as condições que o mesmo apresentava sempre foram alvo de preocupação, de modo a fazer do trabalho subordinado atividade saudável e sem reflexos danosos sobre aqueles que o executam.

Se, de início, a proteção era mais dedicada aos acidentes do trabalho, vale lembrar que, em seguida, aos mesmos foram equiparadas as doenças profissionais.

Com o Tratado de Versailles em 1919, tratado internacional que buscou devolver a paz à Europa, foi criada a Organização Internacional do Trabalho (OIT), a qual, entre suas competências, encontrava-se a proteção ao acidente do trabalho e à doença profissional. A imprescindível atividade da OIT se desenvolvia, e se desenvolve até os dias de hoje, no sentido de internacionalmente normatizar a proteção ao trabalho e os locais onde o mesmo se realiza, de maneira geral, criando normas internacionais que sejam internamente aplicadas aos variados países-membros.

Especificamente relativa ao tema, convém mencionar a Convenção nº155 de 1981, que abordou a segurança e a saúde dos trabalhadores e meio ambiente do trabalho, determinando a definição de políticas nacionais coerentes em matéria de segurança e saúde dos trabalhadores e do meio ambiente do trabalho, bem como promovendo a sua execução. Outra Convenção da OIT que é de se referir é a de nº 161 de 1985, que tratou da instituição de serviços de saúde. Outras até anteriores houve no sentido da proteção a situações específicas, como, por exemplo, contra radiações, maquinaria, minas etc., mas essa foi a mais genérica e sistemática sobre o tema.

A regra geral é a adequação dos ambientes de trabalho, no sentido de que os mesmos não sejam maléficos à saúde daqueles que nele labutam, nem os exponha a condições de risco. Busca-se assim a eliminação, neutralização ou redução dos riscos e das doenças profissionais, por meio de medidas apropriadas, quer de caráter médico, quer de caráter de engenharia de segurança.

No entanto, há inúmeras ocorrências em que a situação ideal não é possível, pelo que se trata de impor medidas que tenham por objetivo indenizar ou compensar o trabalhador a tanto sujeito.

Em nosso país, é a Constituição Federal que em seu artigo 7º dá importante norte ao sistema jurídico ao dispor que é direito dos trabalhadores urbanos e rurais, além de outros que visem à melhoria de sua condição social, a *"redução dos riscos inerentes ao trabalho, por meio de normas de saúde, higiene e segurança"* (inciso XXII).

Não se trata de norma inédita em termos constitucionais, mas com redação distinta das genéricas proteções constitucionais antes existentes.

Traga-se à baila, por oportuna, a proibição do trabalho insalubre ao menor, nos moldes estatuídos pelo mesmo artigo 7º, inciso XXXIII:

XXXIII – proibição de trabalho noturno, perigoso ou insalubre a menores de dezoito e de qualquer trabalho a menores de dezesseis anos, salvo na condição de aprendiz, a partir de quatorze anos;

É o comando constitucional a orientar a formação do sistema jurídico infraconstitucional para a finalidade posta, elegendo inclusive o instrumento, qual seja, a formulação de normas correspondentes, dando as diretrizes para atendimento pela lei.

O inciso XXIII do artigo 7º, por sua vez, determina o pagamento de adicionais de remuneração para as atividades desenvolvidas em condições impróprias na forma da lei.

De pronto, é de se esclarecer que, no tocante à penosidade de atividade e conseqüente adicional de remuneração, inexistiu e inexiste previsão em nossa legislação infraconstitucional.

Talvez se possa imaginar, como estímulo ao legislador, o alinhamento de condição penosa ao lado de condição insalubre ou perigosa. Talvez se possa imaginar pretender proteger algumas atividades que se possam apresentar como capazes de causar extrema fadiga ao trabalhador, como atividade em minas e subsolo, em usina ou forjarias, ou ainda a céu aberto em regiões tropicais, mas a realidade é que não se tem parâmetro anterior ou atual para tanto.

Trata-se sim de norma não-auto-aplicável, também dita programática, e que depende de desdobramento legislativo capaz de dar-lhe vida, sem o que não tem qualquer exigibilidade, constituindo-se em norma vazia. Até o presente momento, inexistiu qualquer movimento legislativo no sentido de identificar tais situações ou mesmo de instituir o referido adicional.

O capítulo celetista V, que foi introduzido pela Lei nº 6.514, de 1977, se coaduna com essa realidade e é intitulado Segurança e Medicina do Trabalho, estando a reger, sobre o ponto, os seus artigos 189 a 195.

A CLT atribui ao Ministério do Trabalho a criação de normas particulares e específicas para a aplicação das regras gerais nela constantes, atribuindo ainda a supervisão e fiscalização de todas as atividades relacionadas com medicina e segurança do trabalho, com delegação autorizada para interdição, autuação e notificação.

b) eliminação das condições impróprias e pagamento de adicionais

Sempre que o trabalhador estiver exposto a agentes nocivos à sua saúde, estará caracterizada a condição insalubre. Essa condição vem especificada pela Portaria nº 3.214/78, que detalha, em sua NR 15, os agentes químicos, físicos ou biológicos e, com relação ao trabalho rural, a NR 5 da Portaria nº 3.067/88, apontando agentes e condições de insalubridade.

Nelas estão previstas as condições capazes de considerar determinada atividade insalubre ou não, de vez que estabelece limites de tolerância, abaixo dos quais se considera adequada a atividade, incapaz de gerar qualquer obrigação acessória ao empregador ou mesmo penalização administrativa.

Nessa seara, deixe-se claro que a eventual sujeição do trabalhador a agentes insalubres não é capaz de determinar obrigação de pagamento de adicional, não sendo como tal considerada essa exposição.

É, pois, da autoridade administrativa o poder da definição do Quadro de Atividades e Operações Insalubres, levando em consideração os limites de tolerância aos agentes agressivos, os meios de proteção e o tempo máximo de exposição a esses agentes, quando não se tratar de agente insalubre qualitativo. Assim, se qualquer agente nocivo nele não estiver previsto, não se fale em insalubridade.

Nesse sentido, as duas Súmulas de Jurisprudência do Supremo Tribunal Federal bem evidenciam o sustentado:

> Enunciado da Súmula 194 do STF: "É COMPETENTE O MINISTRO DO TRABALHO PARA A ESPECIFICAÇÃO DAS ATIVIDADES INSALUBRES."

> Enunciado da Súmula 460 do STF: "PARA EFEITO DO ADICIONAL DE INSALUBRIDADE, A PERICIA JUDICIAL, EM RECLAMAÇÃO TRABALHISTA, NÃO DISPENSA O ENQUADRAMENTO DA ATIVIDADE ENTRE AS INSALUBRES, QUE E ATO DA COMPETENCIA DO MINISTRO DO TRABALHO E PREVIDENCIA SOCIAL."

Também a corroborar, está a Orientação Jurisprudencial n° 4 da Seção de Dissídios Individuais do Tribunal Superior do Trabalho (OJ-4 – SDI TST): "Adicional de insalubridade. Necessidade de classificação da atividade insalubre na relação oficial elaborada pelo Ministério do Trabalho, não bastando a constatação por laudo pericial. CLT, art. 190. Aplicável."

Ainda nesse sentido, é de se registrar que inexistem condições de deficiência de iluminamento que sejam capazes de gerar condições de insalubridade, uma vez que o Anexo 4 da referida Portaria deixou de assim considerar, por conta da sua revogação havida pela Portaria n° 3.751/90 do MTE.

A eliminação ou neutralização da insalubridade é expressamente prevista pelo artigo 191 da CLT quando a empresa controla os agentes dentro dos limites legais de tolerância e quando faz utilizar Equipamentos de Proteção Individual e Coletiva que sejam capazes de diminuir a intensidade do agente agressivo aos limites de tolerância.

O EPI, assim considerado, é aquele equipamento capaz de neutralizar ou eliminar a insalubridade (não a causa, mas os efeitos insalubres), afastando a obrigação ao pagamento do adicional.

À questão, não se tragam as noções de direito adquirido, porque aqui não servem. Se o Ministério do Trabalho deixa de considerar determinada atividade ou agente insalubre não é mais devido anterior adicional de insalubridade. É soberana a caracterização pela autoridade administrativa.

É justamente o que acima se referiu relativamente às condições previstas no revogado Anexo 4 da Portaria n° 3.214/78.

Tão tranqüila é esta posição que traduzida em Enunciado de Súmula do TST, sob nº 248:

Adicional de insalubridade. Direito adquirido.
A reclassificação ou a descaracterização da insalubridade, por ato da autoridade competente, repercute na satisfação do respectivo adicional, sem ofensa a direito adquirido ou ao princípio da irredutibilidade salarial.
(Res. 17/1985, DJ 13.01.1986)

Outra fundamental abordagem acerca da eliminação do pagamento de adicional de insalubridade é que, mesmo ainda estando previstas tais condições pela autoridade administrativa, se o empregador regularizar o ambiente de trabalho, deixando, por conseguinte, o trabalhador não mais sujeito às indevidas condições, poderá ser retirado o pagamento do adicional.

É matéria pacifica nos tribunais o fato de que somente é devido o adicional na ocorrência de condições insalubres e enquanto a estas estiver sujeito o trabalhador. Assim é que, deixando de ocorrer a sujeição do trabalhador às anteriores condições de trabalho insalubre, deixa *ipso jure* de receber o adicional, o qual só é devido na vigência da exposição à nefasta condição.

Essa possibilidade de retirada do pagamento é decorrência da finalidade maior de proteção à saúde do trabalhador, servindo também como um estímulo para que o empregador saneie o ambiente de trabalho e suspenda os pagamentos até então realizados.

Dessa forma, não há que se falar em manutenção dos pagamentos em ambientes salubres os quais não se incorporam ao patrimônio salarial do empregado. Isto vale por igual a periculosidade e decorre da dicção expressa do art. 194 da CLT.

O art. 192 da CLT estabelece os três patamares de pagamentos dos adicionais de insalubridade, fixados em 40%, 20%, e 10% do salário mínimo da região segundo se classifiquem os graus máximo, médio e mínimo.

A natureza jurídica desses pagamentos de adicional não é pacífica. Há quem fale em taxa remuneratória compensatória, a quem refira a salário condicionado. Sendo, no entanto, um consenso a índole salarial dos mesmos, integrando o salário dos empregados para todos os fins. Os cálculos das parcelas salariais de horas extras, férias, 13º salário etc. devem ser compostos pela verba da insalubridade.

Não é demais lembrar a proibição do sistema nacional de salário complessivo, assim tido por aquele que soma o total de vários direitos. O pagamento do adicional de insalubridade deve necessariamente ser destacado, específico, aludindo de maneira expressa ao direito pago, sob pena de sua desconsideração de sua realização.

O art. 193 da CLT considera como perigosa as atividades ou operações também na forma de regulamentação aprovada pelo Ministério do Trabalho

Questões Controvertidas de
DIREITO DO TRABALHO E OUTROS ESTUDOS

que por sua natureza ou métodos de trabalho impliquem em contato permanente com inflamáveis ou explosivos em condições de risco acentuado. Não é assim qualquer exposição que gera direito ao adicional correspondente, mas sim aquela acima adjetivada. A NR 16 regulamenta o tema. Tais requisitos, no entanto, registre-se, nem sempre têm sido observados pelos nossos Tribunais, que, em atropelo às normas vigentes, concedem o adicional sem a devida avaliação de contato permanente em condições de risco acentuado.

Em havendo tais circunstâncias, determina o pagamento do adicional de 30% sobre o salário, sem os acréscimos resultantes de gratificações, prêmios, ou participação nos lucros da empresa.

A lei veda o percebimento dos adicionais de insalubridade e periculosidade concomitantemente, relativamente ao mesmo período de trabalho, devendo o trabalhador optar por aquele que lhe seja mais favorável.

Diferentemente da insalubridade, a periculosidade protege o trabalhador do risco contra a eventualidade de uma ocorrência danosa, podendo assim estar sujeito ao risco durante toda sua vida laboral, sem que, felizmente, haja qualquer ocorrência danosa. Já insalubridade de regra gera o malefício de forma lenta e gradual. Imagine-se a ação e efeitos de explosivos ou inflamáveis que podem acontecer de inopino.

Agregando à norma celetista, a Lei nº 7.369/85 passou a incluir igual direito a empregado que exerce atividade no setor de energia elétrica em condições de periculosidade. Essa lei especial tem gerado polêmica na medida em que não é clara quanto aos destinatários. Compreendemos ser destinada apenas aos empregados de empresas geradoras e distribuidoras de eletricidade, aos chamados eletricitários, e não a qualquer comum trabalhador que simplesmente lide com eletricidade.

Além disso, a Portaria GM/MTE nº 518/03 (publicada em 7/04/03 D.O.U.) determina a inclusão na NR 16 do Quadro de Atividades e Operações Perigosas, aprovado pela Comissão de Energia Nuclear, assegurando aos que exercem tais atividades o recebimento do adicional de periculosidade.

c) base de cálculo dos adicionais

Iniciando pelo adicional de periculosidade, o §1º do art. 193 determina a necessidade de seu pagamento sobre o salário recebido pelo empregado, excluindo gratificações, prêmios e participação nos lucros. O Enunciado 203 do TST determina a integração da gratificação sobre este pagamento, sem que se possa identificar um conflito com o Enunciado 191 igualmente do TST.

A grande discussão que se estabelece decorre da redação dada ao art. 7º, XXIII, da Constituição Federal, que fala em *"adicional de remuneração"* para as atividades insalubres.

Quanto à base de incidência do adicional de insalubridade, a carta de 1988, de forma alguma, disciplinou a matéria como está a entender parte minoritária da jurisprudência. Ao elevar o assunto à categoria de norma constitucional, o legislador constituinte assegurou ao trabalhador adicional "de" remuneração para trabalho em condições insalubres, e não adicional de insalubridade a ser calculado "com base" na remuneração do obreiro. Destarte, em plena vigência está a regra do art. 192 da CLT.

A possibilidade de que o adicional em discussão fosse calculado sobre a remuneração, outra sorte não tem.Tal encontraria amparo no artigo 7º, inciso XXIII, que trata de adicional de insalubridade como adicional "de" remuneração, e não adicional "sobre" remuneração, distinção gramatical inconfundível.

Trata-se de preposições com significados absolutamente diversos. Tivesse o legislador constitucional a vontade de alterar a base de incidência do adicional em questão, teria utilizado a preposição "sobre", e não a preposição "de", expressa na norma constitucional.

Além disso, a norma do artigo é expressa no sentido de determinar o necessário caminho legislativo a seguir, para dar vazão ao comando constitucional. Trata-se evidentemente de norma programática, dependente de edição legislativa infraconstitucional, sem o que não tem pronta aplicação. Não tendo sido, até a presente data, editada a referida lei, não sofre o pagamento do adicional de insalubridade ou de periculosidade qualquer alteração na base de incidência legal devida, qual seja, o salário mínimo e respectivamente o salário.

Aliás, outro não tem sido o enfrentamento judicial, como estão a demonstrar os arestos abaixo, in Calheiros Bomfim, *Dicionário de Decisões Trabalhistas*, 25ª ed., Edições Trabalhistas, Rio de Janeiro, 1995, p. 31, 167 e pg 34, 186, respectivamente:

> A base de cálculo de incidência do adicional de insalubridade, mesmo após a Constituição de 1988, continua sendo o salário mínimo contido no artigo 76 da CLT. Revista parcialmente conhecida e desprovida. Ac. (Unânime) TST 5ª T (RR 114161/94), el. Min. Armando de Brito, DJU 25/11/94, p 32493.

> O art.7º, inciso XXIII, da Constituição, ao referir-se a adicional de remuneração, e não a adicional sobre remuneração, não revogou o art. 192 da CLT na parte em que estabeleceu o salário mínimo como base para o cálculo do adicional de insalubridade. Ac. TRT 3ª Reg. 4ª T (RO 05875/93), Rel. Juiz F.Guimarães, DJ/MG 15/01/94, Jornal Trabalhista, ano XI, nº 504, p.420.

A dicção do Enunciado 228 do TST vinha esclarecendo a questão, cuja redação era a seguinte:

ADICIONAL DE INSALUBRIDADE – BASE DE CÁLCULO. O percentual do adicional de insalubridade incide sobre o salário mínimo de que cogita o art. 76 da Consolidação das Leis do Trabalho (Res. N 14/85, 12.9.85, DJ 19.9.85)

Aqueles que sustentavam a alteração base de cálculo em razão da novel norma constitucional o faziam sustentando a impossibilidade da base de incidência sobre o salário mínimo na proibição existente no art. 7º, IV, da mesma Carta Magna, o qual, ao tratar no salário mínimo vedava "*sua vinculação pra qualquer fim*". Essa proibição, no entanto, sempre foi lida pelos tribunais trabalhistas como incapaz de atingir o adicional de insalubridade e sua incidência sobre o salário mínimo, assim como preserva por igual o pagamento de benefícios previdenciários com a mesma base de incidência.

A acrescentar controvérsia ao tema, é de referir recente decisão turmária do Supremo Tribunal Federal, que julgou pela inconstitucionalidade da utilização do salário mínimo como base de incidência do pagamento do adicional de insalubridade. A questão é tormentosa e está ainda por ser conclusiva. Não se crê, no entanto, quer por desaconselhável por política judiciária, quer por acerto técnico do Enunciado nº 228 do TST, seja reaberta a discussão da matéria sumulada, ensenjando indesejável "tsunami" de ações trabalhistas na Especializada.

Registre-se, finalmente, que todas estas situações podem naturalmente ser submetidas ao crivo do Poder Judiciário, na medida em que o art. 5º, XXXV, assegura a possibilidade de apreciação por este Poder de ameaça ou lesão a direito. A disposição pode ser lida como capaz de atacar conclusões da autoridade administrativa ou ainda a reclamação do empregado contra o empregador.

No caso de ajuizamento de ação reclamatória trabalhista, o empregado que reclama tal direito, via de regra, tem extinto o seu contrato por, na compreensão dos empregadores, a situação de litigante não ser compatível com a confiança do contrato de trabalho. Assim, para a proteção dos empregados, é dado também aos sindicatos representativos da categoria dos mesmos, o direito de ajuizar como substituto processual a postulação relativa aos adicionais de insalubridade e periculosidade.

2. Fiscalização do trabalho

a) atribuições e poderes do agente fiscal

A CLT, nos arts. 160 e 161, estatui acerca da inspeção prévia e embargo aos locais de trabalho. Impõe a necessidade de inspeção prévia pela Delegacia Regional do Trabalho, bem como de aprovação das instalações laborais.

Idêntica obrigação, gerando nova inspeção, quando houver modificações substanciais nas instalações ou equipamentos da empresa, devendo a mesma comunicar tal fato à autoridade administrativa.

Ante a dificuldade do órgão administrativo de realizar rapidamente tal fiscalização anterior ao início das atividades, faculta ainda a sujeição prévia dos projetos de construção e instalação, buscando prévia aprovação dos mesmos.

Outro poder importantíssimo atribuído ao Delegado Regional do Trabalho é o de interdição de estabelecimento, setor de serviço, máquina ou equipamento, bem como embargo de obra, sempre que, a partir de laudo técnico, concluir pela existência de grave e iminente risco aos trabalhadores. Nestas ocorrências, deverá indicar as providências para prevenção de infortúnios.

b) livre acesso

Por óbvio, tem a autoridade administrativa o direito de livre acesso aos ambientes de trabalho, a fim de fiscalizar e cumprir a legislação vigente.

Para o cumprimento de suas obrigações legais, dentre elas as antes referidas, pode a autoridade administrativa solicitar o auxílio de autoridades federais, estaduais e municipais.

c) exibição de documentos

De nada adiantaria o livre acesso se a autoridade administrativa não tivesse o poder de determinar também a exibição de documentos.

É parte da atividade administrativa fiscalizatória a conferência e o exame de documentos cuja existência é determinada em lei e imposta a guarda ao empregador.

Do exame da documentação é que se extrairão a certeza do cumprimento das obrigações do empregador e a devida proteção aos empregados.

d) informação, esclarecimentos, autuações, multas e recursos

À autoridade administrativa é dado igualmente o direito de solicitar as informações que julgar cabíveis acerca do objeto de sua fiscalização, bem como, os esclarecimentos pertinentes.

Tal se constitui em importante passo preliminar prévio à tomada de qualquer das medidas mais rigorosas, também à sua disposição. É que a partir destas pode a autoridade administrativa se convencer da correção do procedimento do empregador, dispensando qualquer atitude posterior.

É também competência da fiscalização a autuação das incorreções identificadas, bem como, a possibilidade de aplicação de multa.

A fiscalização, reconhecidamente deficientemente, pode ser aleatória ou decorrente de denúncia de qualquer interessado, notadamente das entidades sindicais.

Questões Controvertidas de
DIREITO DO TRABALHO E OUTROS ESTUDOS

A este poder importante do Delegado Regional do Trabalho, especificamente de interdição ou embargo, genericamente referido, cabe como defesa – discussão, a interposição de recurso no prazo de dez dias para o órgão nacional superior, podendo ainda ser pretendido e deferido efeito suspensivo.

Não se olvide jamais que todas essas considerações administrativas não estão imunes às providências judiciais devidas e capazes de sustentar entendimentos diversos.

O desatentendimento às suas mais severas providências de embargo ou interdição por aquele que ordenar ou permitir funcionamento/uso constitui-se em crime de desobediência. Curiosa referência traz, no entanto, a caracterização do crime, que somente se dá *"se resultar danos à terceiros"*.

Independentemente de interposição de recurso, há a possibilidade do próprio Delegado levantar o embargo ou interdição à luz de novo laudo técnico do serviço competente, que dê conta da adequação às normas legais.

Estas possibilidades recursais, bem como, pedidos de reconsideração à própria autoridade autuante, são sempre oportunos, desde que se elenquem fundamentos razoáveis e próprios em contrário à providência administrativa e capazes de motivar a sua reavaliação.

Por fim, é de se registrar que estas eventuais paralisações no desenvolvimento da atividade, com conseqüente paralisação da atividade dos empregados, não lhes acarreta prejuízo salarial, na medida em que permanecem à disposição do empregador, não podendo aos mesmos ser atribuída da paralisação do trabalho.

Biliografia

CAMINO, Carmen. *Direito Individual do trabalho*. 2ª ed. Porto Alegre: Síntese, 1999. 360p.

GOMES, Orlando Gottschalk Elson, *Curso de Direito do Trabalho*. 14ª ed. Rio de Janeiro: Editora Forense; 1997.

MARTINS, Sérgio Pinto. *Comentários à CLT*. 6ª ed. São Paulo: Atlas, 2003. 1138p.

MIRANDA, Pontes de. *Comentários à Constituição de 1967* – Tomo IV, São Paulo: Revista dos Tribunais, 1967. 713p.

——. *Comentários à Constituição de 1967* – Tomo V, São Paulo: Revista dos Tribunais, 1967. 661p.

NASCIMENTO, Amauri Mascaro do. *Iniciação ao direito do trabalho*. 28ª ed. São Paulo: LTr, 2002. 702p.

OLIVEIRA, Francisco Antônio de. *Comentários aos enunciados do TST*. 5ª ed. São Paulo: Revista dos Tribunais, 2001. 932p.

RUSSOMANO, Mozart Victor. *Curso de Direito do Trabalho*. 4ª ed. Curitiba: Juruá, 1991. 466p.

SAAD, Eduardo Gabriel. *CLT comentada*. 37ª ed. atual. e rev. São Paulo: LTR, 2004. 917p.

SÜSSEKIND, Arnaldo. *Direito constitucional do trabalho*. Rio de Janeiro: Renovar, 1999. 455p.

— 4 —

Teletrabalho: uma análise juslaboral

DENISE PIRES FINCATO

Advogada. Mestre em Direito Público. Doutora em Direito Público.
Professora nos cursos jurídicos de graduação da PUCRS e na UNISINOS.
Professora nos cursos jurídicos de Especialização da UNISINOS.
Pesquisadora com bolsa pela UNISINOS.

Sumário: 1. Uma visão panorâmica do teletrabalho; 1.1. Contextualização; 1.2. Conceito e características; 1.3. Classificação; 1.4. Modalidades; 1.5. Vantagens e desvantagens comumente apontadas; 2. Teletrabalho e relação de emprego; 2.1. Elementos caracterizadores da relação de emprego; 2.2. Teletrabalho: trabalho subordinado?; Considerações finais; Referências bibliográficas.

1. Uma visão panorâmica do teletrabalho

1.1. Contextualização

O avanço das tecnologias de informação e comunicação (TICs) conjugado aos movimentos globalizatórios e integracionistas têm sido apontado como o grande responsável pelo surgimento de uma nova revolução na seara trabalhista, identificada pelo surgimento e solidificação de um fenômeno com repercussões em diversas áreas do saber (inclusive na área jurídica), denominada teletrabalho.

Os que se debruçam sobre a história do Direito do Trabalho apontam alguns marcos, muitas vezes justificativos de avanços legislativos, normalmente conectando-os à evolução do agir humano direcionado a objetivos. Contribuindo com tal linha de raciocínio, contamos com os subsídios de Ortiz Chaparro,[1] que aponta alguns marcos históricos referentes ao trabalho humano, vinculando-os ao cenário da época, notoriamente no que toca à forma de trabalho dominante:

---

[1] ORTIZ CHAPARRO, Francisco. *El Teletrabajo : una nueva sociedad laboral en la era de la tecnología.* Madrid : McGraw-Hill, 1997, p. 14 (alterado)

Questões Controvertidas de
DIREITO DO TRABALHO E OUTROS ESTUDOS

Período Histórico	Formas de Trabalho Dominantes	Cenário/necessidade da época
Neolítico	Caçadas, colheitas.	Fabricação de utilidades, assentamento de pessoas.
Antiguidade	Escravidão, artesanato.	Oligarquia, centralização do poder.
Idade Média	Agremiações, corporações de ofício.	Desenvolvimento do comércio e fortalecimento das coletividades trabalhistas.
Revolução Industrial	Trabalho assalariado.	Implementação da automatização fabril e aperfeiçoamento da legislação trabalhista.
Revolução Informacional	Trabalhador do conhecimento. Novas formas de trabalho assalariado.	Domínio da tecnologia da informação e aceleração das inovações tecnológicas.

O teletrabalho constitui-se em modalidade de trabalho surgida dessa Revolução Informacional, que mescla os avanços tecnológicos (principalmente informáticos) e comunicacionais. Não se constitui em fenômeno tão recente quanto quer parecer a nós, brasileiros. Na Europa, em um censo realizado em 1994, detectava-se que 5% das empresas européias já exploravam a nova modalidade de trabalho, significando isso, em números absolutos, as imponentes cifras de 1.100.000 teletrabalhadores nos cinco maiores países da União Européia e 1.250.000 teletrabalhadores, à época, em toda a União Européia[2] Se observarmos o mercado norte-americano, também teremos surpresas. Em Portugal, por exemplo, já existem associações para o desenvolvimento do teletrabalho e, assim, vê-se que o mundo está ocupado em estudar (sob diversos ângulos) o fenômeno.

Diversos setores empresariais já exploram o teletrabalho, sendo favorecidos aqueles em que as categorias profissionais possuam um maior conhecimento informático, bem como manuseio e acesso aos meios de comunicação mais avançados. Nesse sentido, privilegiam-se os setores de tecnologia de ponta, bancário, securitário, altos executivos e, até mesmo, educacional.

O teletrabalho atende ao desiderato de flexibilidade do trabalho subordinado e visa a atender às necessidades empresariais, contribuindo ainda para que trabalhadores com dificuldades específicas (deficiências físicas, maternidade, distância geográfica etc.) possam prestar os serviços contratados em lugares mais favoráveis para si.

Mas, afinal, o que é o teletrabalho?

---

[2] Fonte: CD-ROM Teletrabajo. Junta de Castilla y León. Fundación Universidad-Empresa de Valladolid – FUEVA, 1998.

1.2. Conceito e características

Em poucas palavras e restritos à interpretação literal do termo, poderíamos dizê-lo "trabalho a distância". No entanto, a bem de manter certa cientificidade no estudo do mesmo, principalmente em seu viés jurídico, teremos que aprofundar um pouco mais tal conceituação.

Socorremo-nos novamente de Ortiz Chaparro,[3] que conceitua o teletrabalho da seguinte forma: "... es trabajo a distancia, utilizando las telecomunicaciones y por cuenta ajena". Esquematicamente, o autor apresenta os elementos de sua definição:

TELETRABAJO = TRABAJO + DISTANCIA + TELECOMUNICACIONES + CUENTA AJENA

Conjugam-se os termos **trabalho** (atividade geradora de riquezas, propulsora da economia), com a **distância** (em seu entendimento geográfico, com trabalhadores remotos, prestando serviços fora da estrutura física tradicional do empregador) mediada pelas **telecomunicações** (os sistemas de tecnologia da informação e da comunicação permitem que a distância seja relativizada, mantendo-se trabalhadores e empregadores em contato constante, apesar da distância geográfica). Esse trabalho à distância, mediado pelas telecomunicações, deve ser prestado de maneira subordinada, ou seja, **para alguém** (por conta alheia), descartando-se de nosso estudo o teletrabalho autônomo.

O trabalho à distância, como veremos, pode-se dar a partir de diversos locais, incluindo-se a própria residência do trabalhador. É importante que esse trabalho seja mediado por meios de comunicação, visando com isso a não cair na tentação de visualizá-lo simploriamente como "trabalho em domicílio". O contrato de teletrabalho pode assumir diversas formas, variáveis conforme o tipo de serviço a ser prestado, bem como conforme a natureza do regime trabalhista a ser empregado. Acompanhemos o elucidativo quadro elaborado por Ortiz Chaparro:[4]

Distância	Telecomunicações	Conta alheia
Locais de possível prestação do serviço	Meios de comunicação usuais	Formas contratuais
Em Domicílio Em um centro satélite Em um telecentro Na sede do cliente Nômade ou móvel	Telefone Fax Teleconferência – via satélite/internet banda larga. Transmissões diversas de voz, dados e imagens via internet ou satélite.	Por obra Contrato temporário Contrato a tempo parcial Horário fixo Horário flexível

[3] ORTIZ CHAPARRO, Francisco. Op. cit., p. 38.
[4] ORTIZ CHAPARRO, Francisco. Op. cit., p. 40.

Assim, via de regra, o teletrabalhador presta serviços de maneira constante e subordinada a empregador com estrutura principal localizada em região remota do local da efetiva prestação do serviço, em caráter oneroso. De forma inequívoca, mantém vínculo empregatício e é carecedor de todo o sistema protetivo trabalhista aplicável a seu contrato de (tele)trabalho.

1.3. Classificação

O teletrabalho é fenômeno de características próprias que exige ser comparado e distinguido de outras figuras jurídicas, tais como o trabalho em domicílio. Observado singelamente, como dissemos alhures, pode o teletrabalho ser equiparado ao trabalho em domicílio,[5] no entanto, a prestação de serviço remoto no domicílio do trabalhador é apenas uma das formas classificatórias do teletrabalho, pelo que vemos forçoso o estudo de sua classificação.

A escolha do tipo de teletrabalho dependerá da reunião de muitos fatores, tais como: estrutura e domínio telecomunicacional do empregado, tipo de trabalho a ser desenvolvido e sua duração, forma de gestão, tamanho e disponibilidade econômica da empresa, etc. Importante destacar que, na era da chamada Sociedade da Informação, preferem-se os grupos (equipes) de trabalho aos trabalhadores isolados, bem como e até mesmo para a garantia da própria empresa, preferindo-se a construção compartilhada do saber a um saber construído de forma solitária.

Assim, o teletrabalho pode ser:

• *Em domicílio*: trata-se da maneira mais comum de teletrabalhar. O teletrabalhador fixa um local em sua residência para trabalhar, instalando ali pequena estação com acesso a meios de comunicação (telefone, fax, internet etc.). O teletrabalhador em domicílio utiliza-se de estrutura própria ou cedida pela empresa, disposta em sua residência, para prestar os serviços contratados,[6] podendo estar em sua casa durante todo o período (regime puro) ou fracioná-lo (regime híbrido), realizando, por exemplo, meio turno na empresa e meio turno em sua residência ou alguns dias da semana na empresa e outros em sua casa. Qualquer dos regimes alterará a estrutura física da empresa que o adotar: ao invés de inúmeros gabinetes e postos de trabalho individuais, espaços de uso rotativo, plural e democrático, impessoais e funcionais. Ainda no que toca à empresa, o teletrabalho em domicí-

---

[5] Vale relembrar: trabalho em domicílio é aquele trabalho subordinado, realizado pelo empregado em sua residência, não necessariamente com o auxílio de tecnologias informacionais e comunicacionais. Exemplifica-se com os serviços de manufatura de roupas, calçados e jóias, onde o trabalhador recebe as partidas de materiais (normalmente semi-acabados) em sua residência e, após um tempo avençado, as devolve manufaturadas à empresa. A remuneração, via de regra, se dá por produção e/ou tarefa.

[6] Vide, a seguir, as modalidades dessa prestação domiciliar: *off line, one way line ou on line*.

lio (principalmente nas modalidades *off line* ou *one way line*) reduz sensivelmente o número de ausências ao trabalho, principalmente por enfermidade própria do trabalhador ou de seus parentes próximos. O teletrabalho em domicílio contribui para a redução dos custos pessoais do trabalhador, dentre outros: combustível, alimentação e vestuário. Permite, ainda, que o trabalhador não se exponha aos riscos urbanos (acidentes, assaltos etc.), retirando-o do trânsito das grandes cidades (fato gerador de atrasos). Onera-o, entretanto, com energia elétrica, calefação/climatização, telefonia, material de expediente (folhas, tinta etc.), normalmente ao encargo das empresas. Tal modalidade, entretanto, revela-se propícia a situações fraudulentas, onde o teletrabalhador seja tomado por autônomo (*freelance*), sendo necessária a análise *in casu* para averiguar-se da existência (ou não) do vínculo empregatício.

• *Em centros satélites*: os centros satélites são locais de trabalho que pertencem a uma empresa, que não se constituem filiais da mesma. Tais centros estão situados em pontos geograficamente estratégicos e não possuem estrutura departamental, estando abertas a todos os teletrabalhadores das circunvizinhanças (independentemente de sua função ou cargo), vinculados empregaticiamente a essa empresa. A identificação dos centros satélites como tipo autônomo de teletrabalho encontra poucos adeptos na doutrina, destacando-se Ortiz Chaparro[7] como um destes. Benvingut[8] leciona que os centros satélites poderiam ter por função o desenvolvimento de uma atividade não realizada na sede principal (por exemplo: a sede principal ocupar-se-ia da manufatura de um determinado bem, e o centro satélite, de sua comercialização). A doutrina, maciçamente, aponta os chamados telecentros como tipo que abarcaria também aos centros satélites.

• *Em telecentros*: também (e propriamente) denominados *centros de recursos compartilhados*, podem pertencer a uma ou mais empresas e também estarão dispostos de maneira geograficamente estratégica. Constituem-se em instalações físicas dotadas de serviços informáticos e telecomunicacionais de alto padrão. Os telecentros, mesmo que de uso exclusivo de uma única empresa, não serão confundidos com filiais da empresa. Nos telecentros inexistirá estrutura hierárquica e chefias. Todos estarão vinculados unicamente à empresa em sua sede central, devendo às chefias dali respeito, obediência e informações, prestados e controlados virtualmente. Podem existir tantos telecentros quantos veja necessidade a empresa (ou o conglomerado empresarial – se um conjunto de empresas dele fizer uso), bem como pode-se prever participação governamental para

---

[7] ORTIZ CHAPARRO, Francisco. Op. Cit., p. 60-1.

[8] BENVINGUT, Ramon Sellas. El Régimen Jurídico del Teletrabajo en España. Navarra : Aranzadi, 2001, p. 29.

a instalação de telecentros em áreas com tendência ao êxodo (como as rurais ou afastadas dos grandes centros urbanos), visando a melhor distribuir geograficamente a população e, conseqüentemente, as riquezas. Os telecentros (e o teletrabalho num todo), ainda, diminuem o tráfego urbano e o tempo despendido em deslocamentos,[9] conseqüentemente, contribuem para o controle dos níveis de poluição ambiental.

• *Em telecottages*: situados em zonas rurais ou regiões de menor escolaridade e preparo para o trabalho, misturam iniciativa privada e pública com o objetivo de melhorar a qualidade de vida do trabalhador. Mais que fixar os trabalhadores em seu lugar de domicílio, os *telecottages* procuram atrair a mão-de-obra qualificada dos grandes centros urbanos às zonas rurais. Via de regra, utilizam-se instalações como escolas públicas, salões de Igrejas ou até mesmo prédios rústicos em granjas e fazendas, todos devidamente adequados e informatizados. Os futuros teletrabalhadores devem, primeiramente, aprender o manejo dos meios telecomunicacionais. Juntamente com a possibilidade de teletrabalhar, portanto, aos empregados é oferecida a possibilidade de teleestudar (educação à distância) seu próprio ofício ou temas complementares/conexos. Experiências importantes nessa modalidade de teletrabalho são realizadas, com sucesso, em países como Inglaterra, Irlanda, Suécia (norte), Noruega, Finlândia, Dinamarca, França e Alemanha.[10]

• *Nômade ou móvel*: podemos afirmar ser esta a máxima expressão do teletrabalho, aquela em que um sujeito trabalha onde quer ou precisa. O teletrabalhador, nessa modalidade, pode trabalhar em sua casa, na sede do cliente, em um telecentro, em um centro satélite ou mesmo no trânsito. Principalmente nos Estados Unidos, é cada vez mais comum a realidade de empregados que trabalham em aviões, quartos de hotel ou lugares tão ou mais inusitados. Alguns automóveis, inclusive, já vêm dotados não só de telefone celular, como também de um computador e até mesmo fax. Atualmente, vê-se esse tipo de teletrabalho sendo bastante utilizado por vendedores externos, pessoas para quem tal implemento tecnológico apenas veio a favorecer.[11] Da mesma maneira, os vendedores de seguros que, munidos

---

[9] Estudos revelam que os trabalhadores que vivem em regiões metropolitanas (cidades-dormitório) e trabalham nas metrópoles gastam, em média, cerca de 3 a 4 horas por dia em deslocamentos. Tal tempo, utilizando-se o teletrabalho em domicílio ou em telecentros localizados nas próprias cidades-dormitório, reverteria em benefício do próprio trabalhador, que as dedicaria à sua família, ao seu lazer ou ao aperfeiçoamentos.

[10] ORTIZ CHAPARRO, Francisco. Op. cit., p. 64-5.

[11] Vendedores externos que não se utilizam do teletrabalho não mantêm contatos habituais com a empresa, portanto, com ela não mantêm laços derivados de relações interpessoais. Com o teletrabalho, no entanto, o vendedor externo sente-se integrante da empresa, eis que com ela pode manter diversos contatos diários e, inclusive, estabelecer relações de convívio amistoso entre colegas. Sua identificação com a empresa aumenta, e seu grau de satisfação também. No mais, sua vida segue igual: *comparece pessoalmente à empresa eventualmente*.

de um computador portátil, podem acessar as bases de dados da companhia seguradora onde quer que estejam, constituindo-se dispensável, na atualidade, manterem-se escritórios regionais dessas seguradoras.

Os tipos de teletrabalho referidos podem, ainda, dar-se de acordo com uma ou outra modalidade, dependendo da estrutura que disponham as partes (empresa e empregado) e da natureza do trabalho. Sinale-se, todavia, que a tônica do teletrabalho é justamente o uso dos meios de telecomunicação como mediadores da distância e que sua ausência permite a confusão do teletrabalho com o trabalho em domicílio.

1.4. Modalidades

Observamos, agora e principalmente, a forma como é mantida a relação entre o teletrabalhador e a empresa. Essa conexão, como vimos, poderá se dar via telefone, fax, satélite (videoconferência) e, notoriamente, via internet.

Em qualquer dos tipos de teletrabalho a que nos referimos anteriormente poderemos ter, isolada ou conjugadamente, as modalidades a seguir que dependem do nível de interatividade mantido entre os sujeitos. Destaque-se que níveis de interatividade maiores permitem contratos de trabalho mais complexos, inclusive com fixação/controle de jornada de trabalho e suas conseqüências (pagamento por horas, com adicionais extraordinários ou noturnos, quando o caso).

• Teletrabalho *Off line*: onde não existe uma conexão interativa, o computador não é sequer utilizado como forma de comunicação, apenas como ferramenta para cumprimento de tarefas (projetos, gráficos, textos, cálculos etc.). Toda a produção do teletrabalhador é enviada por correio convencional ou até mesmo entregue pessoalmente. Não existe a possibilidade de estabelecimento e controle da jornada diária de trabalho, e o pagamento dos serviços será feito por tarefa/produção. Esta é a modalidade que mais se assemelha ao trabalho em domicílio.

• Teletrabalho *One way line*: modalidade de teletrabalho onde existe comunicação unimodal, como por exemplo, com a utilização de *pagers* convencionais (que não permitem interatividade simultânea). Por essa modalidade, também não será possível estabelecer e controlar a jornada de trabalho ou exercer um efetivo controle sobre a prestação do serviço. A remuneração, assim, deverá também ser feita via tarefa/produção.

• Teletrabalho *On line*: teletrabalhadores e empresa comunicam-se continuamente. A conexão é imediatamente bidirecional e facilitada por salas de conversação (*chats*) e sistemas como o ICQ, sem contar as *webcams*, que permitem teleconferências com imagens em tempo real, via internet.

Questões Controvertidas de
DIREITO DO TRABALHO E OUTROS ESTUDOS

Por essa forma de teletrabalho é possível, com a criação de uma intranet (exclusiva da empresa) e o fornecimento de senhas de uso pessoal e intransferível, auferir se o teletrabalhador presta trabalho em determinado período da jornada, mais, é possível verificar o que faz e como faz. A questão é tão avançada que a Itália hoje testa sistemas biométricos que permitem absoluta certeza quanto à pessoa que está interagindo via rede. Nessa modalidade é possível a visualização de uma forma de trabalho subordinado à distância, perfeitamente fiel à caracterização clássica da relação de emprego. Por ser mais complexa, permite modalidades contratuais mais completas.

1.5. Vantagens e desvantagens comumente apontadas

Vantagens e desvantagens são apontadas no uso do teletrabalho, sempre com alguma margem de variação, dependendo da ideologia permeadora do sujeito que as aponta. É certo, no entanto, que três serão as figuras atingidas: teletrabalhador, empresa e sociedade.

É importante termos noção dessas opiniões, apesar de por vezes aparentemente contraditórias, a fim de que possamos elaborar também nosso ponto de vista.

1.5.1. O teletrabalhador. Ao trabalhador remoto incumbe, primeiramente, dominar os meios de telecomunicação, dispondo de acesso aos mesmos (se assim estabelecer o contrato). O antigo emprego, gerado no seio da Revolução Industrial, hoje encontra-se obsoleto. É necessário conhecer e manusear com desenvoltura as chamadas TICs (tecnologias de informação e comunicação). Reciclar-se, capacitar-se, eis as palavras de ordem da nova revolução. O teletrabalhador, além de conhecedor de tecnologias, deverá apresentar outras características e valores: responsabilidade, maturidade, disciplina, auto-organização de seu trabalho, empreendedorismo, comunicabilidade, flexibilidade e capacidade de adaptação a novas formas de trabalhar.

1.5.2. A empresa. A empresa que explora o teletrabalho deve analisar se seu nicho de mercado permite êxito em tal empreitada. Concluindo positivamente, deve decidir quais os tipos e modalidades de teletrabalho de que vai lançar mão, realizando os investimentos necessários (equipamentos e instalações). Deve estabelecer a "cultura" do teletrabalho, principalmente entre as chefias, que deverão desenvolver novas formas de exercício do poder diretivo e disciplinador. Nesse aspecto, é indispensável a utilização de técnicas de gestão por resultados e objetivos, bem como a compreensão de que o virtual é real. Equipes de incentivo e contato constante devem existir a fim de manter a vinculação e a fidelidade dos teletrabalhadores à empresa. Uma política de progressão na carreira deve ser desenvolvida, atingindo também aos teletrabalhadores, além de promover a formação continuada destes.

1.5.3. A sociedade. O teletrabalho apresenta vantagens óbvias à sociedade. Aponte-se, ilustrativamente, o caso das mulheres trabalhadoras: advinda a maternidade, sua vida se transforma. A insegurança e alto custo para deixar filhos em creches ou aos cuidados de terceiros lhes toma de assalto, furtando-lhes a paz e a tranqüilidade em trabalhar. De outra banda, a presença materna é mais requerida nos primeiros anos de vida, o que gera alto número de ausências e atrasos ao trabalho convencional, para atender aos interesses dos menores. Da mesma maneira, as lides domésticas restam prejudicadas, ou a trabalhadora contrata uma empregada doméstica para auxiliá-la (novo custo) ou desgasta-se em terceira jornada diária. Se a trabalhadora reside em cidade distante de seu local de trabalho, novo problema: o tempo e os perigos do deslocamento. Somadas todas as horas e dificuldades, parece-nos óbvio que essa trabalhadora não poderá seguir aperfeiçoando-se, estudando.

O teletrabalho (em qualquer de seus tipos) seria a alternativa dessa trabalhadora que conseguiria acomodar todos os seus papéis sociais, atendendo à infância, mantendo o sustento da família e aperfeiçoando-se constantemente.

Sem a necessidade de se deslocar aos grandes centros, o teletrabalhador fixa-se em sua cidade, prestigia o comércio local, participa dos grupos sociais ali existentes e usufrui de horas de lazer. É evidente a contribuição para a melhor distribuição geográfica da população. O teletrabalho, ainda, reduz o número de pessoas e automóveis circulando nos grandes centros, o que leva à diminuição dos índices de poluição urbana.

Sinteticamente, utilizando-nos dos quadros a seguir, inspirados em similares constantes da obra de Ortiz Chaparro,[12] podemos apontar vantagens e desvantagens na utilização do teletrabalho:

---

[12] ORTIZ CHAPARRO, Francisco. Op. cit., p. 130.

VANTAGENS DO TELETRABALHO

PARA O TRABALHADOR		PARA A EMPRESA	PARA A SOCIEDADE
Profissionais	Pessoais		
• Flexibilidade • Produtividade • Autonomia • Auto-realização • Independência	• Mais vida: - familiar - social • Mais tempo livre • Mais oportunidades profissionais • Menos conflitos no trabalho • Redução no tempo e gastos com deslocamentos • Redução nas despesas com vestuário e alimentação.	• Economia de espaço e instalações. • Menos: - Ausências e atrasos - Salários e encargos sociais • Mais: - Produtividade - Controle - Atenção ao cliente - Facilidades de marketing • Gestão por resultados e objetivos • Resistência a eventos externos, como greves gerais, catástrofes naturais, etc.	• Economia: - Energia - infra-estruturas - tempo • Melhoria na qualidade de vida da comunidade. • Melhoria na distribuição da população: desenvolvimento local e regional. • Faz frente ao desemprego. • Potencialização das tecnologias do futuro. • Incorporação de deficientes físicos ao mercado de trabalho. • Expansão dos mercados de trabalho: além-fronteiras.

DESVANTAGENS DO TELETRABALHO

PARA O TRABALHADOR		PARA A EMPRESA	PARA A SOCIEDADE
Profissionais	Pessoais		
• Sensação de perda do "status" de trabalhador • Desorientação inicial (quebra do paradigma) • Falta de suportes pessoais • Dificuldades nos trabalhos em equipe • Problemas com equipamentos • Sensação de estar desvinculado da empresa	• Isolamento • Dificuldades de atenção em casa • Mudanças no tipo de socialização • Receio de não ser promovido ("quem não é visto...") • Aumento das despesas com energia, calefação, etc. (teletrabalho em domicílio) • Possível desenvolvimento de compulsão ao trabalho.	• Custo dos equipamentos • Falta de controle de freqüência • Inércia operativa • Mudanças organizacionais • Maiores dificuldades em coordenar trabalhos em equipe	• Necessidade de mudanças na legislação (principalmente trabalhista) • Possível perda de espaço dos sindicatos • Obsolescência das grandes instalações nos centros das grandes cidades

2. Teletrabalho e relação de emprego

2.1. Elementos caracterizadores da Relação de Emprego

No ordenamento trabalhista brasileiro, servimo-nos do artigo 3° da Consolidação das Leis do Trabalho para extrair os elementos caracterizadores de uma relação de emprego. Sendo já cediço o entendimento de que a ausência absoluta de um dos requisitos faz com que se conclua também pela inexistência de vínculo empregatício e conseqüentemente pela existência de relação jurídica de natureza distinta desta (normalmente autônoma).

Face aos novos rumos das relações de trabalho, notoriamente quando influenciadas pela inserção das Tecnologias de Comunicação e Informação, vemos que alguns dos elementos caracterizadores da relação de emprego podem estar, em algumas oportunidades, um tanto tênues, rarefeitos. Mas, mesmo assim, devem existir concomitantemente.

O artigo 3° da CLT diz textualmente que: *"Considera-se empregado toda a pessoa física que prestar serviços de natureza não eventual a empregador, sob a dependência deste e mediante salário"*. Esse conceito traz em seu bojo alguns termos que merecem ser destacados, para melhor compreensão:

a) Pessoalidade: ao referir que *"considera-se empregado toda a pessoa física ..."*, o texto consolidado impede que a relação de emprego se estabeleça, tomando por empregado uma pessoa jurídica ou um animal. Martins,[13] inclusive, aponta que a *"legislação trabalhista tutela a pessoa física do trabalhador"*, considerando-o hipossuficiente na relação jurídica estabelecida e efetivamente tutelando-o. As relações entre pessoas jurídicas são regidas pelo direito civil, onde impera a igualdade das partes, bem como a plena autonomia das vontades. Deve-se, ainda, destacar que a relação de emprego se dá *intuitu personae*, não sendo possível ao empregado fazer-se substituir por outrem na prestação dos serviços a que obrigado por força do contrato.

b)Não-eventualidade: este empregado, pessoa física, deve *"... prestar serviços de natureza não eventual ..."* , ou seja, a prestação de serviços não poderá ser esporádica, ocasional, pena de não se revelar relação de emprego propriamente dita. Este requisito pode também ser encontrado na doutrina sob a denominação "habitualidade" ou "continuidade" na prestação do serviço. Destaque-se que não se exige que o trabalho seja diário, apenas que exista uma certa rotina na prestação do serviço, como por exemplo, a prestação de serviços duas ou três vezes na semana, sempre nos mesmos dias e horários.

---

13 MARTINS, Sérgio Pinto. Comentários à CLT. 5. ed. São Paulo : Atlas, 2002, p. 30.

c) Dependência: também conhecida como subordinação[14] e referida pela CLT no artigo em comento ("... *a empregador, sob a dependência deste* ..."), quer dizer que o trabalhador deve estar vinculado juridicamente ao empregador, dele dependendo para prestar serviços (não atuando autonomamente, portanto). Durante muitos anos, entendeu-se a dependência como o dever atribuído ao empregado de acatar ordens a ele dirigidas pelo empregador (de forma direta – pessoal – ou coletiva). A subordinação é o elemento mais discutido na relação de emprego, notoriamente diante das novas relações de emprego – mais flexíveis que as decorrentes da época pós-Revolução Industrial – e pode ser vista a partir de diversos prismas: (i) subordinação econômica: o empregado depende economicamente de seu empregador, trabalha em troca de salários. Critério discutível, eis que retiraria o critério subordinação quando estivéssemos diante de um empregado com boas condições financeiras, ou seja, que não dependesse economicamente de seu empregador (e do emprego em si) para subsistir; (ii) subordinação técnica: por ela entende-se que o empregado estaria sob a dependência das ordens de seu empregador, conhecedor dos afazeres do empregado em maior profundidade. Também questionável o critério, já que em atividades que exploram a alta tecnologia, por exemplo, revela-se extremamente difícil ao diretor da empresa conhecer com profundidade todas as nuances de seu empreendimento, pelo que, no mais das vezes, não há como dirigir a prestação de serviço do empregado em seu aspecto técnico; (iii) subordinação hierárquica: deve ser entendida como a simples inserção do empregado no quadro de funcionários (estrutura organizacional, normalmente disposta de forma hierárquica) da empresa (ou do empregador) e (iv) subordinação jurídica: decorrente da relação de emprego subjacente e do contrato de emprego que dela exsurge, vinculando juridicamente as partes. Por ela, o empregado sujeita-se ao poder diretivo e disciplinar de seu empregador.

d) Onerosidade: ao estabelecer que o empregado receberá salários ("... *e mediante salário.*"), a CLT aponta para o caráter oneroso da relação de emprego, afastando de seu âmbito as relações jurídicas que se estabelecerem por questões vocacionais, culturais ou beneméritas (essencialmente gratuitas). Aponte-se que ao referir "salários", não está a CLT limitando o direito do trabalhador apenas à percepção de salários, muito ao contrário, está a impingir o caráter oneroso da relação empregatícia, dedicando ao trabalhador empregado toda a gama de direitos prevista em seu seio ou em legislação periférica.

---

[14] "Na prática, entretanto, costuma-se empregar também a palavra subordinação, que é a mais exata para a relação em estudo. Subordinação vem do latim sub ordine: estar sob ordens, sob a direção ou controle de outra pessoa. Subordinação é o aspecto da relação de emprego visto pelo lado do empregado, enquanto poder de direção é a mesma acepção vista pelo ângulo do empregador." MARTINS, Sérgio Pinto. Op. cit., p. 31.

Revisitados os requisitos da relação de emprego, podemos dizer que estaremos diante de um vínculo empregatício quando uma pessoa física estiver prestando serviços rotineiramente a outra pessoa (física ou jurídica), sob a dependência desta e em caráter estritamente oneroso.

É chegado o momento de voltarmos ao foco desse estudo: o teletrabalho. Estaríamos diante de vínculos de emprego?

2.2. Teletrabalho: trabalho subordinado?

Muitos doutrinadores têm se deparado ante a problemática relativa à natureza jurídica da vinculação existente entre as partes numa relação de teletrabalho. Os elementos caracterizadores da relação de emprego são questionados e, não raro, geram muitas dúvidas quanto à sua configuração. Predieri, Curti e Bonora[15] formulam interessante classificação do contrato de teletrabalho, buscando alocá-lo ora como contrato autônomo, ora como contrato subordinado comum. Apropriamo-nos de suas idéias nas linhas que seguem, buscando indicar as diversas feições que um contrato de teletrabalho pode vir a apresentar, conforme a maneira como venha a estabelecer-se entre as partes. Assim, poderá ser:

a) Contrato de empreitada: forma de teletrabalho que consiste na execução de uma obra ou serviço, realizada por uma empresa contratada a uma empresa contratante. A tarefa deve ser realizada à distância, porém, conectando-se eletronicamente as duas empresas.

b) Contrato de trabalho liberal: trata-se de contrato que possui por objeto algo muito bem delineado, pelo que pode ser determinada forma de remuneração independente do tempo empregado na execução do serviço. Destacam-se como exemplos desse tipo de contrato aqueles que envolvem os consultores informáticos, os projetistas gráficos, os jornalistas *freelancers,* os tradutores etc. Esses trabalhadores, pessoas físicas, realizam tarefas interligados eletronicamente, porém, de forma ocasional e para uma pluralidade de pessoas. A essência da relação de emprego, consistente no caráter contínuo da prestação, bem como na inserção do trabalhador na organização empresarial simplesmente inexistem, pelo que não podem ser aplicadas as regras protetivas dos trabalhadores subordinados, tampouco falar-se em relação de emprego em seu sentido estrito.

c) Contrato de trabalho "parassubordinado": trata-se de outra forma de trabalho remoto autônomo, diferenciando-se dos anteriores por ser conhecido como forma de colaboração coordenada e continuada, caracterizada pelo fato de que a prestação laboral tende a estender-se no tempo. Os

---

[15] PREDIERI, Pietro; CURTI, Antonio e BONORA, Sandra. Il Telelavoro : futuro dei giovani e delle imprese. Imola : Editrice La Mandragora, 1997, p. 50-4.

mesmos profissionais do tipo anterior podem ser vistos neste tipo de contrato "parassubordinado", bastando para tanto que sua tarefa não se revista de caráter singular, eventual, mas sim em algo que se protraia no tempo, não se encerrando em apenas uma tarefa.

d) Contrato de trabalho subordinado ordinário: o elemento que distingue uma prestação "coordenada e continuada" (v. anterior) do trabalho subordinado é a subordinação, ou a inserção do trabalhador na organização que lhe possibilita trabalhar. Como pensar isso numa situação em que o trabalhador se encontra em local distinto da sede da empresa? No teletrabalho, tal dependência jurídica pode ser verificável a partir do nível de liberdade que o empregador concede ao empregado na execução de suas tarefas remotas como por exemplo, utilizar apenas a um determinado software, ou trabalhar em algum espaço virtual de trabalho – criado pela empresa –, ou seguir um certo padrão na execução das tarefas, etc. Normalmente, o empregado é obrigado a comparecer a algum estabelecimento mantido ou compartilhado pelo empregador, remoto ao local onde a mesma encontre-se domiciliada a fim de prestar serviços.

e) Contrato de trabalho subordinado em (ou "a") domicílio: difere-se do anterior justamente pela rarefação na sujeição direta do empregado ao seu superior direto. O trabalho, objeto da atividade econômica explorada pelo empregador, será realizado a partir do domicílio do empregado e deve seguir um certo padrão de produtividade (qualidade e quantidade).

Como se antevê, as relações de teletrabalho muitas vezes podem se prestar a fraudar direitos de empregados, notoriamente quando mascaram relações legitimamente empregatícias em relações "autônomas". Da mesma maneira, é bastante comum confundir-se teletrabalho com trabalho em domicílio, o que é um equívoco. O teletrabalho pode se dar em domicílio (ou não). A incerteza tipológica, então, cede lugar à insegurança jurídica e esta a prováveis prejuízos, principalmente à parte mais frágil numa relação de trabalho: o trabalhador. Por isso, nas próximas linhas, vamos nos deter a analisar os elementos da relação empregatícia no cenário do teletrabalho.

2.2.1. A pessoalidade. Como vimos anteriormente, por pessoalidade devemos compreender situação em que uma pessoa física presta serviços pessoalmente a seu empregador. No teletrabalho, entretanto, não vamos dispor da mesma certeza que se dispõe num emprego presencial convencional. Muitas vezes, o próprio contrato é realizado eletronicamente (sem contato físico entre as partes – v. anexos), e as demais etapas do contrato de trabalho ocorrem sem que as partes tenham qualquer espécie de estreitamento relacional. Como garantir a pessoalidade? Vê-se um claro retorno aos princípios gerais do direito, onde a boa-fé é a regra. Nos serviços realizados via computador (e via *web*) já se dispõe de alguns (caros) sistemas de autenticação de usuário (= teletrabalhador), que variam desde o já conhecido sistema de chaves de autenticação (chave pública e privada – senhas) até o sistema biométrico (onde alguma parte do corpo humano é medida e comparada quando solicitado – ex. córnea, digitais etc.). Esse problema não é recente. Mesmo nos contratos de emprego convencionais, em domicílio, tem-se a dúvida quanto à pessoalidade na prestação do serviço.

2.2.2. A habitualidade. Não se fala, no teletrabalho, em registro de horário no sentido usual (assinar o livro ponto, "bater" o cartão ponto, etc.). A regra é justamente a inexistência de registros de horário e a total flexibilidade da jornada laboral. A habitualidade deve ser "medida" pelos contatos que o teletrabalhador mantém com o empregador, prestando-lhe contas, enviando-lhe serviços, recebendo diretrizes etc. Tal regra, no entanto, também não é absoluta. Já existem sistemas *online* que permitem verificar o "tempo" que o teletrabalhador permanece conectado virtualmente à empresa, bem como o que faz durante esse tempo. Associado ao sistema anteriormente anunciado (v. pessoalidade), constituiria forma absolutamente eficaz de controle da prestação de serviço.

Assim, estaria sob o manto da habitualidade o teletrabalhador que habitualmente (com uma certa "rotina") prestasse serviços de forma subordinada a outrem, mediante pagamento de salários.

2.2.3. A onerosidade. A não ser utilizando-nos dos sistemas avançadíssimos retronoticiados, não há como vislumbrar maneira segura e justa de pagamento baseado na unidade tempo, como normalmente ocorre nos empregos presenciais convencionais. A gerência por resultados é a tônica no teletrabalho e, assim também, a remuneração: por tarefa ou obra entregue. Aponte-se, entretanto, que o teletrabalhador deverá ter garantida uma remuneração mensal mínima, sem qualquer discriminação com relação ao trabalhador presencial, ou seja, a partir do ordenamento brasileiro, não sendo permitida qualquer distinção entre trabalhadores presenciais e remotos que exerçam a mesma atividade. Indaga-se, nesse aspecto, quanto à aplicação do art. 461[16] consolidado, notoriamente quando aponta salários iguais para trabalhadores que, dentre outros requisitos, prestem serviços na mesma localidade. Gallardo Moya[17] testemunha nesse sentido com relação ao salário do teletrabalhador na Espanha:

> [...] deberá ser como mínimo igual al de un trabajador de categoría profesional equivalente en el sector económico de que se trate; en los casos en que exista fluctuación

---

[16] Art. 461 – Sendo idêntica a função, a todo trabalho de igual valor, prestado ao mesmo empregador, na mesma localidade, corresponderá igual salário, sem distinção de sexo, nacionalidade ou idade.

[17] GALLARDO MOYA, Rosario. Op. cit., p. 35.

de la actividad entienden que se trataría de una obligación desproporcionada, lo cual incide en su calificación de no laboral. Esta desafortunada y extraña tesis desvirtúa el sentido de la norma, que no es outro que el de garantizar la igualdad de remuneración por trabajos equiparables o equivalentes, com independencia de que se trate de un trabajador interno o externo. De todos modos tal interpretación supone afirmar que aquellos trabajos que se realizan en un período de tiempo reducido o que consisten en una tarea o labor mínima quedarían excluídos del vínculo laboral, tesis inaceptable desde nuestro ordenamiento.

Percebe-se que o Judiciário deverá compreender o espaço virtual como um espaço diferente do espaço real e, com isso, bem interpretar a legislação, com o fito único de proteger o teletrabalhador.

2.2.4. A subordinação. Resta evidente a rarefação do conceito clássico de subordinação quando tratamos de teletrabalho. Aqui, mais que nunca, valem as palavras de Alonso Olea, que aponta ser a subordinação nada mais que o "trabalho por conta alheia para organização ou empresa".[18] Gallardo Moya,[19] ao referir-se ao trabalho em domicílio, aduz argumentos também utilizáveis ao teletrabalho:

Precisamente el requisito indispensable de falta de vigilancia que caracteriza la prestación del trabajo a domicilio ha sido uno de los puntos más problemáticos de este tipo de trabajo por la tendencia tradicional a identificar la falta de vigilancia con la ausencia o debilitamiento de la dependia. Pero hay que decir que estas posturas en general parten de la noción clásica de dependencia ajustada al trabajo de tipo industrial, de acuerdo con la cual el trabajador estaba en una posición pasiva respecto al empresario, sometido a las órdenes de éste en la ejecución de su trabajo. Dependencia se definía por tanto de forma negativa, como carencia de las facultades del trabajador a la hora de ordenar las circunstancias en que el trabajo há de ser ejecutado; esto es, el qué, cómo, dónde y cuándo de la actividad, facultades que corresponde ejercer sólo al empresario. El hecho de que en el trabajo a domicilio el dónde, el cúando y en buena medida el cómo, estén ausentes, del lugar a que se dudase de la existencia de la dependencia y a la postre de su carácter laboral.

Carrion[20] melhor comenta o tema e aponta algumas classes de trabalhadores em que tal fenômeno se opera, entre eles destacando o teletrabalhador:

[...] há casos em que essa subordinação de fato não é visível, restando em estado potencial (trabalho em que o próprio resultado da atividade evidencia a aceitação das normas prefixadas e a quantidade de produção; altos empregados). Há autores que abandonam o critério da subordinação, preferindo caracterizá-lo simplesmente [...] o trabalho por conta alheia ou para outrem, que torna seus direta e imediatamente os frutos materiais ou imateriais do mesmo trabalho, remunerando-os [...]. O Direito do

---

[18] OLEA, Alonso *apud* CARRION, Valentin. *Comentários à Consolidação das Leis do Trabalho*. São Paulo : Saraiva, 2000, p. 36.

[19] GALLARDO MOYA, Rosario. *El viejo y el nuevo trabajo a domicilio : de la maquina de hilar al ordenador*. Madrid : Ibidem Ediciones, 1998.

[20] CARRION, Valentin. Idem. Ibidem.

Trabalho incide sobre trabalhadores cujo o vínculo de subordinação é tênue; trabalhador em domicílio, comissionista externo, teletrabalho (aquele prestado pelo empregado em sua residência, remetendo o resultado para a empresa através de meios informatizados).

Destaque-se, por oportuno, que a idéia acima não reflete uma visão holística do fenômeno denominado teletrabalho, resumindo-o apenas ao teletrabalho em domicílio quando, já vimos, pode o teletrabalho existir de outras inúmeras formas e em inúmeros outros lugares, desde que distantes[21] da sede da empresa.

A subordinação, então, não deve ser entendida como a coordenação intensa e rigorosa do trabalho do empregado pelo empregador, mas sim como a inclusão do trabalhador no âmbito de direção e disciplina do empregador, mesmo que de maneira distante e não tão intensa.

2.2.5. Assunção de riscos e despesas pelo empregador. Outra matéria de grande discussão quando falamos em teletrabalho é a assunção de riscos pelo empregador. Pela regra aplicável ao trabalho presencial convencional, os riscos (e os custos) pertencem inteiramente ao empregador: "Art. 2º – Considera-se empregador a empresa, individual ou coletiva que, assumindo os riscos da atividade econômica, admite, assalaria e dirige a prestação pessoal de serviços."

Nisso estariam embutidos os riscos com catástrofes naturais e mesmo infortúnios financeiros (decorrentes de impactos de planos econômicos, e.g.), bem como os custos com a manutenção da infra-estrutura da empresa e as boas condições para a prestação do serviço. Ao encargo de quem poderíamos lançar as despesas com material de expediente, maquinário, energia elétrica, seguros etc., quando falamos em teletrabalho?

Na maioria das vezes, é o próprio teletrabalhador o proprietário dos equipamentos que utiliza, bem como, o responsável único pelo pagamento de despesas como água, luz, telefone, provedor de internet, climatização, material de expediente, combustível, programas e medidas de segurança, dentre outros. Numa situação de emprego convencional, tais despesas estariam todas ao encargo do empregador.

Essa questão já deixou de ser problema, no entanto, a partir de entendimento já sedimentado no âmbito do trabalho em domicílio, onde a utilização de ferramentas e maquinários do próprio trabalhador em nada alteraram a natureza do contrato de trabalho, que segue sendo empregatício. Esse detalhe apenas contribui para o cálculo do montante indenizatório, a que se acresceria a rubrica do desgaste de ferramentas (equipamentos, ma-

---

[21] Ou diversos, já que a idéia de distância no mundo virtual é um tanto discutível, não existindo uma "medida" para tal.

Questões Controvertidas de
DIREITO DO TRABALHO E OUTROS ESTUDOS

quinários etc.) de propriedade do empregado utilizados em benefício de empreendimento alheio.

A assunção de alguns riscos e custos pelo teletrabalhador, tradicionalmente atribuíveis ao empregador, portanto, também não retira da relação jurídica o caráter empregatício.

Considerações finais

Para prosseguirmos no estudo, devemos entender certa a existência de relação de emprego nas situações de teletrabalho, já que tal relação será supedâneo do contrato de trabalho. No entanto, ao analisarmos os elementos caracterizadores da relação de emprego, tradicionalmente dispostos no art. 3º consolidado, muitas vezes nos depararemos em sérias dúvidas, quanto mais quando avançamos na leitura da CLT.

Sinale-se que elaborações diversas devem ser realizadas, onde as noções de tempo e espaço devem ser superadas em seu padrão estabelecido ainda no seio da Revolução Industrial, fixado pela industrialização da economia, que trazia para seus pavilhões o local do trabalho e para o espaço entre um apito e outro o seu momento de execução.

Nesse novo cenário em que tempo e espaço inexistem (ao menos nos padrões tradicionais), como adaptar as regras trabalhistas? Será possível ao Judiciário proteger o trabalhador empregado com as legislações existentes?

O tema, como se vê, é deveras novo para o mundo jurídico, o que não o torna menos carecedor de regulamentação e atenção jurídica. Como pudemos observar, o teletrabalho, em que pese a relativização de alguns elementos da relação empregatícia, ainda pode ser dito forma de trabalho subordinado. O estudo, no entanto, não deve limitar-se à descrição do fenômeno, em passos seguintes, vislumbra-se a imperiosa necessidade de analisar-se questões vinculadas à sua dinâmica, eficácia e extinção, o que seguramente faremos.

Referências bibliográficas

CARRION, Valentin. *Comentários à Consolidação das Leis do Trabalho*. São Paulo : Saraiva, 2000

Teletrabajo. Junta de Castilla y León. *Fundación Universidad-Empresa de Valladolid – FUEVA*, 1998. CD-ROM.

GALLARDO MOYA, Rosario. *El viejo y el nuevo trabajo a domicilio : de la maquina de hilar al ordenador*. Madrid : Ibidem Ediciones, 1998.

MARTINS, Sérgio Pinto. *Comentários à CLT*. 5ed. São Paulo : Atlas, 2002

ORTIZ CHAPARRO, Francisco. *El Teletrabajo : una nueva sociedad laboral en la era de la tecnología*. Madrid : McGraw-Hill, 1997

PREDIERI, Pietro; CURTI, Antonio e BONORA, Sandra. Il Telelavoro : futuro dei giovani e delle imprese. Imola : Editrice La Mandragora, 1997.

— 5 —

O poder diretivo do empregador frente à intimidade e à vida privada do empregado na relação de emprego: conflitos decorrentes da utilização dos meios informáticos no trabalho

EUGÊNIO HAINZENREDER JÚNIOR

Especialista em Direito do Trabalho pela UNISINOS-RS
Mestrando em Direito/PUCRS
Professor de Direito do Trabalho e Processo do Trabalho da PUC/RS
Professor do IDC – Instituto de Desenvolvimento Cultural
Advogado/RS

Sumário: I – Introdução; II – Poder diretivo do empregador; III – Direitos fundamentais à intimidade e à vida privada do empregado; IV – A Internet e a ocorrência de conflitos no ambiente de trabalho; V – Poder diretivo x intimidade e vida privada do empregado nos meios informáticos; VI – Considerações finais; VIII – Referências bibliográficas.

I – Introdução

Diante da realidade atual, caracterizada pela tecnologia e pela globalização, novos temas têm surgido na seara do direito do trabalho. Pretende-se, pois, no presente estudo, verificar algumas situações conflituosas decorrentes da utilização indevida da Internet e do e-mail pelo empregado no ambiente de trabalho. Para abordar o assunto, faz-se necessário compreender o poder diretivo do empregador, bem como os direitos fundamentais à intimidade e à vida privada do empregado, a fim de que, posteriormente, se possa analisar em que medida o poder de direção pode ou não justificar a limitação aos direitos fundamentais acima citados.

O contrato de trabalho apresenta, como suporte fático, uma peculiar relação jurídica que é a de emprego. Nesta, as partes não se encontram em um mesmo plano jurídico, na medida em que, enquanto uma delas deve um

Questões Controvertidas de
DIREITO DO TRABALHO E OUTROS ESTUDOS

permanente estado de subordinação, a outra exerce seu poder de direção. Assim, ao mesmo tempo em que se aplicam os direitos fundamentais da inviolabilidade das correspondências, da privacidade e da intimidade do trabalhador no ambiente laboral, não se pode olvidar que a relação de emprego é caracterizada pelo poder diretivo e pelo direito de propriedade do empregador.

II – Poder diretivo do empregador

Da definição extraída do artigo 2º da CLT,[1] verifica-se que o empregador é aquele que *dirige a prestação de serviços*, pois é quem assume os riscos da atividade econômica. Nesse dispositivo legal, localiza-se o chamado poder de direção do empregador, que se desmembra por diversas facetas, podendo ser encontrado sob várias denominações, como poder de controle, poder de punição, poder de organização, poder hierárquico, entre outros.

A palavra *poder* denota a noção de comando, ordem, a qual somente existe quando houver a submissão e aceitação da vontade por um pretenso subordinado. Quando se fala em "poder" na relação de emprego, verifica-se que se trata de uma prerrogativa do empregador, na medida em que, conforme leciona Aldacy Coutinho,[2] "é o proprietário dos meios de produção; porquanto é a autoridade naquela instituição; porquanto pactuou em um contrato; porquanto controla juridicamente o conjunto da estrutura empresarial; porquanto assumiu os riscos da atividade empresarial".

O poder de direção pode ser visto como a forma pela qual o empregador define como serão desenvolvidas as atividades do empregado decorrentes do contrato de trabalho. Compreende não só o poder de organizar suas atividades, como também controlar e disciplinar o trabalho, de acordo com os fins do empreendimento. Segundo Sérgio Pinto Martins, o poder de direção se subdivide em poder de organização, poder de controle e poder disciplinar.[3]

Nessa mesma esteira de entendimento, Sandra Lia Simon ratifica a subdivisão adotada por Sérgio Pinto Martins, defendendo que o poder organizacional seria o poder diretivo propriamente dito, que consiste na faculdade do empregador de ordenar tanto o capital como o trabalho, objetivando a direção e a administração do empreendimento. Compreende a definição dos fins econômicos, a determinação da estrutura jurídica, a fixação de cargos e funções, bem como das suas respectivas atribuições, a ordenação e estruturação do processo do trabalho, dentre outras atividades. Assevera que o poder de controle (faculdade do empregador de fiscalizar

---

[1] Artigo 2º da CLT: "Considera-se empregador a empresa, individual ou coletiva, que, assumindo os riscos da atividade econômica, admite, assalaria e dirige a prestação de serviços".

[2] COUTINHO, Aldacy Rachid. *Poder Punitivo Trabalhista*. São Paulo: LTr, 1999, p. 13-14.

[3] MARTINS, Sérgio Pinto. *Direito do Trabalho*. 6. ed. São Paulo: Atlas, 1998, p. 159-160.

as tarefas profissionais realizadas pelos empregados) e o poder disciplinar (prerrogativa de aplicar sanções) seriam apenas desdobramentos do poder organizacional (diretivo), com intuito de apenas dar efetividade a esse.[4]

A denominação poder punitivo é preferida por Aldacy Rachid Coutinho, pois se revela, em sentido amplo, no poder de regulamentar, pela criação de um conjunto de regras obrigatórias, no seio da empresa, determinantes de deveres, tipificando e estabelecendo as sanções e, em um aspecto restrito, no próprio poder punitivo, como poder de imposição das penalidades disciplinares, ante eventuais faltas intencionais cometidas pelos empregados, no próprio interesse, para corrigi-las e assegurar a conformidade das condutas com a necessidade do serviço.[5]

De outra banda, não se deve olvidar que o poder diretivo, naturalmente, se restringe à relação de emprego, de forma a preservar a dignidade do trabalhador. Nesse sentido, Paulo Emílio Ribeiro de Vilhena[6] ensina que não há poderes de homens sobre homens, mas há relações jurídicas, intercâmbio jurídico, pois o que se sobrepõe às pessoas é a lei. Na concepção do autor, a direção, que qualifica a pessoa como empregador, é um poder, mas um poder-função, isto é, que se acha adstrito a um campo certo de misteres e que tem por objeto o cumprimento de determinados fins, de natureza técnica. Sustenta que o poder diretivo não se revela somente quando atua ou a todo o momento se manifeste, através de ordens, indicações, disposições gerais ou quaisquer atos de comando que imprimam um sentido concreto e imediato na atividade do empregado, pois acrescenta que pode ocorrer em determinadas situações, pela forma do trabalho prestado ou pela categoria do trabalhador, que esse poder se atenua, e até mesmo não se perceba nem se pressinta. Nem por isso, justifica Vilhena, entretanto, deixa de existir.

Cumpre ressaltar, como salientado no início deste tópico, a existência de poder depende da concretização da ordem e da aceitação do comando. Portanto, conforme bem ponderado por Russomano,[7] o poder diretivo é correlato à subordinação hierárquica do empregado, baseando-se na própria estrutura interna da empresa, que obedece a um princípio de organização e trabalho sistemático e disciplinado.

Segundo lição de Délio Maranhão, da subordinação da relação de emprego se extraem os seguintes direitos do empregador: a) o direito de dire-

---

[4] SIMÓN, Sandra Lia. *A Proteção Constitucional da Intimidade e da Vida Privada do Empregado*. São Paulo: LTr, 2000, p. 107-108.

[5] Op. cit., p. 87.

[6] VILHENA, Paulo Emílio. *Relação de Emprego Estrutura Legal e Supostos*. São Paulo: LTr, 1999. 2.ed., p. 212/213.

[7] RUSSOMANO, Mozart Victor. *Curso de Direito do Trabalho*. 6.ed., Curitiba: Juruá Editora, 1995, p. 72.

ção e de comando, cabendo-lhe determinar as condições para a utilização e aplicação concreta da força de trabalho do empregado, nos limites do contrato; b) o direito de controle, que é o de verificar o exato cumprimento da prestação de trabalho; c) o direito de aplicar penas disciplinares, em caso de inadimplemento de obrigação contratual.[8]

Dessa forma, o poder de direção está intimamente vinculado a um dos pressupostos fundamentais da relação de emprego, qual seja, a subordinação do obreiro em relação ao empregador, a qual, de plano ressaltamos que se trata de subordinação jurídica.

A dificuldade da elaboração de um conceito unitário de subordinação jurídica é explicitada por Francisco Rossal de Araújo, no sentido de que seria mais oportuno, ao invés de conceituar o instituto, a abordagem segundo os seus mais diversos ângulos e conforme sua intensidade. Referido autor assevera que há uma sujeição do empregado à vontade do empregador, em face de ter posto à disposição deste a sua força-trabalho mediante a contraprestação de salário; disso decorrendo o poder diretivo do empregador. Salienta que a dependência econômica sempre será o substrato material da subordinação jurídica, que representa a sua face formal. Entende que ambas devem ser analisadas em relação de causa e efeito, sendo inviável pretender explicar o vínculo jurídico de emprego apenas por uma ou por outra.[9]

Outro aspecto em relação ao poder diretivo que se deve observar é que decorre do direito de propriedade resguardado no artigo 5º, XXII, da CF, pois é o dono dos meios de produção, bem como é aquele que coordena o complexo de bens que envolve a empresa.[10]

III. Direitos fundamentais à intimidade e à vida privada do empregado

A Constituição Federal, utilizando-se do termo "direitos fundamentais", abrigou diversos direitos, como os individuais, os coletivos e os sociais.

Os direitos fundamentais teriam basicamente a função de defesa e proteção, pois visam, juridicamente, a limitar o poder estatal, proibindo a interferência no plano individual dos cidadãos (prestação negativa) e, ao mesmo tempo, exigindo uma atividade estatal efetiva para proteção desses direitos. Essa proteção apresenta aspecto social, como, por exemplo, o di-

---

[8] MARANHÃO, Délio; SUSSEKIND, Arnaldo. VIANNA, Segadas; TEIXEIRA, Lima. *Instituições de Direito do Trabalho.* 16.ed. São Paulo: LTr, 1996. vol. 1, p. 243.

[9] ARAÚJO, Francisco Rossal de. *A Boa-fé no Contrato de Emprego.* São Paulo: LTr, 1996, p. 169-172.

[10] Apenas para que não se deixe de mencionar, refere-se que existem três teorias que procuram justificar a natureza jurídica do poder de direção, são a teoria da propriedade, a teoria do contrato e a teoria institucional, conforme GONÇALVES, Simone Cruxen op. cit., p. 20-21.

reito de obter do Estado educação e segurança; possibilita a defesa do direito contra terceiro em casos de violação, através do poder coercitivo estatal; visa à não-discriminação, buscando que o Estado trate os seus cidadãos como iguais perante a lei. Todo esse resguardo justifica-se pelo fato de que a realização plena dos direitos depende da garantia do Estado ao indivíduo de necessidades mínimas, como alimentação, vestuário, moradia, trabalho, bem como que esse possa recorrer aos procedimentos legais quando esbulhado ou não garantidos tais direitos.

Na relação de emprego, os direitos fundamentais apresentam a função de garantir o mínimo necessário para que o trabalhador tenha uma vida digna, capaz de exercer o trabalho com preservação da integridade física e moral, tanto no ambiente de trabalho, como perante a sociedade.

A classificação dos direitos fundamentais adotada pela Carta Magna de 1988 leva em consideração o conteúdo dos direitos e o bem que tutelam. Na concepção de Paulo Bonavides,[11] os direitos fundamentais passaram, na ordem institucional, a manifestar-se em três gerações sucessivas, que traduzem um processo cumulativo e qualitativo que tem como bússola a universalidade material e concreta. São os direitos de primeira, segunda e terceira gerações, a saber, respectivamente, os direitos de liberdade (direitos civis e políticos), igualdade (direitos sociais, culturais, econômicos e coletivos) e fraternidade (direito ao desenvolvimento, o direito à paz, o direito ao meio ambiente, direito da comunicação, etc.). Por fim, concluindo o estudo, o doutrinador supracitado refere que, ao lado da globalização do neoliberalismo, extraída da globalização econômica, que vem se desenvolvendo nos dias atuais, há a globalização política que se radica na teoria dos direitos fundamentais. Essa última forma de globalização, na esfera da normatividade jurídica, introduz os direitos da quarta geração, que correspondem à derradeira fase de institucionalização do Estado Social. Compreendem os direitos da quarta geração o direito à democracia, o direito à informação e o direito ao pluralismo.[12]

Dentre a mais elevada importância dos direitos fundamentais, situam-se os direitos da personalidade. Como componentes da personalidade humana, podem-se elencar elementos físicos, psíquicos e morais. Para preservar aludidos elementos, o legislador consagrou a dignidade da pessoa humana como sendo um dos fundamentos do Estado Democrático de Direito, tanto é que a Carta Magna de 1988, art. 1º, III, a estabeleceu como princípio geral de direito. Toda a ordem jurídica reporta-se ao princípio da dignidade da pessoa humana, pois se traduz em um espaço da integridade física e moral do indivíduo sem o qual a pessoa não se desenvolve. Dessa

---

[11] BONAVIDES, Paulo. *Curso de Direito Constitucional*. 12.ed. São Paulo: Malheiros, 2002, p. 517.
[12] Op. cit., p. 517.

forma, indispensável a existência de direitos considerados essenciais à preservação deste princípio, destacando-se os direitos da personalidade.

Os direitos da personalidade reputam-se direitos subjetivos privados não-patrimoniais. De fato, visam a proteger a pessoa em face de todos os demais particulares, sendo oponíveis *erga omnes*. Por isso, os valores que compreendem personalidade humana são reconhecidos pelo ordenamento jurídico.

Na concepção de Amauri Mascaro Nascimento, os direitos da personalidade são prerrogativas de toda pessoa humana pela sua própria condição, referentes aos seus atributos essenciais em suas emanações e prolongamentos. São direitos absolutos, implicam dever geral de abstenção para sua defesa e salvaguarda, são indisponíveis, intransmissíveis, irrenunciáveis e de difícil estimação pecuniária.[13]

Incontestê é que, por compreender vários atributos do ser humano, existe uma gama de conceitos de direitos da personalidade. No entanto, ante a delimitação deste estudo, importa analisar especificamente os direitos à integridade moral, mais precisamente os direitos à intimidade e à vida privada, que são direitos destinados a resguardar os valores principais do indivíduo, sem os quais não se pode vislumbrar a dignidade da pessoa humana.[14]

Nesse prisma, a atual Constituição Federal, no seu artigo 5º, X, declarou invioláveis a intimidade, a vida privada, a honra e a imagem das pessoas,[15] não olvidando, o legislador, de abrigar, de forma expressa, a proteção a outros direitos reflexos da intimidade e da vida privada. Assim, nos incisos XI e XII do aludido artigo, declararam-se invioláveis o domicílio, o sigilo das comunicações e das correspondências.[16]

A conceituação dos direitos à intimidade e à vida privada é muito complexa, pois envolve aspectos subjetivos que se diversificam de acordo com a vida social de cada pessoa. Note-se que há cidadãos que, inclusive,

---

[13] NASCIMENTO, Amauri Mascaro. *Princípios do Direito do Trabalho e Direitos Fundamentais doTrabalhador. In* Revista LTr., vol. 67, nº 08, agosto de 2003.

[14] Importante recordar que o atual Código Civil disciplinou uma gama de direitos da personalidade, inclusive em capítulo próprio (Capítulo II "Dos direitos da Personalidade"), ao contrário do antigo diploma.

[15] Art. 5º Todos são iguais perante a lei, sem distinção de qualquer natureza, garantindo-se aos brasileiros e aos estrangeiros residentes no País a inviolabilidade do direito à vida, à liberdade, à igualdade, à segurança e à propriedade, nos termos seguintes: (...) X- são invioláveis a intimidade, a vida privada, a honra e a imagem das pessoas, assegurando o direito à indenização pelo dano material ou moral decorrente de sua violação.

[16] Art. 5º, XI- a casa é asilo inviolável do indivíduo, ninguém nela podendo penetrar sem consentimento do morador, salvo em caso de flagrante delito ou desastre, ou para prestar socorro, ou, durante o dia, por determinação judicial;
XII- é inviolável o sigilo de correspondência e das comunicações telegráficas, de dados e das comunicações telefônicas, salvo, no último caso, por ordem judicial, nas hipóteses e na forma que a lei estabelecer para fins de investigação criminal ou instrução processual penal".

fazem questão de expor fatos da vida particular para conhecimento de terceiros. Além disso, os elementos da vida privada e da intimidade, freqüentemente, se confundem, razão pela qual, inúmeras vezes, são utilizados como sinônimos. Veja-se que a garantia do direito à vida privada já englobaria a intimidade ou a inviolabilidade da correspondência. No entanto, a definição constitucional, ao declarar tais direitos de forma apartada, pretendeu conceder segurança detalhada.

Conforme destaca Mário Antônio Lobato de Paiva,[17] a privacidade, segundo a doutrina alemã, comporta divisões em círculos concêntricos, conquanto preserve sua natureza plástica flexível. Na medida em que o universo dos fatos se torna mais íntimo, tem-se uma esfera da privacidade que permite interferências cada vez menores. Assim, a vida privada compreenderia a esfera maior, onde se localizam os fatos que o indivíduo não deseja que se tornem públicos, ou seja, aqueles acontecimentos que não estariam ao alcance da coletividade em geral, englobando todas as notícias e situações que a pessoa deseja excluir do conhecimento de terceiros, a exemplo da imagem física e de comportamentos que só devem ser conhecidos por aqueles que integram regularmente com a pessoa. Dentro desse círculo, estaria a esfera íntima ou confidencial onde se encontram os fatos do conhecimento das pessoas que gozam da confiança do indivíduo. São as circunstâncias da sua vida que somente são compartilhadas com familiares, amigos e colaboradores. No centro, está a esfera do secreto, objeto especial de proteção, em que se guardam os segredos revelados a poucas pessoas ou a ninguém, compreendendo assuntos extremamente reservados, como a vida sexual, por exemplo. Tal distinção possui um importante caráter prático, uma vez que quanto menor a esfera, maior o nível de proteção. Logo, o simples fato que envolve as situações de segredo já é o suficiente para caracterizar violação da privacidade, enquanto para se considerar violada a esfera da intimidade deve haver tanto o conhecimento como a divulgação da notícia para terceiros.

Há doutrinadores, como José Afonso da Silva,[18] que não concebem os direitos à privacidade e à intimidade de forma autônoma, adotando terminologia genérica, de modo a abarcar todas as manifestações da esfera íntima e privada que a Carta Magna buscou consagrar, denominando-o de direito à privacidade. Assim sendo, na concepção do autor, privacidade seria o conjunto de informação acerca do indivíduo que ele pode decidir manter sob seu exclusivo controle, ou comunicar, decidindo a quem, quando e onde e em que condições, sem isso poder ser legalmente sujeito.

---

[17] PAIVA, Mário Antônio Lobato de. *A Privacidade do Trabalhador no Meio Informático.* [*on line*] Disponível em http://www. mct.gov.br/legis/consultoria-juridica/artigos/informática-tecnologia.htm. Acesso em: 19.set. 2003. 17:48:23.

[18] SILVA, José Afonso da. *Curso de Direito Constitucional Positivo.* 9.ed. São Paulo: Malheiros, 1994. p. 188.

Efetivamente, tanto a vida privada como a intimidade podem ser vistas, em sentido lato, como o direito ao resguardo, na medida em que englobam fatos particulares do indivíduo que não merecem ser tornados públicos. Portanto, as circunstâncias que compreendem os dois acontecimentos, em tese, englobariam a proteção do mesmo bem jurídico: o recato (ou resguardo). Todavia, conforme já mencionado, a Carta Magna atual, em que pese conceder o mesmo grau de importância jurídica, tratou referido bem de forma apartada, pois declarou invioláveis a intimidade e a vida privada. Ambos os conceitos apresentam grande interligação, porém se diferenciam por ser o primeiro menos amplo que o segundo, encontrando-se, pois, no âmbito de incidência deste. Sendo assim, pode-se afirmar que a "intimidade" envolveria fatos mais particulares da pessoa, inserindo-se dentro do gênero "vida privada", que compreenderia todos os fatos que o indivíduo não deseja tornar público.

A intimidade diz respeito às relações subjetivas e de trato íntimo da pessoa, suas relações familiares e de amizade; a vida privada envolve um campo maior, englobando os demais relacionamentos sociais, inclusive as relações comerciais, de trabalho, de estudo, entre outros.

Dessa maneira, a Constituição Federal, ao prever a intimidade, a vida privada, a honra, o sigilo da correspondência e das comunicações, como direitos e garantias fundamentais, pretendeu alcançar a esses a posição máxima no ordenamento jurídico. Em assim o fazendo, o legislador estabeleceu formalmente uma prestação positiva e negativa do Estado: negativa ao garantir a não intervenção na esfera privada do indivíduo, isto é, uma abstenção do Estado; positiva no sentido de exigir uma efetiva prestação estatal.

São direitos da personalidade inerentes ao indivíduo, que jamais desaparecem no tempo e que não se separam do seu titular. Por essa razão, são direitos existentes em qualquer relação jurídica. Portanto, à relação de emprego também são aplicáveis.

IV – A internet e a ocorrência de conflitos no âmbiente de trabalho

Não há dúvidas de que a rede mundial de computadores, a Internet, tornou-se um dos mais importantes mecanismos de informação e troca de dados entre pessoas, bem como indispensável ferramenta em centros de pesquisa, em universidades e empresas. Nestas, em razão do auxílio na busca de novos conhecimentos, bem como em razão da facilidade e rapidez nas comunicações, garantiu-se agilidade no trabalho e aumento de produtividade. No meio empresarial, passou a assegurar praticamente a garantia de competitividade no mercado.

Da popularização da Internet surgiram inúmeras novas frentes de uso para a rede: culturais, científicas e, também, na atividade laboral, tornando-se, rapidamente, indispensável ferramenta de trabalho, utilizada pela grande maioria dos empregados das empresas da atualidade. Um dos mais utilizados recursos proporcionados pela Internet no ambiente de trabalho chama-se *eletronic mail,* popularmente denominado *e-mail* ou correspondência eletrônica.

Em que pese se tratar de uma tecnologia avançada, o correio eletrônico é um meio de comunicação que não possibilita uma garantia absoluta de privacidade, pois a mensagem enviada pode, facilmente, ser interceptada e rastreada. Da mesma forma, através de programas específicos, pode-se rastrear os sites percorridos pelo usuário e averiguar todo histórico da "navegação" realizada na internet.

Como forma de coibir abusos por parte dos empregados e de evitar o uso indevido dessas novas tecnologias na relação de trabalho, a cada dia aumenta o número de empresas que adotam métodos de controle e fiscalização sobre os sistemas informáticos no ambiente de trabalho e, ao assim proceder, verifica-se, também, a ocorrência de conflitos envolvendo a utilização indevida do e-mail na relação de emprego. Isso porque envolve a contraposição das duas situações tuteladas pelo direito, anteriormente abordadas, quais sejam: o poder diretivo do empregador e os direitos à intimidade e à vida privada do empregado.

Em julgamento pioneiro sobre o assunto, o TST analisou, no mês de maio de 2005, uma reclamação trabalhista em que um empregado utilizou o e-mail corporativo da empresa para enviar fotos de mulheres nuas a colegas. O processo, originário da 3ª Turma, do Tribunal Regional da 10ª Região (Brasília), reformou a sentença da 13ª Vara do Trabalho de Brasília, que afastou a justa causa aplicada pelo HSBC Seguros (Brasil S.A). A decisão de primeiro grau adotou como fundamento para descaracterizar a justa causa aplicada pela empresa a ilegalidade na obtenção da prova pelo empregador, qual seja, o rastreamento do e-mail. No entanto, o TRT entendeu que, na hipótese, não houve violação à privacidade do empregado, visto que o endereço eletrônico não era particular, mas sim da empresa.[19] No julgamento pelo TST, a 1ª Turma reconheceu o direito de o empregador obter provas para justa causa através do rastreamento do e-mail. Na decisão, o Relator, Ministro João Oreste Dalazen, asseverou que o empregador pode exercer, de forma moderada, generalizada e impessoal, o controle sobre o correio eletrônico, pois a natureza deste equivale a uma ferramenta de trabalho. Ademais, sustentou que "o correio eletrônico corporativo não pode servir para fins estritamente pessoais, para o empregado provocar prejuízo

---

[19] Fonte: Gazeta Mercantil, 28.06.02, p. 8.

ao empregador com o envio de fotos pornográficas, por meio do computador e provedor também fornecidos pela empresa".[20]

Outra decisão que merece destaque foi proferida pelo TRT da 4ª Região,[21] em demanda que teve como Relator o Juiz João Ghisleni Filho. Referida ação foi ajuizada pelo Sindicato dos Trabalhadores em Processamento de Dados do Estado do RS contra o SERPRO, buscando a declaração de nulidade de norma regulamentar no que se refere ao monitoramento e auditoria das estações de trabalhos, mensagens e arquivos eletrônicos, acesso ao correio eletrônico e à internet, assim como a utilização indevida desses instrumentos de trabalho. Embora sustentado pelo sindicato-autor que o procedimento do reclamado de monitorar e fiscalizar as ferramentas eletrônicas violasse a intimidade dos empregados, o nobre Juiz-Relator entendeu que a norma não continha qualquer previsão que pudesse vislumbrar invasão ou intromissão na esfera íntima dos funcionários da empresa, ou abuso de poder por parte do empregador. Salientou que o reclamado é responsável por grande parte do processamento de dados da União, possuindo posição estratégica no Poder Público Federal, pois processa informações que exigem segurança elevada no seu sistema de informática, razão pela qual é plenamente razoável a regulamentação do uso dos terminais de computador disponibilizados aos seus funcionários. Além disso, a decisão ressaltou que o uso indevido, pelos empregados, dos meios informáticos, especialmente na situação em apreço, em que o demandado utiliza rede de computadores interligados, "pode provocar lentidão do sistema, com a sobrecarga de arquivos de fotos e vídeos, motivar punições legais à empresa pela eventual utilização de programas 'piratas', além de causar contaminação do sistema com vírus de computador inoculado por mensagens recebidas por seus funcionários". Por fim, o julgador asseverou que a regulamentação de uso dos meios informáticos pelo reclamado previa expressamente a utilização do correio eletrônico pessoal com absoluta privacidade pela disponibilização de Estação de Trabalho (Estações Livres) em local público e ambiente reservado, através da linha discada e não conectada à rede da Empresa, negando, pois, provimento à irresignação do autor.

Outras situações envolvendo a utilização indevida de e-mail já haviam ocorrido com duas das maiores montadoras de automóveis do Brasil. Uma delas demitiu 33 funcionários e advertiu outros 111 pelo envio de mensagens de conteúdo pornográfico.[22] Em outra, dois empregados foram despedidos por justa causa, ambos com mais de oito anos de vínculo empregatício, pelo envio de uma mensagem que reproduzia a fotografia de

---

[20] Disponível em www.tst.gov.br AIRR 613/2000, acesso em 16.05.05.

[21] Processo 00782-2002-023-04-00-9 (RO) Data de Publicação: 09/09/2004. Fonte: Diário Oficial do Estado do RS – Justiça. Partes: Servico Federal de Processamento de Dados – Serpro e Sindicato dos Trabalhadores em Processamento de Dados no Estado do RS.

[22] Notícia *on line*. O Estado de São Paulo, de 22.05.02, disponível em www.estadao.com.br/tecnologia/internet/2002/mai/22/394.htm.

uma pessoa de busto para cima para o destinatário adivinhar se era mulher ou travesti. O e-mail chegou ao computador de uma empregada da multinacional no Canadá, que o repassou a uma comissão da matriz, nos EUA, criada para analisar os casos de assédio sexual.[23]

No âmbito coletivo e internacional, merece destaque uma situação envolvendo a utilização do correio eletrônico ocorrida na Espanha, com o Grupo BBVA – Banco Bilbao Vizcaya Argentaria S.A. O conflito originou-se a partir do envio de e-mail pela *Confederación Sindical de Comisiones Obreras,* contendo informações sindicais aos empregados do Banco Bilbao por intermédio do correio eletrônico da empresa. Em razão da quantidade de e-mails enviados pela entidade sindical, houve um colapso no servidor da empresa. Por essa razão, o BBVA estabeleceu um mecanismo de filtragem, impedindo o ingresso dos e-mails do sindicato, os quais retornavam com a notificação ao remetente. Diante de tal circunstância, a entidade sindical, a fim de assegurar seu direito de transmitir notícia de caráter laboral, da mesma forma que fazia por intermédio de documentos escritos, pelo correio eletrônico, deu seguimento ao conflito recorrendo à Sala Social da Audiência Nacional de Madrid.[24]

Dessa forma, verifica-se que novas controvérsias têm surgido em decorrência da utilização dos meios informáticos na relação de emprego, fazendo-se necessário confrontar e avaliar as situações jurídicas resguardadas em cada caso.

V – Poder diretivo *x* intimidade e privacidade do empregado nos meios informáticos

A própria natureza da subordinação existente na relação de emprego, qual seja, subordinação jurídica, evidencia que o poder de direção do empregador não é absoluto, mas sim que sofre limitações. Conforme salientado, o estado de sujeição do empregado denota apenas a subordinação hierárquica decorrente do contrato de trabalho. No entanto, em que pese a existência dos deveres de obediência, de colaboração e de diligência do empregado, não significa que o empregador tenha a disponibilidade sobre a pessoa do obreiro.

---

[23] Fonte Agência do Estado, 06.06.02, *on line*, disponível em www.curriex.com.br/centro-carreira/ver-noticia.asp?codigo=618.

[24] PAIVA, Mário Antônio Lobato de. *O e-mail como instrumento de divulgação sindical. [on line].* Acessado em 21.05.02, www.direito.com.br/doutrina.ASP?O=1&T=1877. Como defesa da empresa, foi sustentado que o envio de informação por parte do sindicato deu-se de maneira abusiva, ocasionando a saturação do servidor da Internet, pondo em risco a disponibilidade de serviços da empresa pela rede em horário de maior movimentação. A decisão pela Sala Social, em Madrid, foi de conceder parcial procedência à demanda, possibilitando ao Sindicato transmitir notícias de interesse sindical nas empresas do Grupo BBVA a seus filiados e trabalhadores em geral através do correio eletrônico, porém com razoabilidade, a fim de evitar colapso no servidor da empresa.

Questões Controvertidas de
DIREITO DO TRABALHO E OUTROS ESTUDOS

Como principais limites ao poder de direção, Márcio Túlio Viana, citado por Sandra Lia Simon,[25] menciona os próprios direitos individuais do artigo 5º da Constituição Federal, pelos quais o empregado não pode ser discriminado, não pode ser obrigado a fazer algo, senão em virtude de lei, não pode ser submetido a tratamento degradante, impedido de manifestar seus pensamentos, tampouco ter violada a liberdade de crença, a intimidade, a vida privada, a honra, a imagem, entre outros.

Com efeito, toda relação jurídica, seja ela de emprego ou de qualquer outra natureza, deve zelar pela dignidade da pessoa humana. Não foi por menor razão que o legislador, no que repisa ao direito do trabalho, através do art. 170, *caput*, da Carta Magna, relacionou a vida digna ao princípio da valorização do trabalho humano. Isso porque a dignidade humana não é apenas o fundamento do Estado Democrático de Direito, mas sim de todas as relações jurídicas e humanas. Por essa razão, o poder de direção jamais pode ser utilizado para obtenção de vantagens indevidas e em desrespeito aos direitos fundamentais. Portanto, pode-se sustentar que o poder diretivo será limitado pelo próprio princípio da dignidade da pessoa humana, pelo qual não poderá extrapolar suas prerrogativas de controle, fiscalização, organização e punição no ambiente de trabalho em detrimento da pessoa do trabalhador.

Não obstante, há de se observar que os direitos à intimidade e à vida privada do empregado frente à internet e ao correio eletrônico devem ser analisados em conformidade com a expectativa de resguardo proporcionada, ou seja, dependendo da forma como realizada e das circunstâncias do caso concreto, a verificação ou monitoramento do correio eletrônico do trabalhador não consiste violação à intimidade. Tal posição pode ser embasada no fato de que, quando o e-mail é concedido exclusivamente como instrumento ou ferramenta de trabalho (e-mail corporativo da empresa), não há se falar em correspondência íntima passível de sigilo. O caráter estritamente profissional do e-mail, por exemplo, como forma de divulgação de vendas ou como meio de comunicação com clientes, abstrai, em tese, a idéia de proteção e privacidade.

Embora outras garantias à privacidade já estejam regulamentadas por lei, como por exemplo a proibição de revistas íntimas nas empregadas e a impossibilidade da exigência de teste de gravidez como condição à admissão no emprego, previstas pela Lei 9.799/99, não há norma que discipline a utilização dos meios informáticos nas relações de trabalho. Primeiramente, cumpre esclarecer que possui o empregador a faculdade de regular e estabelecer uma política de uso dos meios informáticos, pois, na relação de emprego, é ele quem determina a forma pela qual serão utilizadas as ferra-

---

[25] Op. cit. p. 119.

mentas de trabalho. Portanto, a Internet e o correio eletrônico podem ser colocados à disposição do empregado com o único fim de desenvolver as atividades laborais, sendo perfeitamente lícito e admissível que a utilização desses recursos seja vedada para outros objetivos que não os relacionados ao trabalho. Tal prerrogativa do empregador está fundada no poder diretivo, anteriormente abordado, e também no direito de propriedade.

Além disso, há inúmeras justificativas que corroboram e tornam ainda mais compreensível a proibição da utilização dos meios informáticos para tarefas pessoais, senão vejamos: a) *spam* ou lixo eletrônico; b) sobrecarga do sistema informático da empresa com demandas particulares, c) o recebimento e a transmissão de determinados arquivos ou programas que podem constituir pirataria, punível de acordo com a legislação sobre direitos autorais; d) responsabilidade civil do empregador, nos termos do art. 932, III, do Código Civil,[26] por danos materiais ou morais decorrentes de atos dos seus empregados; e) possibilidade de "contaminação" do sistema da empresa ao receber vírus em mensagem pessoal; f) a utilização do correio eletrônico para fins pessoais pelo empregado leva ao desperdício de tempo e considerável diminuição na produtividade do trabalhador.

Em contrapartida, o monitoramento do e-mail não poderia ser aceito com base no princípio geral de direito da dignidade da pessoa humana, nos direitos da personalidade (vida privada, intimidade e inviolabilidade das comunicações), no princípio da boa-fé no contrato de trabalho, de forma que eventual prova obtida pelo empregador referente ao uso indevido do correio eletrônico pelo empregado, nessas circunstâncias, seria considerada prova ilícita.

Há inúmeros argumentos sustentáveis em defesa da inviolabilidade do correio eletrônico na relação de emprego. Antônio Silveira Neto[27] entende que o fato de as mensagens serem geradas a partir do computador de propriedade da empresa não lhe retira seu caráter privativo, devendo o direito de propriedade ceder à garantia da privacidade das comunicações. Argumenta que apesar dos banheiros e das linhas telefônicas serem de propriedade do empregador, não pode esse instalar câmeras nessas localidades, tampouco utilizar escuta telefônica para vigiar o empregado ou tomar conhecimento de suas conversas. Ressalta que o poder de direção não pode justificar o desrespeito à privacidade do trabalhador, que se constitui como direito personalíssimo deste. Assim, argumenta que o fato de exercer a propriedade sobre os bens que compõem a empresa não pode se sobrepor

---

[26] Artigo 932, CC: "São também responsáveis pela reparação civil: III – o empregador ou comitente, por seus empregados, serviçais e prepostos, no exercício do trabalho que lhes competir, ou em razão dele".

[27] SILVEIRA NETO, Antônio. *A privacidade do trabalhador no meio informático*. [*on line*] Acessado de www.jusvi.com.

ao direito à intimidade do empregado que deles se utilizam. No que se refere ao fato de o empregador responder pelo ato dos seus funcionários perante terceiros, aduz que tal circunstância não autoriza a invasão da privacidade dos empregados, pois existem instrumentos tecnológicos menos invasivos que podem evitar danos aos agentes externos, como a adoção de programas que impedem o envio de mensagem para endereços não-cadastrados, a proibição, por intermédio de código de conduta, do envio de certos arquivos ou imagens. Não obstante, ainda que defenda a proibição de leitura do conteúdo do e-mail do empregado, não nega o autor que a empresa, com base no seu poder de direção, pode fixar regras e vedações para utilização da correspondência eletrônica.

Outro aspecto, a exemplo da decisão do TST, anteriormente referida, que inviabilizaria o monitoramento do correio eletrônico pelo empregador concerne ao fato de que as provas adquiridas por intermédio desse procedimento não poderiam ser admitidas em juízo, pois seriam meios inidôneos de prova. Nessa hipótese, ainda que o empregador, através do monitoramento, constatasse que o empregado estivesse utilizando o e-mail em atividade antijurídica, não poderia usar a mensagem interceptada como prova da resilição contratual por justa causa. Isso porque o artigo 5º, LVI, da Constituição Federal,[28] consagrou a inadmissibilidade, no processo, das provas obtidas por meios ilícitos.[29] Assim, a proteção da correspondência e das comunicações do trabalhador não se restringiria apenas ao meio externo à empresa, sendo plenamente aplicável no ambiente de trabalho.

Ainda, poder-se-ia sustentar que a fiscalização dos e-mails do empregado consistiria violação da privacidade de terceiros que, provavelmente, desconhecem as normas empresariais e não sabem que a mensagem enviada ao destinatário não goza de privacidade. Nessa situação, o direito de privacidade do remetente da mensagem, agente externo à política de fiscalização, seria infringido, uma vez que acreditava que o envio da informação somente seria transmitido ao destinatário.

De outra banda, em consonância com o entendimento adotado pelo TST, não é esta nossa posição. Em que pese não se discuta que os direitos à intimidade e à vida privada são aplicáveis em qualquer relação jurídica, estes não podem ser tratados *a priori* e de forma absoluta. Tal posição se

---

[28] Artigo 5º, LVI, da Constituição Federal: "São inadmissíveis, no processo, as provas obtidas por meios ilícitos".

[29] O ordenamento jurídico não concebe como meio de prova aquela obtida de forma ilícita ou ilegítima, cabendo lembrar que ambas são espécies do gênero prova ilegal, sendo que a ilegítima é aquela proibida pelas normas de direito processual, enquanto a ilícita é a obtida com violação das normas de direito material. "Pode-se afirmar assim que são totalmente inadmissíveis no processo civil e penal tanto as provas ilegítimas, proibidas pelas normas de direito processual penal, quanto as ilícitas, obtidas com violação das normas de direito material". MIRABETE, Julio Fabbrini. *Código de Processo Penal Interpretado.* 2 ª ed. São Paulo: Atlas, 1995. p. 218.

fundamenta no fato de que, quando o e-mail é concedido exclusivamente como instrumento ou ferramenta de trabalho, não há se falar em correspondência íntima passível de sigilo. O caráter estritamente profissional do e-mail, em regra, abstrai a idéia de proteção e privacidade.

Para que se estabeleça uma situação cristalina no ambiente de trabalho acerca do uso dos meios informáticos, é imprescindível que o empregador implemente uma política para regulamentar a prática da utilização do correio eletrônico, esclarecendo que se trata de ferramenta exclusiva para o trabalho, proibindo a utilização para fins particulares, bem como advertindo, previamente, os empregados que haverá controle sobre tais instrumentos.

O próprio Tribunal Regional do Trabalho da 4ª Região, através da Portaria nº 2.316, de 04.07.2001, disciplinou a utilização dos serviços de correio eletrônico e acesso à Internet no seu âmbito interno. Entre os motivos justificadores da aludida portaria, está a utilização inadequada do correio eletrônico e do acesso à Internet, arrolando como atividades consideradas inadequadas, quando não relacionadas a questões de conteúdo ocupacional do cargo do usuário, o acesso de páginas da Internet; a participação em serviços de conversação (*sites* de *chat*); a cópia de arquivos da Internet (*download*); o acesso a *sites* de atividades comerciais. Da mesma forma, no artigo 4°, foi determinado que o uso da *Internet* será monitorado pela Secretaria de Informática, mediante o emprego de ferramentas específicas, com a possibilidade de geração de relatórios e estatísticas, tais como *sites* visitados, *softwares* e serviços utilizados, freqüência e tempo de uso.

A possibilidade de monitoramento do correio eletrônico também é defendida por Sandra Lia Simon, porque entende que no ambiente de trabalho o sigilo de comunicação não é ilimitado. Preconiza que "se o empregador forneceu um computador ao empregado, presume-se que este equipamento seja fundamental para a execução do serviço. Logo, com base no poder de direção, o empregador poderia checar as mensagens eletrônicas recebidas e enviadas pelos trabalhadores, pois é terceiro interessado". Não obstante, adverte que se a empresa permite o uso do correio para fins particulares, em caso de checagem de mensagens, somente poderia se tornar conhecido o conteúdo do e-mail profissional, excluindo-se a verificação das mensagens pessoais. Tal procedimento seria possível através da criação de mecanismos de identificação de arquivos de separação de mensagens. Todavia, a autora reconhece que, mesmo os e-mails particulares dos trabalhadores, quando houver fundado receio da prática de atividades irregulares, poderão ser checados, uma vez que as liberdades públicas não se prestam ao "acobertamento" de ilicitudes.[30]

---

[30] Op. cit., p. 161.

Segundo a "The Eletronic Messaging Association",[31] seria recomendado, inclusive, que os empregadores colocassem na tela do computador, a cada acesso do empregado à rede, uma mensagem de advertência sobre a política empresarial de uso da informática.

Importante contribuição para tentar elucidar o aspecto nevrálgico da legalidade da fiscalização das correspondências eletrônicas é trazida pela experiência norte-americana. Para esta, quando não há uma "razoável expectativa de privacidade", originada através de intenções cristalinas da empresa de controle e verificação do correio eletrônico do empregado, pode-se sustentar a inexistência de direito à privacidade do empregado em suas comunicações no correio eletrônico fornecido pelo empregador. A jurisprudência americana entende que o empregado deva ter sua privacidade respeitada em determinadas zonas do lugar de trabalho, como vestiários ou banheiros, bem como uma correspondência de natureza eminentemente pessoal deva ser protegida contra revistas do empregador, tanto é que os Tribunais dos EUA limitam a ação empresarial contra o que se chama "invasões altamente ofensivas da privacidade". Todavia, entende-se que, no ambiente de trabalho em que vigora uma política cristalina do uso do e-mail, não existe razoável expectativa de privacidade pelo obreiro, pois este possui plena ciência de que será realizada fiscalização nos instrumentos de trabalho de propriedade da empresa. Dessa maneira, é necessário haver uma posição de equilíbrio entre as razoáveis expectativas de privacidade do empregado e as justificativas de monitoramento e busca por parte do empresário.[32]

Cumpre referir que é fundamental estabelecer se em determinado ambiente de trabalho, o empregado apresenta expectativa de privacidade no correio eletrônico ou se as normas contratuais delimitam claramente os limites de utilização da internet e do e-mail. Nesta última hipótese, o empregado, ao colocar sua força de trabalho à disposição do empregador, está se submetendo às regras do contrato, ficando limitado aos parâmetros nele avençados. Logo, uma vez pactuado, o uso das ferramentas de trabalho da empresa poderá ser restringido à atividade profissional; até porque se o empregador fornece aos empregados a utilização dos meios informáticos, certamente está buscando o alcance dos fins pelos quais foi constituída a atividade empresarial.

---

[31] "David Johnson and Scott Patterson: "Acces to and Disclosure of eletronic Mail on Company Computer Systems: A Tool Kit for Formulating Your Companys Policy", 1994. *In* VARGAS. Luiz Alberto. VARGAS, Luiz. FRAGA, Ricardo Carvalho; TELESCA, Maria Madalena. *Direito do Trabalho Necessário*. Porto Alegre: Livraria do Advogado, 2002. p. 127.

[32] VARGAS, Luiz. FRAGA, Ricardo Carvalho; TELESCA, Maria Madalena. *Direito do Trabalho Necessário*. Porto Alegre: Livraria do Advogado, 2002. p.128-129.

VI – Considerações finais

O poder diretivo é o principal fundamento na defesa da possibilidade de monitoramento do correio eletrônico do empregado. É preciso entender que, na relação de emprego, não é a pessoa do trabalhador o objeto do contrato, mas sim o labor e a soma de atividades que são desenvolvidas em favor da empresa. A faculdade de o empregador fiscalizar o trabalho do empregado, aqui incluindo o e-mail como ferramenta laboral, objetiva a própria continuidade e segurança dos fins empresarias. Sob tal aspecto, o poder diretivo compreende a disponibilidade dos meios de produção em que está incluída a atividade do trabalhador.

Portanto, quando o e-mail apresenta-se como ferramenta de trabalho, o poder de direção assume condição imperativa para assegurar meios de resguardar a segurança na atividade empresarial; segurança essa pilar base da empresa como complexo de bens organizado. Logo, tal poder abriga a possibilidade de o empregador coibir e fiscalizar eventual desvirtuação do rumo da prestação de serviços pelo empregado.

Não obstante, o poder diretivo deve ser exercido nos limites da razoabilidade, ou seja, a fiscalização/vigilância dos meios informáticos necessita estar em consonância com a dignidade do trabalhador, o que pode ser verificado através de uma política clara de uso da internet/e-mails, manifestada, por exemplo, no regulamento da empresa. Por fim, na ocorrência da colisão entre normas, mormente quando se tratam de normas de mesma hierarquia, fundamental compreender que não será possível estabelecer uma solução *a priori* em relação à fiscalização das ferramentas eletrônicas; deverá, todavia, ser considerado que, no direito, há concorrência de múltiplos princípios e fatores de todas as áreas, fazendo-se necessária uma análise sistemática do direito ao caso concreto, assim como o estudo da proporcionalidade quando da colisão de princípios.[33]

VII – Referências bibliográficas

ALBERTIN, Alberto Luiz. *Comércio Eletrônico: modelos, aspectos e contribuições de sua aplicação.* São Paulo: Atlas, 1990.

ARAÚJO, Francisco Rossal de. *A Boa-fé no Contrato de Emprego.* São Paulo: LTr, 1996. p. 169-172.

BARROS, Alice Monteiro de. Proteção à intimidade do empregado. São Paulo: LTr, 1997.

BITTAR, Carlos Alberto. *Os direitos da personalidade.* Rio de Janeiro: Forense Universitária, 1989.

BOBBIO, Norberto. *A Era dos Direitos.* Rio de Janeiro: Editora Campus, 1992.

BONAVIDES, Paulo. *Curso de Direito Constitucional.* 12.ed. São Paulo: Malheiros, 2002.

---

[33] FREITAS. Juarez. *A Interpretação Sistemática do Direito.* São Paulo: Malheiros, 1995, p. 29.

Questões Controvertidas de
DIREITO DO TRABALHO E OUTROS ESTUDOS

CANOTILHO, José Joaquim Gomes. *Direito Constitucional e Teoria da Constituição*, 3.ed. Coimbra: Almedina, 1999.

CATHARINO, José Martins. *Compêndio de Direito do Trabalho*. 3. ed. Vol. I. São Paulo: Saraiva, 1982.

COSTA JR., Paulo José da. O direito de estar só: tutela penal da intimidade. 21.ed. São Paulo: RT, 1995.

COUTINHO, Aldacy Rachid. *Poder Punitivo Trabalhista*. São Paulo: LTr, 1999.

FARIAS, Cibelly. *O Sigilo Postal na Era da Comunicação Digital. [on line]*. Disponível em http://www.ter-sc.gov.br/sj/cjd/doutrinas/cibelly.htm. Acesso em: 24.ago.2003. 10:45:03.

FERRAZ JR., Tércio Sampaio. "Sigilo de dados: o direito à privacidade e os limites à função fiscalizadora do Estado". *Cadernos de Direito Tributário e finanças públicas*. São Paulo: RT, v. 1: 141-154, out./dez. 1992.

FREITAS, Juarez. *A Interpretação Sistemática do Direito*. São Paulo: Malheiros, 2002.

GONÇALVES, Simone Cruxên. *Limites do Jus Variandi do Empregador*. São Paulo: LTr, 1997.

GRECO FILHO, Vicente. *Tutela Constitucional das Liberdades: direitos individuais na Constituição de 1988*. São Paulo: Saraiva, 1989.

HESSE, Konrad. *A força normativa da constituição*. Trad. de Gilmar F. Mendes. Porto Alegre : Fabris, 1991.

LIPPMANN, Ernesto. "Do direito à privacidade do empregado, nos tempos da internet". In: Revista LTr. São Paulo: LTr, v. 62,n. 04: 483-486, abr. 1998.

MARANHÃO, Délio; CARVALHO, Luiz Inácio Barbosa. *Direito do Trabalho*. 17. ed. Rio de Janeiro: Fundação Getúlio Vargas, 1993.

MARTINS, Sérgio Pinto. *Direito do Trabalho*. 6.ed. ampl. e atual. São Paulo: Atlas, 1998.

NASCIMENTO. Amauri Mascaro. *Iniciação ao Direito do Trabalho*. 25.ed. São Paulo: LTr, 1998.

OLIVEIRA NETO, Alberto Emiliano de; COELHO, Luciano Augusto de Toledo. *Direito à Intimidade e à Privacidade – E-Mail do Empregado*. Revista Justiça do Trabalho, nº233: maio 2003.

PAESANI, Liliana Minardi. *Direito e Internet – Liberdade de Informação, Privacidade e Responsabilidade Civil*. São Paulo: Atlas, 2000.

PAIVA, Mário Antônio Lobato de. *O Monitoramento do Correio Eletrônico no Ambiente de Trabalho*. Revista Justiça do Trabalho, nº227: nov- 2002. p.11-44.

——. *Diretrizes para Utilização dos Meios Eletrônicos no Ambiente de Trabalho*. Revista Justiça do Trabalho, nº224. ago- 2002. p.58-64.

——. *O E-mail como Instrumento de Divulgação Sindical. [on line]* Disponível em http://www.direito.com.br/doutrina.ASP?O=1&T+1877. Acesso em: 217.maio. 2002.

——. *Comentários à Jurisprudência – E-mail – invasão de privacidade. [on line]* Disponível em http://www.kplus.cosmo.com.br/materia.asp?co=90&rv=Direito. Acesso em: 10 de setembro de 2003.

——. *O E-mail no Ambiente de Trabalho: O Uso Social do E-mail. [on line]* Disponível em http://www.mct.gov.br/legis/consultoria-juridica/artigos/e-mail-trabalho.htm. Acesso em: 07 de agosto de 2003.

RODRIGUEZ, Américo Plá. *Princípios de Direito do Trabalho*. São Paulo: LTr, 1997.

RUSSOMANO, Mozart Victor. *Curso de Direito do Trabalho*. 5.ed. Curitiba: Juruá, 1995.

SARLET, Ingo Wolfgang. *Dignidade da Pessoa Humana e Direitos Fundamentais na Constituição Federal de 1988*. 2. ed. Porto Alegre: Livraria do Advogado, 2002.

——. *A Eficácia dos Direitos Fundamentais*. 3. ed. Porto Alegre: Livraria do Advogado, 2003.

SILVA, José Afonso da. *Curso de Direito Constitucional Positivo.* 9.ed. São Paulo: Malheiros, 1994.

SILVEIRA NETO, Antônio; PAIVA, Mário Antônio Lobato de. *A Privacidade do Trabalhador no Meio Informático.* [*on line*] Disponível em http://www. mct.gov.br/legis/consultoria-juridica/artigos/informática-tecnologia.htm.Acesso em: 19.set. 2003. 17:48:23.

SIMÓN, Sandra Lia. *A Proteção Constitucional da Intimidade e da Vida Privada do Empregado.* São Paulo: LTr, 2000.

SOUZA, Mauro César Martins de. *E-Mail (...NET) na Relação d Emprego: Poder Diretivo do Empregadpr (Segurança) & Privacidade do Empregado.* Revista Justiça do Trabalho, n°202: out- 2002, p. 7-23.

SUSSEKIND, Arnaldo; MARANHÃO, Délio; VIANNA, Segadas; TEIXEIRA, Lima. *Instituições de Direito do Trabalho.* Vol. I e II. 16.ed. São Paulo: Editora LTr, 1996.

TELESCA, Maria Madalena (coord.); VARGAS, Luiz Alberto de; FRAGA, Ricardo Carvalho. *Direito do Trabalho Necessário.* Porto Alegre: Livraria do Advogado, 2002.

VILHENA, Paulo Emílio Ribeiro de. *Relação de Emprego – Estrutura Legal e Supostos.* 2.ed. São Paulo: Editora LTr, 1999.

— 6 —

Despedida arbitrária e sem justa causa: inaplicabilidade da Convenção 158 da OIT

GILBERTO STÜRMER

Advogado, professor de Direito e Processo do Trabalho na PUCRS,
Coordenador do Departamento de Direito Social e Processual do Trabalho da
Faculdade de Direito da PUCRS, Mestre em Direito pela PUCRS,
Doutor em Direito do Trabalho pela UFSC

Sumário: Introdução; I – Dispensa Arbitrária e sem justa causa; II – Indenização e proteção contra a despedida arbitrária; III – A Convenção 158 da OIT e o ordenamento jurídico interno; Conclusão; Referências Bibliográficas

Introdução

O tema de discussão é a proteção contra a despedida arbitrária: Direito Fundamental, aplicabilidade imediata.

Ainda que a proteção contra a despedida arbitrária, inserida no artigo sétimo da Constituição Federal, faça parte dos direitos e garantias fundamentais na Constituição Federal de 1988, entende-se que a sua aplicabilidade não é imediata, já que a própria Constituição determinou que a regulamentação da matéria se dê por lei complementar.

O que cabe à sociedade exigir, isto sim, é a regulamentação do inciso primeiro do artigo sétimo da Constituição Federal (dentre outros) que, por absoluta falta de vontade política, passados dezesseis anos da promulgação da Carta, ainda não se tornou efetivo.

Não se pode atropelar o bom-senso e o processo legislativo sob pena de, mais uma vez, tornar letra morta a já abalroada Constituição.

A idéia aqui é, portanto, tentar demonstrar do ponto de vista estritamente jurídico, que a única proteção hoje existente contra a despedida arbitrária é a indenização prevista no artigo dez, inciso primeiro, do Ato das Disposições Constitucionais Transitórias da Constituição Federal de 1988.

Não há previsão legal de outra hipótese e, definitivamente, não se aplica no ordenamento interno, a Convenção 158 da Organização Internacional do Trabalho.

I – Dispensa Arbitrária e sem justa causa

Em 1923, o Deputado Federal Elói Chaves, oriundo da categoria dos trabalhadores em estradas de ferro, apresentou e conseguiu aprovação no Congresso Nacional, lei que ficou conhecida com o seu nome: Lei Elói Chaves. A lei dispunha que os trabalhadores em estradas de ferro que completassem dez anos de efetivo serviço no mesmo emprego, tornar-se-iam estáveis, somente podendo ser despedidos por justa causa ou força maior.

Em 1935, o direito se estendeu a outros trabalhadores e, em 1943, através do Decreto-Lei 5.452, de 1º de maio, ingressou na Consolidação das Leis do Trabalho.[1] Foi também a então nova CLT que dispôs que os trabalhadores que não tinham dez anos de serviço e fossem despedidos imotivadamente, receberiam uma indenização de 1 (um) mês de remuneração por ano de serviço efetivo, ou por ano e fração igual ou superior a 6 (seis) meses.[2]

Em 13 de setembro de 1966, foi promulgada a Lei 5.107, que criou o Fundo de Garantia do Tempo de Serviço. Referida lei, que com a *vacatio legis* entrou em vigor em 1º de janeiro de 1967, apresentou a alternativa denominada coexistência de sistemas, ou seja: os trabalhadores poderiam se manter no sistema anterior (indenização/estabilidade), ou optar pelo novo sistema denominado Fundo de Garantia do Tempo de Serviço, onde abririam mão da estabilidade decenal e, uma vez despedidos, receberiam, a título de indenização, a liberação dos depósitos efetuados mensalmente pelos empregadores no curso do contrato de emprego (oito por cento sobre a remuneração paga ou devida), mais uma multa de dez por cento sobre os referidos depósitos corrigidos e com a incidência de juros.

A coexistência de sistemas durou quase 22 anos. Em 05 de outubro de 1988, promulgada a Constituição Federal que, entre outras modificações, dispôs que o Fundo de Garantia do Tempo de Serviço passaria a ser direito de todos os trabalhadores urbanos e rurais,[3] ou seja, a nova Carta não recepcionou os artigos 478 (indenização) e 492 (estabilidade) da CLT.

---

[1] Art. 492. O empregado que contar mais de 10 (dez) anos de serviço na mesma empresa não poderá ser despedido senão por motivo de falta grave ou circunstância de força maior, devidamente comprovadas.

[2] Ver art. 478 da Consolidação das Leis do Trabalho.

[3] Art. 7. São direitos dos trabalhadores urbanos e rurais, além de outros que visem à melhoria de sua condição social:

...

III – fundo de garantia do tempo de serviço.

A idéia dos constituintes era definir todas as regras decorrentes da extinção e da proteção do emprego através da lei complementar a que se refere o inciso primeiro do artigo sétimo da Constituição Federal, que dispõe: "relação de emprego protegida contra a despedida arbitrária ou sem justa causa, nos termos de lei complementar, que preverá indenização compensatória, dentre outros direitos". Ensina Süssekind[4] que a proteção de que cogita a Carta Magna corresponde a um conjunto de normas aplicáveis à despedida arbitrária ou sem justa causa: indenização compensatória (inciso I), seguro-desemprego (inciso II), levantamento dos depósitos do Fundo de Garantia do Tempo de Serviço (inciso III) e aviso prévio proporcional ao tempo de serviço (inciso XXI). De qualquer forma, tais direitos (com exceção da proporcionalidade do aviso prévio) são efetivos desde a promulgação da Constituição.

Ocorre, todavia, que a proteção e a indenização pretendidas pelo inciso primeiro do artigo sétimo, dependem de lei complementar, inexistente até hoje.

Vejamos o dispositivo dividido:

"a) proteção da relação de emprego contra as despedidas arbitrária ou sem justa causa ...;

b) ... nos termos de lei complementar ...;

c) ... que preverá indenização compensatória ...;

d) ... dentre outros direitos."

Ante a lacuna existente pela ausência de lei complementar, cabe, através da analogia, inicialmente conceituar "despedida arbitrária" e "despedida sem justa causa". É certo que o constituinte de 1988, ao separar as duas hipóteses, pretendeu emprestar maior proteção à forma arbitrária, o que deve(ria) ocorrer a partir da promulgação da lei complementar até hoje inexistente.

Determina a Lei de Introdução ao Código Civil[5] que, quando a lei for omissa,[6] a analogia será uma das formas do juiz e o intérprete do direito resolver as questões de lacunas.[7]

Na falta de leis específicas a conceituarem as duas espécies de despedida, por analogia tem-se utilizado o artigo 165 da CLT[8] que, ao tratar da proteção do emprego dos dirigentes das Comissões Internas de Prevenção

---

[4] Süssekind, Arnaldo. *Direito Constitucional do Trabalho.* Rio da Janeiro: Renovar, 1999, p. 105.

[5] Art. 4. Quando a lei for omissa, o juiz decidirá o caso de acordo com a analogia, os costumes e os princípios gerais de direito.

[6] Da mesma forma, dispõem os artigos 126 do Código de Processo Civil e 8º, parágrafo único, da Consolidação das Leis do Trabalho.

[7] Segundo Norberto Bobbio, "lacuna" é a falta de uma norma. Ver Bobbio, Norberto. *Teoria do Ordenamento Jurídico.* Brasília: Editora UNB, 1996, 7 edição, p. 115.

[8] Esta é a posição de Arnaldo Süssekind, citando também Délio Maranhão. Ver ob. cit., p. 107.

Questões Controvertidas de
DIREITO DO TRABALHO E OUTROS ESTUDOS

de Acidentes (CIPAs), dividiu e clareou as definições: "Os titulares da representação dos empregados nas CIPAs não poderão sofrer despedida arbitrária, entendendo-se como tal a que não se fundar em motivo disciplinar, técnico, econômico ou financeiro."

Assim, tem-se que a despedida arbitrária é aquela absolutamente imotivada, ou seja, a chamada "denúncia vazia" do contrato. As outras hipóteses dividem-se em disciplinar – que trata das hipóteses de justa causa para rescisão do contrato de trabalho pelo empregador[9] – e aquelas que têm motivo técnico, econômico ou financeiro e que, embora não estejam enquadradas nas chamadas hipóteses de justa causa, constituem motivo não arbitrário para despedida.

Ainda que parte respeitável da doutrina desconsidere a diferença entre as duas hipóteses, entende-se bem clara a distinção hoje existente. O que não tem distinção, ante a ausência de lei complementar,[10] é a atual forma de indenização nas hipóteses de despedida arbitrária ou sem justa causa, a ser tratada no seguinte tópico.

II – Indenização e proteção contra a despedida arbitrária

Não há, reitera-se, outra espécie de indenização ou de proteção contra a despedida arbitrária, que não a inicialmente prevista no Ato das Disposições Constitucionais Transitórias e, posteriormente, na Lei 8.036, de 11 de maio de 1990 (atual lei do FGTS).

Como já referido, a proteção pretendida pela Constituição Federal depende de lei complementar, ainda inexistente. Todavia, já são efetivos os direitos à indenização, ao seguro-desemprego, à liberação dos depósitos do Fundo de Garantia do Tempo de Serviço e ao aviso prévio.

O Ato das Disposições Constitucionais Transitórias, no seu artigo 10, assim dispõe: "Art.10. Até que seja promulgada a lei complementar a que se refere o art. 7, inciso I, da Constituição: I – fica limitada a proteção nele referida ao aumento para quatro vezes, da porcentagem prevista no art. 6, *caput*, e parágrafo primeiro, da Lei 5.107, de 13 de setembro de 1966". Como visto anteriormente, a Lei 5.107/66, que instituiu o Fundo de Garantia do Tempo de Serviço, previa, para os então optantes pelo sistema, multa de dez por cento sobre os depósitos da contratualidade em caso de despedida

---

[9] Ver art. 482 da CLT.

[10] Na visão de Uadi Lammêgo Bulos, "não há sequer indício de quando virá a lei complementar referida no inciso, nem a longo prazo. A, nem a longo prazo. A experiência atesta que esse preceito de eficácia contida jamais será regulamentado, devido à heterogeneidade do Congresso Nacional e do torvelinho de interesses multiformes e conflitantes que nele circulam. Assim, a definição específica do que seja despedida arbitrária ou sem justa casa, em nível de legislação infraconstitucional, continuará em aberto. E, enquanto não promulgada a lei complementar prevista, impera o disposto no art. 10 do Ato das Disposições Constitucionais Transitórias".

Gilberto Stürmer

imotivada. O ADCT passou a referida indenização em quarenta por cento, mantida posteriormente pela Lei 8.036/90[11] [12] (atual Lei do FGTS).

É certo que o constituinte de 1988 pretendeu proteger a relação de emprego contra a despedida arbitrária. Mas é certo, também, que esta proteção foi remetida à reserva de lei complementar, até hoje inexistente.

Resta, portanto, a indenização. Atualmente, no Direito do Trabalho brasileiro, a despedida arbitrária ou sem justa causa (de qualquer forma hipóteses de despedidas motivadas por ato do empregador), geram ao empregado, a título de indenização, a multa incidente sobre os depósitos do FGTS durante a contratualidade. Compõem, ainda, a indenização, a liberação dos depósitos do Fundo de Garantia, o aviso prévio, se não trabalhado[13] (se trabalhado é salário) e, por parte do poder público, o seguro-desemprego.

III – A Convenção 158 da OIT e o ordenamento jurídico interno

Em 23 de novembro de 1985, a sexagésima oitava reunião da Conferência Internacional do Trabalho da OIT (Organização Internacional do Trabalho) aprovou a Convenção 158, que trata do término da relação de trabalho por iniciativa do empregador.

Entre outras disposições, a Convenção 158 determinou que "não se dará término à relação de trabalho de um trabalhador a menos que exista para isso uma causa justificada relacionada com sua capacidade ou seu comportamento ou baseada nas necessidades de funcionamento da empresa, estabelecimento ou serviço" (art. 4). A Convenção 158 procurou, portanto, proteger os trabalhadores contra a despedida arbitrária (sem motivo). Os motivos de ordem técnica, econômica ou financeira ficaram afastados da previsão convencional.

[11] Art. 18. Ocorrendo rescisão do contrato de trabalho, por parte do empregador, ficará este obrigado a depositar na conta vinculada do trabalhador no FGTS os valores relativos aos depósitos referentes ao mês da rescisão e ao imediatamente anterior, que ainda não houver sido recolhido, sem prejuízo das cominações legais.
Parágrafo Primeiro. Na hipótese de despedida pelo empregador sem justa causa, depositará este, na conta vinculada do trabalhador no FGTS, importância igual a 40% (quarenta por cento) do montante de todos os depósitos realizados na conta vinculada durante a vigência do contrato de trabalho, atualizados monetariamente e acrescidos dos respectivos juros.
[12] A Lei Complementar n. 110, de 29 de junho de 2001, dispôs sobre uma contribuição social de 10% (dez por cento) sobre o montante dos depósitos devidos, referente ao FGTS, durante a vigência do contrato de trabalho, acrescido das remunerações aplicáveis às contas vinculadas (art. 1). Esta alíquota aumentou a multa para 50% (cinqüenta por cento), mas o trabalhador continua recebendo, para fins de indenização, 40% (quarenta por cento) sobre os depósitos da contratualidade no FGTS. Os dez pontos percentuais previstos pela LC 110/01 se destinam ao pagamento de correções devidas por ocasião de planos econômicos.
[13] Dispõe a CLT no art. 487, parágrafo primeiro, da CLT: "A falta de aviso prévio por parte do empregador dá ao empregado o direito aos salários correspondentes ao prazo do aviso, garantida sempre a integração desse período no seu tempo de serviço."

A Convenção 158 foi aprovada pelo Congresso Nacional em 17 de setembro de 1992 (Decreto Legislativo n. 68), sendo ratificada pelo Governo brasileiro em 04 de janeiro de 1995, para vigorar doze meses depois. Entretanto, a pretendida eficácia jurídica no território nacional só pode ser verificada a partir do Decreto 1.855, de 10 de abril de 1996, quando o Governo Federal publicou o texto oficial no idioma pátrio, promulgando a sua ratificação.

Havia, contudo, um vício formal. Os tratados e convenções internacionais estão no patamar de lei ordinária. "Assim entendeu o Supremo Tribunal Federal, em sede de medida liminar, na Ação Direta de Inconstitucionalidade (ADIn) 1.480/DF, acatando alinha argumentativa esposada pelos adeptos da inaplicabilidade da Convenção 158 da OIT. Chegou-se à conclusão de que seria inadmissível uma convenção internacional suprir a ausência de lei complementar, prevista, *in verbis*, no Texto Maior (art. 7º, I). Com efeito, os Ministros do Supremo Tribunal Federal, em Sessão Plenária, na conformidade da ata de julgamentos e das notas taquigráficas, decidiram, por maioria de votos, 'deferir, parcialmente, sem redução do texto, o pedido de medida cautelar, para, em interpretação conforme à Constituição, e até o final do julgamento da ação direta, afastar qualquer exegese, que, divorciando-se dos fundamentos jurídicos do voto do Relator (Ministro Celso de Mello), e desconsiderando o caráter meramente programático das normas da Convenção 158 da OIT, venha a tê-las como auto-aplicáveis, desrespeitando desse modo, as regras constitucionais e infraconstitucionais que especialmente disciplinam, no vigente sistema normativo brasileiro, a despedida arbitrária ou sem justa causa dos trabalhadores' (STF, ADIn, 1.480/DF, Medida Liminar, Rel. Min. Celso de Mello, decisão 04/09/1997)".[14]

Anteriormente à decisão do STF, o Governo brasileiro denunciou a ratificação da Convenção 158 mediante nota enviada ao Diretor-Geral da Repartição Internacional do Trabalho, assinada pelo Embaixador Chefe da Delegação Permanente do Brasil em Genebra (Ofício 397, de 20 de novembro de 1996). Com o Decreto 2.100, de 20 de dezembro de 1996, o Presidente da República promulgou a denúncia, anunciando que a mencionada convenção deixaria de vigorar no Brasil a partir de 20 de novembro de 1997.

De qualquer forma, no curto período de "vigência" da Convenção 158 no Brasil, as discussões acerca da inconstitucionalidade da mesma foram inúmeras, o que, na prática, fez com que a convenção não produzisse efeitos.

A discussão já não é sobre a constitucionalidade ou não da vigência da Convenção 158 no Brasil, uma vez que ela deixou de fazer parte do

---

[14] Ver Uadi Lammêgo Bulos, ob. Cit., p. 364.

ordenamento jurídico interno. Discute-se, sim, a eficácia do inciso primeiro do artigo sétimo da Constituição Federal. Pretendida a proteção da relação de emprego contra a despedida arbitrária, há reserva de lei complementar (*quorum* qualificado de votação no Congresso Nacional). Enquanto não houver a referida lei complementar, o que efetivamente depende de vontade política, não há falar em proteção, mas tão-somente em indenização, eis que prevista pelo ADCT.

Conclusão

Em face das considerações referidas acima, tem-se como conclusão:

1 – A Constituição Federal de 1988 pretendeu proteger a relação de emprego contra a despedida arbitrária ou sem justa causa, remetendo a situação à lei complementar;

2 – Inexistente a lei complementar a que se refere o inciso I, do artigo sétimo da Constituição Federal, por analogia ao artigo 165 da CLT, entende-se arbitrária aquela despedida imotivada e, sem justa causa, as que tenham motivo técnico, econômico ou financeiro, diferentes da despedida por justa causa, que decorre de motivo disciplinar;

3 – A indenização compensatória, também prevista na Constituição Federal, foi remetida ao Ato das Disposições Constitucionais Transitórias que, no seu art. 10, inciso I, dispôs que a multa incidente sobre os depósitos do FGTS da contratualidade, inicialmente de 10% (dez por cento), passaria a 40% (quarenta por cento). A multa foi confirmada pela Lei n. 8.036/90 (atual lei do FGTS);

4 – Compõem a indenização, além da multa e da liberação dos depósitos do FGTS, o aviso prévio quando não trabalhado e o seguro-desemprego;

5 – A pretendida proteção da relação de emprego contra a despedida arbitrária inexiste no ordenamento jurídico pátrio, eis que dependente de lei complementar até hoje não promulgada;

6 – A tentativa de regulamentação da proteção da relação de emprego contra a despedida arbitrária pela Convenção 158 da OIT, que chegou a ser ratificada pelo Brasil, restou frustrada, já que, segundo interpretação do Supremo Tribunal Federal, tratados e convenções internacionais têm *status* de lei ordinária, e a proteção da relação de emprego demanda lei complementar (art. 7, I, da Constituição Federal de 1988);

7 – Não bastasse a discussão acerca da constitucionalidade ou não da Convenção 158 da OIT no Brasil, a mesma acabou denunciada em 1996, encerrando qualquer possibilidade de aplicação no Brasil.

Referências Bibliogáficas

BOBBIO, Norberto. *Teoria do ordenamento jurídico*. Brasília: Editora UNB, 7 ed. 1996.

BULOS, Uadi Lammêgo. *Constituição Federal Anotada*. São Paulo: Saraiva, 2000.

SÜSSEKIND, Arnaldo. *Direito Constitucional do Trabalho*. Rio de Janeiro: Renovar, 2000.

— 7 —

O Direito do Trabalho à luz do Direito Internacional Privado: um exercício de teorização

GUILHERME PEDERNEIRAS JAEGER

Professor de Direito Internacional Privado da PUCRS, Especialista em Direito e Negócios Internacionais pela UFSC, Mestre em Direito Relações Internacionais pela UFSC.

Sumário: 1. Introdução; 2. A dimensão internacional do direito do trabalho; 3. As relações trabalhistas internacionais e o âmbito do Direito Internacional Privado; 4. A jurisdição internacional em Direito do Trabalho; 5. O conflito de leis no espaço em Direito do Trabalho; 6. A teorização das normas de Direito do Trabalho, a partir de conceitos do Direito Internacional Privado; 7. Considerações finais; Referências.

1. Introdução

O Direito do Trabalho e o Direito Internacional Privado – DIPr – são disciplinas aparentemente distantes uma da outra. A despeito dessa falsa aparência, esses dois ramos da Ciência Jurídica estão inter-relacionados. Os principais pontos de contato podem ser verificados nos estudos da jurisdição internacional da Justiça do Trabalho e na eventual possibilidade de aplicação do direito estrangeiro pelo juiz do trabalho nacional quando frente a um caso com conexão internacional.

O objetivo do presente artigo consiste em explanar esses pontos de contato entre as disciplinas Direito do Trabalho e DIPr, por meio de uma abordagem dos dispositivos legais trabalhistas aplicáveis aos litígios internacionais. Em razão do antagonismo concomitante entre a ânsia de esgotar o tema e o dever de traçar seus limites, esclarece-se que a presente análise está restrita aos temas jurisdição internacional da Justiça do Trabalho e indicação do direito aplicável pelo juiz do trabalho às relações caracterizadas por elementos estrangeiros.

Questões Controvertidas de
DIREITO DO TRABALHO E OUTROS ESTUDOS

Saber quando o juiz do trabalho nacional terá jurisdição para julgar um litígio qualificado de internacional e qual ordenamento jurídico regerá essa relação representa o problema inicial a ser enfrentado. Saber, ainda, como o DIPr pode colaborar nessa função constitui o problema principal. Para tentar validar uma hipótese cogitada a esses problemas, desenvolveu-se a idéia de análise das regras trabalhistas pertinentes, à luz das definições e conceitos base do DIPr, com a pretensão de teorizar os dispositivos da legislação do trabalho a partir dos alicerces conceituais da disciplina internacionalista.

Nesse sentido, o presente artigo vem estruturado em cinco divisões. Na primeira parte, faz-se a demonstração da inter-relação entre o Direito do Trabalho e o DIPr, apresentando os pontos de contato que serão estudados e trazendo a sugestão do exercício de teorização. Na seção seguinte, demonstra-se estarem as relações trabalhistas afastadas do âmbito de estudo do DIPr. Na terceira e na quarta partes, analisam-se, respectivamente, os dispositivos trabalhistas que lidam com a jurisdição internacional e com a indicação da lei – nacional ou estrangeira – aplicável pelo juiz do trabalho brasileiro. E no quinto e último item, realiza-se a teorização sugerida.

2. A dimensão internacional do Direito do Trabalho

O fenômeno da globalização tem atraído cada vez mais a atenção dos estudiosos da Ciência Jurídica para a disciplina de Direito Internacional. À medida que a antiga noção de fronteiras estanques, com fins apenas geográficos, vai sendo relativizada em função de tratados internacionais, a circulação de bens, capitais, pessoas, força de trabalho e informações vai aumentando vertiginosamente. O elemento estrangeiro passa a ser cada vez mais comum nas relações que anteriormente eram adjetivadas como eminentemente domésticas, locais.

A circulação de pessoas entre diferentes Estados gera inevitavelmente a presença do estrangeiro no fato social nacional, trazendo para dentro do mundo do Direito questões atinentes à situação jurídica do alienígena. O capital exterior ingressado no Brasil como forma de investimento passa também a caracterizar as movimentações financeiras nacionais. Contratos internacionais, da mesma forma, vão ocupando mais e mais espaço no âmbito interno. E também no Direito do Trabalho, várias relações laborais acabam sendo caracterizadas pela presença de um elemento externo. Situações como a contratação de estrangeiro por empresa nacional e a contratação de nacional para trabalhar fora do país têm sido muito freqüentes; e isso provoca um chamado aos ensinamentos de DIPr.

Esse chamado que o Direito do Trabalho faz ao DIPr não significa que as normas de jurisdição internacional e de conflito de leis do DIPr sejam aplicadas aos litígios trabalhistas. O Direito do Trabalho tem regras próprias para definir os casos em que exerce jurisdição, e tem critérios próprios para determinar a legislação aplicável a cada litígio.

Porém existe certa dificuldade natural de compreensão das regras laborais pertinentes a esses temas, uma vez que elas ocupam apenas um pequenino espaço na esfera do Direito do Trabalho e raramente são alvo de estudos específicos. Amilcar de Castro lamenta que "até agora, sejam poucos os cultores de direito internacional privado que têm dispensado aos fatos internacionais trabalhistas a atenção merecida".[1] Assim, para uma boa compreensão dessas regras, sugere-se que sejam elas analisadas à luz do DIPr, tendo em vista que essa disciplina, por sua vez, se ocupa por completo de tais temáticas, apenas com a peculiaridade de estar situada primordialmente no âmbito das relações civis e comerciais.

Diante desta situação, e visando a apreciar a forma como o Direito do Trabalho lida com esses eventos adjetivados pela presença do elemento estrangeiro, ousam-se teorizar as regras trabalhistas à luz dos conceitos e institutos do DIPr. Ressalte-se, mais uma vez, que não se pretendem aplicar as regras jusprivatistas internacionais ao Direito do Trabalho, porquanto este tem dispositivos próprios. O que se pretende é adentrar nas regras trabalhistas e demonstrar que subjazem a elas os ensinamentos teóricos do DIPr, teorizando-as a partir dos alicerces que sustentam o DIPr.

3. As relações trabalhistas internacionais e o âmbito do Direito Internacional Privado

As relações sujeitas à regulamentação pelo DIPr têm seu campo de abrangência variado, conforme se adota uma concepção mais ou menos ampla do seu objeto. A presença de um dado estrangeiro em uma relação jurídica a torna conectada ao ordenamento jurídico de mais de um país, ou seja, gera uma conexão internacional.

O empregado brasileiro, residente no Brasil, contratado por uma empresa brasileira, para prestar serviços no Brasil, está envolvido em um caso tipicamente nacional. Apenas o ordenamento jurídico brasileiro tem relação com o contrato. Por outro lado, se o serviço for prestado nos Estados Unidos, aí o ordenamento jurídico estadunidense já passa a estar, de alguma forma, ligado ao negócio. Esse dado estrangeiro – prestação do serviço nos EUA – é o elemento fático que faz com que o contrato se vincule às ordens jurídicas dos dois países. Isto é, o fato passa a estar conectado ao Direito de dois Estados, gerando uma conexão jurídica internacional, uma "situação multiconectada".[2] Para Pontes de Miranda, justamente "é este dado estran-

---

[1] CASTRO, Amilcar de. *Direito internacional privado*. 5. ed. Rio de Janeiro: Forense, 1995. p. 485.

[2] ARAUJO, Nadia de. *Direito internacional privado – teoria e prática brasileira*. Rio de Janeiro: Renovar, 2003, p. 28.

geiro que internacionaliza (em certo sentido, aliás próprio) o direito privado".[3]

O fato absolutamente nacional, conforme Goldschmidt, não faz parte do DIPr, mas seu conceito é pedagogicamente imprescindível para a compreensão do assunto.[4] Se os nacionais dos seus respectivos Estados permanecessem circunscritos às fronteiras de seus territórios, a vida privada jamais viria a estar conectada a mais de um ordenamento jurídico. Entretanto, desde longa data, não é isso o que ocorre. Nacionais casam-se com estrangeiros, empresas compram mercadorias de exportadores, e brasileiros laboram em outros países. Valladão explica que "o desenvolvimento e a intensidade sempre maiores da vida humana fazem com que várias relações sociais escapem de sua sincronização habitual à lei dum lugar [...], vindo a ficar em contato com mais de uma das tantas ordenações jurídicas".[5]

A situação reputada como multiconectada torna-se peculiar em razão de não haver uniformidade da legislação material dos países. Por questões de valores, princípios ou cultura, cada país edita leis que atendem aos anseios dos seus nacionais. Portanto, uma reclamação trabalhista pode ter tantas soluções quantos ordenamentos jurídicos diversos houver. Depende qual será a autoridade judiciária competente e quais serão os direitos trabalhistas reconhecidos na lei aplicável.

São, portanto, as atividades exteriores dos particulares que fazem surgir a necessidade de se buscar soluções para as situações multiconectadas. "E como os sistemas nacionais têm sido elaborados, em princípio, para situações que poderíamos chamar de internas ou homogêneas, surge a necessidade de uma regulação específica para a 'atividade exterior'".[6] Essa regulação, que "objetiva garantir segurança jurídica e estabilidade à vida privada internacional",[7] compete ao DIPr, estando aí incluídas as normas processuais internacionais (jurisdição e cooperação interjurisdicional) e o conflito de leis no espaço.[8]

---

[3] MIRANDA, Pontes de. *Tratado de direito internacional privado*. Rio de Janeiro: Livraria José Olympio, 1935. t. I. p. 19.

[4] GOLDSCHMIDT, Werner. *Derecho internacional privado: derecho de la tolerancia*. 8. ed. Buenos Aires: Depalma, 1992, p. 9.

[5] VALLADÃO, Haroldo. *Direito internacional privado*. 2. ed. São Paulo: Livraria Freitas Bastos, 1970. p. 4.

[6] FERNÁNDEZ ARROYO, Diego P. Conceptos y problemas básicos del derecho internacional privado. p. 41 In: FERNÁNDEZ ARROYO, Diego P (Coord). *Derecho internacional privado de los estados del Mercosur*. Buenos Aires: Zavalia, 2003, p. 39-82.

[7] JO, Hee Moon. *Moderno direito internacional privado*. São Paulo: LTr, 2001. p. 36.

[8] FERNÁNDEZ ARROYO, Diego P. Conceptos y problemas básicos del derecho internacional privado. p. 45. In: FERNÁNDEZ ARROYO, Diego P (Coord). *Derecho internacional privado de los estados del Mercosur*. Buenos Aires: Zavalia, 2003, p. 39-82. Não se ignora a existência de outras classificações, até mesmo porque a definição do objeto do DIPr é "o problema é altamente controvertido" e "é considerado uma das mais interessantes e controvertidas questões suscitadas na doutrina", nas palavras

Essas normas de DIPr, ainda que, em princípio, sejam aplicáveis apenas às situações civis e comerciais caracterizadas como internacionais, têm recebido de parte da doutrina a tarefa de regulamentar também as relações trabalhistas internacionais. Valladão é um dos juristas que expressam a opinião de incluir as relações trabalhistas no âmbito do DIPr.[9] Evaristo de Moraes Filho, em sua obra *Introdução ao Direito do Trabalho*, ao mencionar o deslocamento da mão-de-obra e a internacionalização dos grandes grupos econômicos, também atribui ao DIPr a solução do problema de conflito de leis em matéria trabalhista, ainda que sem expor qualquer explicação mais aprofundada.[10] Amilcar de Castro, por sua vez, entende que as relações laborais merecem, sim, atenção do DIPr, mas acredita que deve haver certa adaptação:

> O contrato de trabalho, apreciado por direito do trabalho, gera os mesmos problemas de direito internacional privado [...], mas por seu caráter particular, e notadamente seu imenso interesse social, exige certa adaptação das soluções comumente admitidas, às suas peculiaridades, como fato anormal.[11]

Com posicionamento oposto, Rechsteiner afirma ser possível inferir que "os conceitos e institutos, próprios do direito internacional privado, não são aplicáveis por analogia a outros conflitos de leis no espaço, relacionados a questões jurídicas [...] quando não tenham origem no direito privado".[12] Ora, a simples existência de normas trabalhistas destinadas a reger as respectivas situações internacionais já é um indício de que o DIPr não se aplica a elas. De qualquer sorte, se há discordância quanto à aplicabilidade ou não do DIPr puro às relações trabalhistas, então que se proceda, quiçá, à tentativa de teorização dessas regras de Direito do Trabalho, a partir dos institutos de DIPr. Se as normas não são aplicáveis, talvez os conceitos o sejam.

Nessa etapa, então, é preciso verificar como o Direito do Trabalho regula as questões referentes à jurisdição internacional da Justiça do Trabalho e a definição da lei aplicável às relações laborais internacionais.

---

de, respectivamente Irineu Strenger e Jacob Dolinger. Cf. STRENGER, Irineu. *Curso de direito internacional privado*. Rio de Janeiro: Forense, 1978, p. 21. DOLINGER, Jacob. *Direito internacional privado: parte geral*. 5. ed. ampl. e atual. Rio de Janeiro: Renovar, 1997, p. 48.

[9] VALLADÃO, Haroldo. *Direito internacional privado*. 2. ed. São Paulo: Livraria Freitas Bastos, 1970, p. 42.

[10] MORAES FILHO, Evaristo de. *Introdução ao direito do trabalho*. 8. ed. rev., ampl. e atual. São Paulo: LTr, 2000, p. 137.

[11] CASTRO, Amilcar de. *Direito internacional privado*. 5. ed. Rio de Janeiro: Forense, 1995. p. 485.

[12] RECHSTEINER, Beat Walter. *Direito internacional privado: teoria e prática*. 3. ed. rev. ampl. e atual. São Paulo: Saraiva, 1999, p. 8.

4. A jurisdição internacional em Direito do Trabalho[13]

Ao contrário do Processo Civil brasileiro, que conta com regras de jurisdição internacional[14] e competência interna,[15] o dispositivo legal que regula a jurisdição internacional da Justiça do Trabalho é o mesmo que trata sobre a competência interna das Varas do Trabalho: o artigo 651 da Consolidação das Leis do Trabalho – CLT.

> Art. 651. A competência das Juntas de Conciliação e Julgamento é determinada pela localidade onde o empregado, reclamante ou reclamado, prestar serviços ao empregador, ainda que tenha sido contratado noutro local ou no estrangeiro.
>
> [...]
>
> § 2º A competência das Juntas de Conciliação e Julgamento, estabelecida neste artigo, estende-se aos dissídios ocorridos em agência ou filial no estrangeiro, desde que o empregado seja brasileiro e não haja convenção internacional dispondo em contrário.

A regra geral de jurisdição da Justiça do Trabalho brasileira determina que compete às Varas do local da prestação do serviço conciliar e julgar os litígios trabalhistas. Sérgio Pinto Martins esclarece que "é irrelevante o local em que o empregado reside ou onde foi contratado para efeito de ser fixada a competência: relevante é o local da prestação do serviço".[16] E ainda conforme o mesmo autor, também não importa que o empregado seja estrangeiro, visto que "o *caput* do artigo 651 da CLT não exige que o empregado seja brasileiro[...]".[17]

Partindo para um exemplo hipotético, pode-se inferir que um empregado brasileiro, residente no Brasil, contratado também no Brasil, que prestou serviços no Brasil a uma empresa brasileira, ajuizará sua reclamação nas Varas brasileiras, sem qualquer dúvida.[18] Essa certeza quanto à jurisdição brasileira decorre da ausência de qualquer elemento que dê à relação alguma conotação internacional. Campos Batalha faz essa mesma constatação, afirmando que "não se justifica a competência internacional brasileira relativamente a situações de trabalho que não tenham nenhum elemento de ligação (*point de rattachement*) com o território e ordenamento

---

[13] Convenciona-se a utilização do termo "jurisdição internacional" para regular as situações em que a Lei exclui o litígio da apreciação do Poder Judiciário Brasileiro, e o termo "competência" para as situações em que, uma vez afirmada a jurisdição brasileira, busca-se definir em que medida dessa jurisdição haverá o julgamento da lide. Nesse sentido, vide explicação de Ovídio Baptista da Silva, que conceitua competência como a medida de jurisdição. SILVA. Ovídio A. Baptista da. *Curso de processo civil: processo de conhecimento*. 4. ed. rev. e atual. São Paulo: Revista dos Tribunais, 1998. p. 52.

[14] Artigos 88 a 90, do Código de Processo Civil.

[15] Artigos 91 a 124 do Código de Processo Civil.

[16] MARTINS, Sérgio Pinto. *Comentários à CLT*. 3. ed. São Paulo: Atlas, 2000, p. 674.

[17] Ibidem.

[18] Recorde-se que o tema abordado é referente à jurisdição internacional, razão pela qual será evitado discorrer sobre a competência interna da Justiça Federal especializada do Trabalho de uma ou outra unidade federada.

jurídico brasileiro".[19] Ricardo Areosa, na mesma esteira, esclarece os efeitos da presença de um elemento estrangeiro para fins de análise da jurisdição: "Se o conflito de interesses abranger situações que se afinem com mais de um ordenamento jurídico, sendo um deles o brasileiro, estaremos diante da chamada competência internacional, externa ou geral",[20] (ou, ainda, jurisdição internacional).

Havendo, então, algum elemento estrangeiro na relação trabalhista, passa-se a questionar o eventual declínio da jurisdição brasileira para um Poder Judiciário estrangeiro.

Retornando ao exemplo inicial, convém introduzir elementos exteriores para testar a fixação da jurisdição. Assim, se por acaso aquele mesmo empregado tiver domicílio no exterior ou lá tiver sido contratado, isso será irrelevante para a Justiça brasileira, a qual continua tendo jurisdição. Ademais, se a empresa empregadora for estrangeira e apenas a filial nacional tiver feito a contratação, isso também não alterará a situação. E, além disso, ainda que o empregado seja estrangeiro, de igual forma o Brasil permanecerá com jurisdição sobre a lide.

O que se vê, então, é que realmente o critério adotado pela legislação processual do trabalho (art. 651, *caput*, da CLT), em termos de jurisdição internacional, não é a nacionalidade, o domicílio, nem o local da contratação, mas sim o local da prestação do serviço. Se uma relação de prestação de serviços havida no Brasil for, então, adjetivada pela presença de um elemento estrangeiro como a nacionalidade, o domicílio ou o local da contratação, isso não ensejará qualquer modificação na jurisdição. A conexão internacional que esses elementos proporcionarão à relação levará apenas a questionamentos sobre a ausência de jurisdição das Varas brasileiras, mas não à sua modificação.

Se, por outro lado, a prestação do serviço tiver ocorrido no exterior, aí tem-se um elemento estrangeiro que até poderia afastar a jurisdição do nosso país, mas que não necessariamente trará esse efeito. Isso porque a legislação prevê que também compete à Justiça do Trabalho brasileira julgar os litígios em que a prestação de serviços tenha ocorrido no exterior, em agência ou filial, desde que o empregado seja brasileiro e não haja convenção internacional dispondo em sentido contrário (art. 651, § 2º, CLT). Assim, mesmo que o serviço seja prestado no exterior, é possível, em regra, que o Brasil exerça jurisdição para dirimir o conflito trabalhista daí decorrente. É necessário apenas preencher os requisitos da norma.

---

[19] BATALHA, Wilson de Souza Campos. *Tratado de direito judiciário do trabalho*. 3. ed. rev., atual. e ampl. São Paulo: LTr, 1995, p. 328.

[20] AREOSA, Ricardo. *Manual do processo do trabalho, volume 1 (fase de conhecimento)*. Rio de Janeiro: Forense, 1998, p. 65.

O primeiro requisito expresso consiste em ser o empregado brasileiro. Sérgio Pinto Martins, confirmando a letra da lei, refere que "o empregado não poderá ser estrangeiro, pois nesse caso não se lhe aplicará aquele preceito legal".[21] Areosa, por sua vez, discorda dessa análise, pois leva em consideração o princípio constitucional de não discriminação entre brasileiros e estrangeiros residentes no Brasil. Assim, pensa que o requisito da nacionalidade brasileira é dispensável:

> Muito embora o § 2º da CLT ventile que a competência trabalhista brasileira para conciliar e julgar dissídios ocorridos no estrangeiro somente aproveite a brasileiros, a Constituição Federal em vigor manda dar tratamento isonômico a brasileiros e a estrangeiros residentes no Brasil (art. 5º, *caput*)[22]

Quanto ao segundo requisito expresso, ele consiste na ausência de tratado internacional dispondo em sentido contrário. Esse requisito só pode ser analisado caso a caso, pois é necessário saber se uma certa relação laboral está ou não enquadrada em uma ou outra convenção internacional. Não havendo tratado dispondo de forma diversa, prossegue-se na análise do dispositivo legal.

Além desses dois requisitos explícitos da regra do § 2º do art. 651, existe um implícito, que deve ser observado para que um litígio fruto de uma prestação de serviço no exterior pertença à Justiça do Trabalho brasileira. Ao utilizar as expressões "em agência ou filial no exterior", entende-se que o legislador pressupõe ter o empregador um estabelecimento no Brasil. Caso contrário, não haveria uma vinculação forte suficiente entre a relação laboral e o ordenamento jurídico nacional, capaz de tornar este competente a dirimir tal litígio.

Imagine-se, por hipótese, um brasileiro contratado por uma empresa estrangeira, para prestar serviços no exterior. Por que razão teria a Justiça brasileira jurisdição sobre o caso? Ora, a empresa situa-se no exterior, onde ocorreu a contratação e onde também foi prestado o serviço. Não há elemento que faça uma vinculação suficiente com o Brasil. Areosa também entende que é requisito da norma a existência de estabelecimento da empresa empregadora no Brasil:

> Deve ser ressaltado que a competência trabalhista se resolve pela existência de um estabelecimento no Brasil, o que acarreta a seguinte hipótese: se um brasileiro, ou estrangeiro residente no Brasil, for contratado no estrangeiro por empresa que não possua estabelecimento no Brasil, afastada estará a competência da Justiça do Trabalho brasileira.[23]

---

[21] MARTINS, Sérgio Pinto. *Comentários à CLT*. 3. ed. São Paulo: Atlas, 2000, p. 677.

[22] AREOSA, Ricardo. *Manual do processo do trabalho, volume 1 (fase de conhecimento)*. Rio de Janeiro: Forense, 1998, p. 67.

[23] AREOSA, Ricardo. *Manual do processo do trabalho, volume 1 (fase de conhecimento)*. Rio de Janeiro: Forense, 1998, p. 67.

Sérgio Pinto Martins, concordando com esse entendimento, justifica de forma diversa. Afirma que, se a empresa não tiver qualquer estabelecimento no Brasil, a citação deverá ser feita por carta rogatória "o que vai inviabilizar a propositura da ação, pois a empresa no estrangeiro não vai querer se sujeitar à decisão do tribunal brasileiro".[24] A justificativa não parece pertinente, visto que uma empresa estrangeira não tem a prerrogativa de querer ou não se sujeitar à jurisdição brasileira. Se o Poder Judiciário brasileiro afirmasse sua jurisdição, o processo teria seguimento normal, com ou sem a concordância da empresa estrangeira. Posteriormente, a sentença brasileira poderia vir a ser homologada no Estado do qual tal empresa é nacional, ensejando a produção de efeitos nesse Estado e viabilizando a execução,[25] independentemente da vontade da empresa. Se, por acaso, tal sentença não fosse homologada, isso seria em função da legislação interna do país, e não em razão da prerrogativa de querer ou não se sujeitar à decisão brasileira. Basta, aliás, considerar o caso de uma empresa estrangeira que contrata um brasileiro para prestar serviços no Brasil, hipótese em que a ação judicial tramitará no Brasil, mesmo que a empresa não tenha aqui qualquer sede.

Diante disso, conclui-se que a regra geral da jurisdição nacional baseada no local da prestação do serviço (art. 651, *caput*, CLT) é excepcionada quando o serviço for prestado no exterior, por brasileiro ou estrangeiro residente no Brasil, em favor de empregador que tenha alguma repartição também no Brasil (art. 651, § 2º, CLT), de forma que, em tal exceção, o Poder Judiciário brasileiro exercerá jurisdição. Essa é a conclusão a que chega Mozart Victor Russomano:

> Não havendo convenção internacional em contrário e prestando o trabalhador serviços a empresa brasileira com filial no estrangeiro, os dissídios resultantes desse contrato serão julgados pela Justiça do Trabalho do nosso país, embora o local da execução das funções do empregado seja outro. É que, então, não se levará em linha de conta o lugar do serviço.[26]

Enfim, o elemento de estraneidade "local da prestação do serviço", que, em regra, geraria a modificação da jurisdição, não traz tal efeito quando preenchidos os requisitos mencionados, mantendo nosso Judiciário apto à apreciação do litígio trabalhista.

---

[24] MARTINS, Sérgio Pinto. *Direito processual do trabalho: doutrina e prática forense; modelos de petições, recursos, sentenças e outros*. 17. ed. São Paulo: Atlas, 2002, p. 136.

[25] O procedimento de homologação de sentença estrangeira é reconhecido por muitos países. Nesse sentido, ESPINOLA, Eduardo; ESPINOLA FILHO, Eduardo. *A lei de introdução ao código civil: comentada na ordem de seus artigos*. 3. ed. Rio de Janeiro: Renovar, 1999, vol. 3. p. 293-299. As regras para a homologação de uma sentença estrangeira são nacionais, ou seja, cada país tem suas próprias regras. No Brasil, por exemplo, o procedimento de homologação de sentença estrangeira, de competência do Superior Tribunal de Justiça (artigo 105, inciso I, alínea "i", da Constituição da República Federativa do Brasil), está regulamentado na Resolução 9, de 04 de maio de 2005.

[26] RUSSOMANO, Mozart Victor. *Comentários à consolidação das leis do trabalho*. 17. ed. rev., atual. e ampl. Rio de Janeiro: Forense, 1997, p. 176.

5. O conflito de leis no espaço em Direito do Trabalho

Explicada a jurisdição internacional da Justiça do Trabalho, que é o primeiro ponto de contato com o DIPr, é possível passar a analisar como o Direito do Trabalho define qual a legislação – nacional ou estrangeira – que o juiz trabalhista nacional deve aplicar à relação internacional.

Inicialmente, não soa bem ouvir dizer que o juiz do trabalho pode ter que julgar um litígio com base nas leis de outro país, isto é, que o juiz deverá deixar as regras materiais da CLT de lado e buscar as leis de um outro Estado para saber se o reclamante tem ou não direito a receber parcelas que não lhe foram pagas. Porém isso é, sim, possível. O assunto é regulado pelo Enunciado 207 do Tribunal Superior do Trabalho.

A relação jurídica trabalhista é regida pelas leis vigentes no país da prestação do serviço e não por aquelas do local da contratação.

Esse Enunciado, embora não vinculante, determina que a relação trabalhista é regida pelas leis vigentes no país em houve a prestação do serviço e não pelas leis do país onde houve a contratação. Analisando esse Enunciado, deve-se de pronto observar que ele não trata de jurisdição, e sim de legislação aplicável à relação. O TST, ao elaborar o citado Enunciado, já pressupõe que a jurisdição sobre o litígio cabe à Justiça do Trabalho brasileira.

Deve-se ter bem claro que se trata de dois momentos distintos: inicialmente, por haver algum elemento de estraneidade presente no fato que o vincule a mais de uma ordem jurídica, analisam-se as regras de jurisdição internacional, podendo-se chegar à conclusão de que o litígio deve ser dirimido por um juiz do trabalho brasileiro ou estrangeiro. Se o juiz brasileiro não exercer jurisdição sobre o caso, a ele não interessará a relação jurídica trabalhista, já que não lhe cabe apreciá-la. Se, por outro lado, ele estiver dotado de jurisdição, esse juiz necessitará saber se deve julgar o caso conforme as leis brasileiras ou conforme as leis do outro ordenamento jurídico que também tem vinculação com a relação.

Portanto, ao ser feita a análise do Enunciado 207, a jurisdição é questão já superada, estando o caso no âmbito da Justiça brasileira. O Enunciado 207 é a fonte do Direito nacional que fornece os elementos para que o juiz brasileiro saiba que lei irá reger a relação jurídica trabalhista. É uma regra que indica a lei aplicável a um determinado litígio, superando a dúvida sobre qual ordenamento jurídico aplicar, ou seja, resolvendo um conflito de leis.

Mozart Victor Russomano, ao tecer considerações sobre o Enunciado 207, o apresenta, de forma impertinente, como fundamento de jurisdição,[27]

---

[27] RUSSOMANO, Mozart Victor. *Comentários à consolidação das leis do trabalho*. 17. ed. rev., atual. e ampl. Rio de Janeiro: Forense, 1997, p. 176.

o que não pode ser admitido. Sérgio Pinto Martins, por outro lado, tem a compreensão adequada e analisa o Enunciado à luz do conflito de leis:

> A lei de direito material a ser aplicável, porém, será a vigente no país da prestação do serviço e não aquela do local da contratação (Enunciado 207 do TST), ou seja: os direitos trabalhistas serão analisados de acordo com a lei estrangeira [...][28]

O Enunciado 207, então, já pressupõe a jurisdição brasileira. Por ser uma regra que resolve um conflito entre leis potencialmente aplicáveis de distintos países, ela tem incidência apenas sobre casos que tenham conexão internacional. Assim, sempre que, numa primeira análise, for necessário observar os critérios de jurisdição do artigo 651, *caput*, e § 2º, da CLT em uma relação internacional, a confirmação da jurisdição brasileira levará ao Enunciado 207.

Se o poder/dever do juiz brasileiro de dirimir um litígio for fixado com fundamento no *caput* do art. 651, estar-se-á diante de um caso em que o empregado (nacional ou estrangeiro) foi contratado no exterior e prestou serviços no Brasil. Fazendo incidir o Enunciado 207 (aplicação da lei do local da prestação do serviço), tem-se que essa relação jurídica será regida pela legislação brasileira. Por outro lado, se o exercício da jurisdição decorrer do § 2º do art. 651, a própria prestação do serviço terá ocorrido no exterior, e a empresa empregadora terá alguma repartição no nosso Estado. Incidindo também o referido Enunciado, tem-se que a relação laboral não será regida pela ordem jurídica brasileira, e sim pelas leis estrangeiras – do local da prestação do serviço. Sem questionar se essa é a melhor solução, como, aliás, Amilcar de Castro critica,[29] o certo é que o juiz do trabalho brasileiro deve verificar quais são os direitos que essa legislação estrangeira confere a um empregado, independentemente dos direitos que a CLT confere aos que são regidos pela lei brasileira.[30]

O Tribunal Superior do Trabalho, apreciando reclamações trabalhistas de empregados que prestaram serviços no exterior, vem mantendo a aplica-

---

[28] MARTINS, Sérgio Pinto. *Comentários à CLT*. 3. ed. São Paulo: Atlas, 2000, p. 651.

[29] Conforme esse autor, muitos estudiosos entendem que o local da prestação do serviço não é o melhor critério para indicar a lei aplicável. Para aprofundar a noção sobre os critérios preconizados pela doutrina para indicação da lei aplicável a um contrato de trabalho com conexão internacional, ver CASTRO, Amilcar de. *Direito internacional privado*. 5. ed. Rio de Janeiro: Forense, 1995, p. 486.

[30] O direito estrangeiro pode ser aplicado no Brasil, ressalvadas as hipóteses de violação à ordem pública, normas imperativas, soberania nacional, bons costumes e fraude à lei. Nesse sentido, ESPINOLA, Eduardo; ESPINOLA FILHO, Eduardo. *A lei de introdução ao código civil: comentada na ordem de seus artigos*. 3. ed. Rio de Janeiro: Renovar, 1999, vol. 3. p. 369-401. Sobre a diferença de ordem pública e normas imperativas como limites à aplicação do direito estrangeiro, vide: JAEGER, Guilherme Pederneiras. *A ordem pública e as normas imperativas como limites à aplicação do direito estrangeiro no Brasil e na Convenção do México (CIDIP V)*. In: 3. CONGRESSO BRASILEIRO DE DIREITO INTERNACIONAL, Estudos de Direito Internacional. Curitiba: Juruá, 2005, vol. IV, p. 47-54.

Questões Controvertidas de
DIREITO DO TRABALHO E OUTROS ESTUDOS

ção do Enunciado 207, como fez, por exemplo, no Recurso de Revista nº 567.2001999, cuja decisão foi publicada no Diário Oficial em 22/02/2002.[31] Esse entendimento vem sendo adotado na grande maioria dos casos.[32]

Registre-se, por fim, a existência do artigo 198 do Código Bustamante, o qual, por determinar que a legislação sobre a proteção do social do trabalhador é a territorial, milita no sentido de reconhecer que o local da execução do serviço é o critério para definir a lei de regência do contrato de trabalho. O Código Bustamante, que está formalmente em vigor no Brasil[33] e vem sendo utilizado apenas como argumento fortalecedor do Enunciado 207, tem sua vigência material posta em dúvida,[34] razão pela qual sequer precisaria ser utilizado.

6. A teorização das normas de Direito do Trabalho a partir dos conceitos de Direito Internacional Privado

Exposta a regulamentação que o Direito do Trabalho possui a respeito dos temas de jurisdição internacional e conflito de leis no espaço, parte-se para o exercício de teorização dessa regulamentação, a partir de conceitos base de DIPr.

Inicialmente, conforme já verificado, é preciso considerar que, se a relação trabalhista estiver qualificada pela presença de um dado estrangeiro, haverá um questionamento sobre a possibilidade de a ação ser processada no Brasil e, em caso afirmativo, uma segunda questão sobre a lei aplicável ao caso. A presença de elemento estrangeiro (também chamado de estraneidade) é noção típica da disciplina DIPr. Nesta, o elemento de estraneidade é considerado o dado fático (o fato anormal)[35] que faz com que uma relação comum da vida privada passe a interessar ao DIPr, ou seja, traz

---

[31] BRASIL. Tribunal Superior do Trabalho. Recurso de Revista n.º 567.2001999. Relatora: Juíza convocada Maria de Assis Calsing. Brasília, 22 de fevereiro de 2002. Disponível em: http://www.tst.gov.br. Acesso em 03 set 2005. "RECURSO DE REVISTA – COMPANHIA DE NAVEGAÇÃO LLOYD BRASILEIRO – CONTRATAÇÃO E SERVIÇOS NO EXTERIOR – CONFLITO DE LEIS NO ESPAÇO – LICC ART. 9º – CÓDIGO DE BUSTAMANTE, ART. 198 – ENUNCIADO Nº 207 DO TST. A decisão regional aplicou ao caso dos autos, em que o empregado foi contratado e sempre prestou serviços em Nova York, a legislação brasileira, contrariando, dessa forma, os dispositivos e o Enunciado em epígrafe. Recurso conhecido e provido para julgar improcedentes os pedidos feitos na inicial, todos baseados na legislação pátria".

[32] PERES, Antônio Galvão. *Contrato internacional de trabalho: novas perspectivas*. São Paulo: LTr, 2004. p. 106. Excluem-se dessa orientação os casos de trabalhadores transferidos para prestar serviços no exterior, visto que são regidos por lei própria (Lei nº 7.064, de 6 de dezembro de 1982).

[33] O Brasil incorporou o Código Bustamante no ordenamento jurídico interno por meio do Decreto n.º 18.871, de 13 de agosto de 1929.

[34] Cf. SANTOS, Rubem B. Belandro. Continuan vigentes el Código de Bustamante y los Tratados de Montevideo de 1889 y 1940 ante la labor de las CIDIP? In CASSELA, Paulo Borba. ARAÚJO, Nádia de. (orgs.). *Integração jurídica interamericana: as convenções interamericanas de direito internacional privado (CIDIPs) e o direito brasileiro*. São Paulo: LTr, 1998, p. 117-147.

[35] CASTRO, Amilcar de. *Direito internacional privado*. 5. ed. Rio de Janeiro: Forense, 1995, p. 45.

a conexão internacional. Segundo Rechsteiner, "por vezes, a relação jurídica com conexão internacional está mais vinculada a um ou a vários ordenamentos jurídicos estrangeiros do que com o direito pátrio".[36] Essa internacionalização da relação, que gera efeitos e se faz presente também no Direito do Trabalho, baseia-se no DIPr.

Em DIPr, os litígios judiciais decorrentes das relações jusprivatistas internacionais pertencem à jurisdição brasileira quando o réu está domiciliado no Brasil, quando a obrigação for cumprida no Brasil, quando o fato ou ato ocorrer no Brasil, ou ainda quando se tratar de ações relativas a imóveis situados no Brasil, assim como inventário e partilha de bens aqui situados, tudo conforme os artigos 88 e 89 do Código de Processo Civil – CPC.[37] Trata-se de regras de natureza processual. Já no que diz respeito à jurisdição internacional trabalhista, esta é definida pelo art. 651 da CLT – também de natureza processual, cujo teor e efeitos são diferentes.

Questão bastante controvertida é a possível aplicação, ao Processo do Trabalho, dos dispositivos de jurisdição internacional disciplinados no CPC. Alguns autores[38] fazem menção às regras processuais civis ao abordar o tema na Justiça do Trabalho, mas não justificam tal aplicação analógica. Outros,[39] por sua vez, não a admitem, também sem maiores explicações. Em princípio, a aplicação subsidiária do CPC ao Processo do Trabalho não acontece quando as normas trabalhistas são *per se* suficientes. Nesse sentido, por compreender que o artigo 651 da CLT, se bem interpretado, regula por completo a jurisdição internacional, tem-se que os artigos 88 e 89 do CPC são inaplicáveis à regulamentação da jurisdição internacional trabalhista.

Isso leva a crer que, no que diz respeito à jurisdição internacional, o DIPr não tem muito a contribuir com o Direito do Trabalho, posto que ambas as disciplinas contêm suas normas processuais, cada qual pertinente e suficiente à respectiva disciplina, sendo elas diferentes umas das outras. E quanto aos seus fundamentos, são tipicamente estudados pela disciplina de Direito Processual.

---

[36] RECHSTEINER, Beat Walter. *Direito internacional privado: teoria e prática*. 3. ed. rev. ampl. e atual. São Paulo: Saraiva, 1999, p. 3.

[37] Código de Processo Civil. Art. 88. É competente a autoridade judiciária brasileira quando: I – o réu, qualquer que seja a sua nacionalidade, estiver domiciliado no Brasil; II – no Brasil tiver de ser cumprida a obrigação; III – a ação se originar de fato ocorrido ou de ato praticado no Brasil. Art. 89. Compete à autoridade judiciária brasileira, com exclusão de qualquer outra: I – conhecer de ações relativas a imóveis situados no Brasil; II – proceder a inventário e partilha de bens, situados no Brasil, ainda que o autor da herança seja estrangeiro e tenha residido fora do território nacional.

[38] MARTINS, Sérgio Pinto. *Direito processual do trabalho: doutrina e prática forense; modelos de petições, recursos, sentenças e outros*. 17. ed. São Paulo: Atlas, 2002. p. 136; PIRES, Rosemary de Oliveira. Da jurisdição e da competência da justiça do trabalho. In BARROS, Alice Monteiro de (Org.). *Compêndio de direito processual do trabalho – obra em memória de Celso Agrícola Barbi*. São Paulo: LTr, 1998, p. 124.

[39] AREOSA, Ricardo. *Manual do processo do trabalho, volume 1 (fase de conhecimento)*. Rio de Janeiro: Forense, 1998, p. 67.

Por outro lado, em relação ao conflito de leis no espaço em matéria trabalhista, pode-se perceber que toda a teoria de base em que se sustenta o DIPr é fundamental para a compreensão do Enunciado 207 do TST. Como se viu, o referido Enunciado determina que o juiz do trabalho deve aplicar a lei do local onde o serviço foi prestado, de sorte que, se a prestação tiver ocorrido no exterior, a lei aplicável será a estrangeira. A possibilidade de efetivamente aplicar essa lei estrangeira exige dar a ela eficácia extraterritorial, constatação essa que representa a essência do DIPr.

A eficácia extraterritorial da lei estrangeira já era reconhecida pelo jurista alemão Friedrich Carl von Savigny, que, em 1849, publicou a obra que mais influenciou o DIPr brasileiro: o volume VIII do Sistema do Direito Romano Atual.[40] Sem utilizar a expressão *conflito de leis*, Savigny tratou do assunto a partir do que chamou de "Limites locais do domínio das regras de Direito sobre as relações jurídicas",[41] tomando como ponto inicial as seguintes questões: "As normas do direito devem administrar as relações jurídicas, mas quais são os limites de seu domínio? Que relações jurídicas estão sujeitas a essas regras?"[42] Ou seja, era possível que algumas relações jurídicas não estivessem sujeitas às regras do foro, e sim às de outro Estado.

No Brasil, Irineu Strenger, ao explicar as teorias que fundamentam a disciplina internacionalista, afirma a extraterritorialidade das leis como uma noção necessária ao DIPr:

> [...] o Estado que não permite aplicação da lei estrangeira em seu território não tem força para exigir que outro Estado admita a aplicação de sua lei, e isso acontece forçosamente, pois são muito intensas as relações internacionais de nosso século, não se concebendo, assim, a prevalência da lei feudal de que *lex non valet extraterritorium*.[43]

E, da mesma forma, Werner Goldschmidt concebe a extraterritorialidade da lei como o cerne da disciplina internacionalista, tendo desenvolvido a teoria chamada "direito da tolerância",[44] em alusão ao fato de os Estados tolerarem aplicar, em seu território, o direito estrangeiro, quando reconhecessem estar esse direito mais vinculado ao fato internacional apreciado pelo juiz local.

Esse princípio basilar do DIPr, de que a legislação estrangeira pode ter eficácia extraterritorial, está, portanto, nitidamente incorporado no Enunciado 207 do TST.

---

[40] SAVIGNY, Friedrich Carl von. *Sistema do direito romano atual*. Tradução: Ciro Mioranza. Ijuí: Unijuí, 2004, 416 p.

[41] Título do capítulo I da obra.

[42] SAVIGNY, Friedrich Carl von. *Sistema do direito romano atual*. Tradução: Ciro Mioranza. Ijuí: Unijuí, 2004, p. 29.

[43] STRENGER, Irineu. *Direito internacional privado*. 3. ed. aumentada. São Paulo: LTr, 1996, p. 11.

[44] GOLDSCHMIDT, Werner. *Derecho internacional privado: derecho de la tolerancia*. 8. ed. Buenos Aires: Depalma, 1992, p. 6-9.

Prosseguindo-se na proposta de teorização, percebe-se que o citado Enunciado tem a mesma natureza e estrutura de uma norma de DIPr. Quanto à natureza da norma jusprivatista internacional, é ela puramente indireta. Dolinger explica, dizendo que "a norma de Direito Internacional Privado é geralmente conflitual, indireta, não solucionadora da questão jurídica em si mas indicadora do direito interno aplicável". E o mesmo autor, trazendo mais detalhes, esgota a definição:

> A norma de Direito Internacional Privado conflitual objetiva indicar, em situações conectadas com dois ou mais sistemas jurídicos, qual dentre eles deve ser aplicado. [...] Estas normas não solucionam a questão propriamente dita [...] apenas indicam qual, dentre os sistemas jurídicos de alguma forma ligados à hipótese, deve ser aplicado.[45]

Essa natureza está subjacente ao Enunciado do TST. Observe-se que o Enunciado não informa, por exemplo, se a insalubridade deve incidir sobre a remuneração, ou se o período de aviso prévio conta como tempo de contrato. Ou seja, ele não resolve uma questão material, mas apenas indica que a relação jurídica trabalhista será regida pelas leis vigentes no país da prestação do serviço. Em outras palavras, indica a lei aplicável. Trata-se da mais pura natureza conflitual e indireta, conforme ensina Cecília Fresnedo Aguirre:

> Podemos dizer que o método indireto se manifesta através da norma de conflito, de colisão ou indireta, a qual não contém uma regulamentação material sobre o caso ou situação, mas que indica – por meio de um elemento denominado ponto de conexão, qual será o direito aplicado à mesma.[46]

A natureza conflitual – peculiar do DIPr – então, está presente na regra trabalhista. No que tange à composição estrutural da norma, por sua vez, percebe-se que também a teoria do DIPr está por detrás do Enunciado do TST. A composição da norma é apresentada por Goldschmidt em duas partes: o tipo legal e a conseqüência jurídica. "O tipo legal da norma jusprivatista internacional (ou da norma de conflito) descreve o caso jusprivatista com elementos estrangeiros".[47] A conseqüência jurídica, a seu turno, traz a solução para o tipo legal, a qual será a simples indicação de uma lei. O componente que caracteriza essa conseqüência é chamado elemento de conexão, o qual consiste em uma "parte da norma [...] indireta do direito internacional privado, com a ajuda da qual é possível determinar o direito aplicável".[48] Em suma, pode ser visto como um critério legal; um critério

---

45 DOLINGER, Jacob. *Direito internacional privado: parte geral.* 5. ed. ampl. e atual. Rio de Janeiro: Renovar, 1997, p. 47-48.

46 FRESNEDO AGUIRRE, Cecilia. Aspectos generales del sector del derecho aplicable. p. 271. In: FERNÁNDEZ ARROYO, Diego P. (Coord). *Derecho internacional privado de los estados del Mercosur.* Buenos Aires: Zavalia, 2003, p. 260-313.

47 GOLDSCHMIDT, Werner. *Derecho internacional privado: derecho de la tolerancia.* 8. ed. Buenos Aires: Depalma, 1992, p. 7.

48 RECHSTEINER, Beat Walter. *Direito internacional privado: teoria e prática.* 3. ed. rev. ampl. e atual. São Paulo: Saraiva, 1999, p. 124.

que identifica, dentre os ordenamentos jurídicos potencialmente aplicáveis, qual deles está mais vinculado ao fato[49] – critério das sedes das relações, desenvolvido por Savigny.[50]

O Enunciado 207 do TST, como se vê, apresenta estrutura idêntica. A hipótese fática (ou tipo legal) que ele prevê são as relações jurídicas internacionais do trabalho. E o elemento de conexão adotado é o local da prestação do serviço. Assim, quando o juiz do trabalho, fixada sua jurisdição, estiver diante de uma relação laboral com conexão internacional, a legislação a regê-la será a do local da prestação do serviço; e se o serviço foi prestado no exterior, aplicar-se-á a legislação estrangeira.

Essa orientação do TST, no sentido de a relação trabalhista ser regida pela *lex loci executionis*, pode ser facilmente extraída pela simples leitura dos termos do Enunciado 207. Mas os motivos mais profundos que subjazem a esses termos são: a adoção do método indireto conflitual (desenvolvido em DIPr) e a eleição do elemento de conexão "local da prestação do serviço", em face do entendimento de que o serviço prestado no exterior está mais vinculado às normas materiais trabalhistas do respectivo país.

A solução que o Direito do Trabalho dá ao conflito de leis – aplicar a lei do local da prestação do serviço, é bem distinta da que as relações civis e comerciais internacionais recebem da disciplina de DIPr, posto que, nesta, o elemento de conexão a indicar a lei aplicável aos contratos é a *lex loci celebrationis*, isto é, lei do local onde foi celebrada a contratação, nos termos do artigo 9º da Lei de Introdução ao Código Civil.[51]

Diante disso, é possível observar que a norma de Direito do Trabalho que resolve o conflito de leis, embora autônoma e desvinculada do DIPr, traz em si, de forma subjacente, vários conceitos próprios da disciplina internacionalista, o que pôde ser visto por meio do sugerido exercício de teorização realizado.

7. Considerações finais

A internacionalização da mão-de-obra, de modo geral, trouxe para o Direito do Trabalho um aumento das relações laborais com vinculação a

---

[49] RODAS, João Grandino. Elementos de conexão do direito internacional privado brasileiro relativamente às obrigações contratuais. p. 10. In: RODAS, João Grandino (Coord). *Contratos internacionais*. 2. ed. São Paulo: Revista dos Tribunais, 1995, p. 9-49.

[50] SAVIGNY, Friedrich Carl von. *Sistema do direito romano atual*. Tradução: Ciro Mioranza. Ijuí: Unijuí, 2004, p. 111.

[51] Lei de Introdução ao Código Civil. Art. 9. Para qualificar e reger as obrigações, aplicar-se-á a lei do país em que se constituírem. Veja-se o entendimento dos tribunais superiores a respeito da aplicação da lei do local da celebração dos contratos, conforme os seguintes julgados: BRASIL. Superior Tribunal de Justiça. Recurso Especial nº 97.099. Relator: Ministro Eduardo Ribeiro. Brasília, 15 de junho de 1998. Disponível em: http://www.stj.gov.br. Acesso em: 03 maio 2005; BRASIL. Supremo Tribunal Federal. Recurso Extraordinário nº 93.131. Relator: Ministro Moreira Alves. Brasília, 23 de abril de 1982. Disponível em: http://www.stf.gov.br. Acesso em: 06 maio 2005.

mais de um ordenamento jurídico, isto é, com conexão internacional. A inter-relação entre o Direito do Trabalho e o DIPr, como se viu, está, sim, cada vez mais presente, e a sua correta compreensão entre os operadores do Direito passa a ser um imperativo.

Fazendo-se uma abordagem teórica das leis do Trabalho de caráter internacional (jurisdição e conflito de leis), foi possível perceber que o DIPr tem muito a esclarecer e colaborar na correta aplicação e compreensão dessas regras. Nesse sentido, o exercício de teorização dessa pequena parte do Direito do Trabalho, a partir dos ensinamentos do DIPr, realmente demonstrou que as bases teóricas do DIPr estão lá subjacentes.

Se, de um lado, pode-se encontrar a teoria jusprivatista internacional no Direito do Trabalho, não se pode concluir, de outra banda, pela viabilidade de o DIPr regular por si só as questões trabalhistas, em substituição, por exemplo, ao artigo 651 da CLT e ao Enunciado 207 do TST. É que, comparando-se a solução que o Direito do Trabalho dá à jurisdição internacional e ao conflito de leis em relações contratuais trabalhistas, com a que fornece o DIPr a situações análogas cíveis e comerciais, percebe-se que os resultados são diferentes.

Havendo, então, essa diferença no tratamento dado às relações internacionais, tem-se que o DIPr não serve para regular tais questões em matéria trabalhista, até mesmo porque o Direito do Trabalho tem regras próprias para isso. A importância do DIPr é no sentido de colaborar na compreensão das regras trabalhistas, uma vez que sua base teórica e seus alicerces conceituais lá estão claramente embutidos.

Enfim, a presente abordagem, de natureza eminentemente interdisciplinar, apresenta-se como uma pequena contribuição acadêmica e um incentivo a estudos mais aprofundados sobre temáticas da Ciência Jurídica, as quais formem elos entre disciplinas distintas. No presente caso, viu-se que a análise conjunta do Direito do Trabalho e do Direito Internacional Privado é capaz de gerar críticas e questionamentos que podem contribuir para o desenvolvimento da ciência. E na quintessência, esse é o desiderato do estudo.

Referências

ARAUJO, Nadia de. *Direito internacional privado - teoria e prática brasileira*. Rio de Janeiro: Renovar, 2003.

AREOSA, Ricardo. *Manual do processo do trabalho, volume 1 (fase de conhecimento)*. Rio de Janeiro: Forense, 1998.

BARROS, Alice Monteiro de (Coord.). *Compêndio de Direito Processual do Trabalho – Obra em memória de Celso Agrícola Barbi*. São Paulo: LTr, 1998.

BATALHA, Wilson de Souza Campos. *Tratado de Direito Judiciário do Trabalho*. 3. ed. rev., atual. e ampl. São Paulo: LTr, 1995.

CASTRO, Amilcar de. *Direito Internacional Privado*. 5. ed. Rio de Janeiro: Forense, 1995.

DOLINGER, Jacob. *Direito Internacional Privado*. 5. ed. ampl. e atual. Rio de Janeiro: Renovar, 1997.

ESPINOLA, Eduardo; ESPINOLA FILHO, Eduardo. *A Lei de Introdução ao Código Civil: comentada na ordem de seus artigos*. 3. ed. Rio de Janeiro: Renovar, 1999, 3 v.

FERNÁNDEZ ARROYO, Diego P. (coord.). "Conceptos y problemas básicos del derecho internacional privado". In: *Derecho internacional privado de los estados del Mercosur*. Buenos Aires: Zavalia, 2003, p. 39-82.

FRESNEDO AGUIRRE, Cecilia. "Aspectos generales del sector del derecho aplicable". In: FENÁNDEZ ARROYO, Diego P. (coord.). *Derecho internacional privado de los estados del Mercosur*. Buenos Aires: Zavalia, 2003, p. 260-313.

GOLDSCHMIDT, Werner. *Derecho internacional privado: derecho de la tolerancia*. 8. ed. Buenos Aires: Depalma, 1992.

JAEGER, Guilherme Pederneiras. "A ordem pública e as normas emperativas como limites à aplicação do direito estrangeiro no Brasil e na Convenção do México (CIDIP V)", vol. IV. In: *III Congresso Brasileiro de Direito Internacional, Estudos de Direito Internacional*. Curitiba: Juruá, 2005, p. 47-54.

JO, Hee Moon. *Moderno direito internacional privado*. São Paulo: LTr, 2001.

MARTINS, Sérgio Pinto. *Comentários à CLT*. 3. ed. São Paulo: Atlas, 2000.

——. *Direito Processual do Trabalho: doutrina e prática forense; modelos de petições, recursos, sentenças e outros*. 17. ed. São Paulo: Atlas, 2002.

MIRANDA, Pontes de. *Tratado de direito internacional privado*. Rio de Janeiro: José Olympio, 1935.

MORAES FILHO, Evaristo de. *Introdução ao Direito do Trabalho*. 8. ed. rev., ampl. e atual. São Paulo: LTr, 2000.

PERES, Antônio Galvão. *Contrato internacional de trabalho: novas perspectivas*. São Paulo: LTr, 2004.

PIRES, Rosemary de Oliverira. "Da jurisdição e da competência da justiça do trabalho". In: BARROS, Alice Monteiro de (org.). *Compêndio de direito processual do trabalho, obra em memória de Celso Agrícola Barbi*. São Paulo: LTr, 1998.

RECHSTEINER, Beat Walter. *Direito Internacional Privado: teoria e prática*. 3. ed. rev. ampl. e atual. São Paulo: Saraiva, 1999.

RODAS, João Grandino. (coord.) "Elementos de conexão do direito internacional privado brasileiro relativamente às obrigações contratuais". In: *Contratos internacionais*. 2. ed. São Paulo: Revista dos Tribunais, 1995, p. 9-49.

RUSSOMANO, Mozart Victor. *Comentários à Consolidação das Leis do Trabalho*. 17. ed. rev., atual. e ampl. Rio de Janeiro: Forense, 1997.

SANTOS, Rubem B. Belandro. Continuan vigentes el Código de Bustamante y los Tratados de Montevideo de 1889 y 1940 ante la labor de las CIDIP? In CASSELA, Paulo Borba. ARAUJO, Nadia de. (coord.). *Integração Jurídica Interamericana: as Convenções Interamericanas de Direito Internacional Privado (CIDIPs) e o direito brasileiro*. São Paulo: Ltr, 1998, p. 117-147.

SAVIGNY, Friedrich Carl von. *Sistema do direito romano atual*. Traduzido por Ciro Mioranza. Ijuí: Unijuí, 2004.

SILVA, Ovídio A. Baptista da. Curso de processo civil: processo do conhecimento. 4. ed. rev. e atual. São Paulo: Revista dos Tribunas, 1998.

STRENGER, Irineu. *Direito Internacional Privado*. 3. ed. aumentada. São Paulo: LTr, 1996.

VALLADÃO, Haroldo. *Direito Internacional Privado*. 2. ed., São Paulo: Livraria Freitas Bastos, 1970.

— 8 —

Decisões judiciais. construção e efetividade

JANETE APARECIDA DESTE

Juíza do Trabalho Aposentada, Professora de Direito Processual do Trabalho na PUCRS, Professora de Metodologia da Sentença Trabalhista na FEMARGS e Diretora da FEMARGS

O Estado Democrático de Direito tem, entre os seus fundamentos, consoante dispõe o artigo 1º da Constituição Federal, a cidadania, a dignidade da pessoa humana e os valores sociais do trabalho e da livre iniciativa. O artigo 3º do Texto Constitucional estabelece como objetivos fundamentais da República Federativa do Brasil a construção de uma sociedade livre, justa e solidária (I); a garantia do desenvolvimento nacional (II); a erradicação da pobreza e da marginalização e a redução das desigualdades sociais e regionais (III); e a promoção do bem de todos, sem preconceitos de origem, raça, sexo, cor, idade e quaisquer outras formas de discriminação (IV). Os direitos e garantias fundamentais, abrangendo os direitos e deveres individuais e coletivos, estão inscritos no art. 5º, e os direitos sociais, inseridos nos artigos 6º a 11 da Constituição.

Alcançar estes objetivos e preservar tão significativos fundamentos é tarefa a ser desenvolvida pelo Estado, através dos seus três Poderes, Executivo, Legislativo e Judiciário, cuja independência não afasta a harmonia e a integração recíproca (art. 2º da Constituição).

Interessa-nos, neste estudo, a participação do Poder Judiciário e, particularmente, do Judiciário Trabalhista, responsável pela solução dos inúmeros conflitos originados nas relações entre empregados e empregadores e, modernamente, diante da ampliação de competência estabelecida pela Emenda Constitucional nº 45/04, pela solução de conflitos decorrentes de outras formas de relação de trabalho.

Urge a modernização e o adequado aparelhamento da estrutura da Justiça do Trabalho e, mais do que isto, a necessidade de aprimoramento e

Questões Controvertidas de
DIREITO DO TRABALHO E OUTROS ESTUDOS

aperfeiçoamento da magistratura, assim como de todos profissionais que participam da realização da justiça nesta fatia destinada a compor conflitos direta ou indiretamente vinculados ao desempenho de atividades laborais.

Feitas estas considerações preliminares, passa-se ao exame das decisões, especialmente das decisões proferidas no processo de conhecimento, em primeira instância.

Neste aspecto, nada mais pertinente do que as palavras de Calamandrei: "Uma sentença não precisa ser bela; basta-lhe ser justa"[1] A reflexão a que somos remetidos por estas palavras nos fornece a exata dimensão da importância da sentença, especialmente para os destinatários da prestação jurisdicional. A sentença, segundo lição do processualista Manoel Antônio Teixeira Filho, "constitui, sem dúvida, a mais expressiva das pronunciações da 'iurisdictio', entendida esta como o poder-dever estatal de resolver os conflitos de interesses submetidos à sua cognição monopolística".[2]

Ato de tão elevada significação enseja, por certo, cuidado e atenção de todos que participam do processo e, portanto, têm responsabilidade pela realização dos fins a que este se destina. Costumamos dizer que as sentenças proferidas pelos Órgãos Judiciais resultam, não somente da habilidade e capacidade dos juízes, mas da atividade dos advogados e, muitas vezes, dos serviços auxiliares. Neste aspecto, cabe lembrar a lúcida manifestação de Manoel Antônio Teixeira Filho, "...a sentença representa o acontecimento mais importante do processo, o seu ponto de culminância; essa assertiva é correta, a despeito do sentido algo retórico dos seus termos, se levarmos em conta que todos os atos do procedimento estão ligados, direta ou indiretamente, com maior ou menor intensidade, à sentença, que se apresenta, sob este aspecto, como uma espécie de pólo de atração magnética, para o qual convergem, de maneira lógica e preordenada, todos esses atos".[3]

Todos os atos processuais praticados pelas partes e por seus representantes têm por fim o pronunciamento jurisdicional que define e soluciona o conflito estabelecido entre as partes litigantes, decidindo sobre o direito destas.

Pensando a sentença desta forma, é fácil constatar a magnitude da tarefa que desempenham os advogados, profissionais aos quais cabe a prática da maior parte dos atos processuais.

Assim, petição inicial hábil, contestação completa e adequada e manifestações pertinentes, dotadas de clareza e objetividade, aliadas à habilidade na produção da prova e na participação em audiência, certamente

---

[1] Piero Calamandrei, citado por Manuel Antonio Teixeira Filho, *in A Sentença no Processo do Trabalho*. LTr, 3ª. edição, p. 7.

[2] Teixeira Filho, Manuel Antonio, *A Sentença no Processo do Trabalho*. LTr, 3ª. edição, p. 201.

[3] Idem.

propiciarão boas condições para que o juiz possa dizer o direito ao caso concreto submetido a sua apreciação.

Sabe-se que o papel do advogado na realização do direito é decisivo, e sua importância cresce e se acentua nos tempos em que vivemos. A par do reconhecimento da sua essencialidade à administração da Justiça, pelo art. 133 da CF de 1988, as contínuas reformas que se processam, de ordem constitucional, processual, sindical, trabalhista e previdenciária, ao darem novos contornos à Justiça do Trabalho, reconstroem o panorama em que atuam e remetem a duas circunstâncias que merecem especial atenção. São elas: o incremento do volume de trabalho, decorrente da litigiosidade crescente e, ainda, em razão da ampliação da competência já mencionada, da qual exsurge maior complexidade dos processos; e a necessidade de maior qualificação para a atuação.

Avançando pouco mais na análise das mudanças ocorridas na Justiça do Trabalho, por muitos aplaudidas e por muitos criticadas, lembraríamos a Emenda Constitucional nº 20, em 1998, que ampliou a competência da Justiça do Trabalho para nela incluir a execução de contribuições previdenciárias, ensejando posterior alteração da CLT (Lei 10.035/00); a Emenda Constitucional nº 24, em 1999, que determinou a extinção dos Juízes Classistas, dando novos contornos à estrutura da Justiça do Trabalho e à dinâmica do processo; a edição das Leis nºs 9.957 e 9.958 em 2000, que estabeleceram, respectivamente, o procedimento sumaríssimo e a possibilidade de criação de Comissões de Conciliação Prévia; a edição da Lei nº 10.537/02, que alterou a sistemática de custas no processo trabalhista, instituindo-as, inclusive no processo de execução; e agora a novel EC-45, editada em 08.12.04, publicada em 30.12.04, estabelecendo a Reforma do Poder Judiciário, tornando necessária a formação continuada dos juízes e mesmo dos integrantes do Ministério Público, além de estabelecer considerável aumento de competência da Justiça do Trabalho, nela incluindo matéria antes tratada em outras esferas do Judiciário. Não é objeto deste trabalho, por certo, a análise da conveniência de tais modificações e das demais mudanças trazidas pela Emenda referida. Limitamo-nos a pensar sobre elas, naquilo em que nos atingem, sem olvidar que outro manancial legislativo deverá ser posto à nossa disposição em breve, para regulamentar e permitir a plena implementação da nova ordem constitucional, dando a esta a efetividade pretendida. Neste sentido, citamos as palavras do Presidente do Tribunal Superior do Trabalho, Ministro Vantuil Abdala: "A Justiça do Trabalho vive um momento excepcional e de grande responsabilidade e, evidentemente, não basta uma boa estrutura para fazer frente às novas demandas".[4] Segundo o Ministro, a Instituição empenha-se na aprovação

---

[4] notícia inserida no site www.tst.gov.br, em 12.04.05, acessada em 22.05.05.

Questões Controvertidas de
DIREITO DO TRABALHO E OUTROS ESTUDOS

de projetos de lei que alteram a legislação processual do trabalho, o que é fundamental para a efetiva melhoria dos serviços prestados pela Justiça do Trabalho.

Para o enfrentamento desta nova realidade que se apresenta, não há outro caminho que não o do aprimoramento, qualificação e atualização permanente do advogado, a quem cabe buscar o restabelecimento de direitos subtraídos àqueles que lhes outorgarem poderes para tanto.

Não se olvide a natureza alimentar do salário e a dignidade do trabalhador, o mais importante destinatário dos serviços prestados pela Justiça do Trabalho.

Os direitos decorrentes da prestação de trabalho pelo homem constituem objeto das decisões de que estamos tratando. Direitos que fazem com que a celeridade e a presteza na solução dos conflitos que o envolvem sejam perseguidas, às vezes com obstinação e, lamentavelmente, em outras não alcançada.

E são estas mesmas necessidades que nos compelem à reflexão sobre aquele que em nosso modo de pensar é o maior conflito a solucionar e o grande desafio que também precisa ser enfrentado: o binômio quantidade – qualidade.

Vivem, juízes, advogados e integrantes do Ministério Público, em permanente dilema entre vencer a quantidade de trabalho a que são submetidos e assegurar qualidade a este e, mais do que isto, efetividade. Afinal, não basta a obtenção de um julgamento célere. Importa que além da agilidade na certificação dos direitos pela sentença, possa este resultado ser concretizado no menor tempo possível, a par de todas as dificuldades que circundam a fase de execução, como por exemplo, as múltiplas possibilidades de recursos, a inexistência de um regramento amplo na CLT, o que nos remete à aplicação das disposições da Lei n° 6830/80 e do CPC, nem sempre de plena adequação ao procedimento próprio ao processo do trabalho, e as dificuldades financeiras dos executados.

E para onde esta questão conduz? Entendemos que a quantidade de decisões e a celeridade que se impõem aos julgadores, muitas vezes determinam decisões que não se apresentam inteira e adequadamente fundamentadas; pecam por omissão, obscuridade ou contradição; contêm erros materiais. É certo que predomina o entendimento de que a exigência legal respeita à necessidade de fundamentação, não estando o Juiz obrigado a vencer todos os aspectos suscitados pelas partes. Assim, desde que a decisão contenha argumentação que revele os elementos utilizados para a formação do convencimento, sem enfrentar um a um os aspectos apontados pelas partes litigantes e todas as suas teses, estaria cumprindo sua relevante finalidade. Todavia, não é o que pensamos. Entendemos, adotando uma vez mais a lição de Manoel Antônio Teixeira Filho, que a validade da sentença trabalhista está condicionada à observância dos requisitos estruturais, previstos no art. 832 da CLT – nome das partes, resumo do pedido e da defesa (relatório), apreciação das provas, fundamentos da decisão (motivação) e a respectiva conclusão (dispositivo) – assim como dos requisitos de dicção – clareza (o emprego de linguagem leve, objetiva, inteligível, evitando-se o uso de vocábulos ambíguos ou pouco conhecidos), certeza (a sentença deve ser determinada ou determinável em liquidação, deve ser precisa, nos limites da lide – arts. 128 e 460 do CPC), exaustividade (na sentença devem ser examinadas todas as questões de fato e de direito, submetidas à cognição), adequação (fixados pelas partes o objeto e os limites da lide, deve a sentença ater-se a estes, não podendo deferir mais do que pedido, aquilo que não foi pedido ou menos do que a parte tem direito; a prestação jurisdicional deverá ser plena, compondo a lide inteiramente).

A par destes requisitos, acrescemos aqueles próprios à sentença trabalhista e não incluídos no CPC (no art. 458 são estabelecidos como requisitos da sentença: relatório, fundamentação e dispositivo. Falamos dos requisitos contidos nos §§ 1º a 3º do mencionado art. 832, a saber: prazo e condições de cumprimento – § 1º (quando a decisão concluir pela procedência do pedido); valor das custas – § 2º (vinculado ao valor da condenação ou ao valor da causa); e indicação da natureza jurídica das parcelas e o limite da responsabilidade de cada parte pelo recolhimento da contribuição previdenciária – § 3º (acrescentado pela Lei nº 10.035/00). Ainda sobre os requisitos da sentença, estabelecidos pela CLT, cabe referir que, com a edição da Lei nº 9.957/00, introduzindo o procedimento sumaríssimo no Processo do Trabalho, foram acrescidos novos artigos na CLT, dentre os quais o artigo 852-I, com a seguinte dicção: "A sentença mencionará os elementos de convicção do Juízo, com resumo dos fatos relevantes ocorridos em audiência, dispensado o relatório". Justifica-se a omissão do relatório, em razão da concentração dos atos em audiência, que neste tipo de procedimento é privilegiada, em razão da maior celeridade que se impõe (a solução do conflito deve-se dar no prazo de 15 dias contados da data do ajuizamento da ação (art. 852-B-III) ou, no caso de ser interrompida a audiência, no máximo após 30 dias da suspensão, salvo motivo relevante justificado pelo juiz da causa (art. 852-H, §7º).

Ato complexo que é, a sentença impõe ao advogado muita atenção, vale dizer, atenção maior do que em qualquer outro momento do processo, para poder atuar na correção de eventuais erros materiais, ou na supressão de omissões, contradições e obscuridades eventualmente presentes, valendo-se da adequada petição (art. 897-A, parágrafo único) ou dos Embargos de Declaração (atualmente previstos na própria CLT, art. 897-A), ainda que a decisão seja favorável à parte cujos interesses está defendendo. Se não for favorável a decisão, e havendo interesse e razões para sua reforma, obviamente o recurso seria a solução. Devemos ter presente que, a par de todos os aspectos ressaltados supra, as reclamações trabalhistas se caracterizam por uma cumulação de ações, pois na maior parte delas, o que se busca não é a solução de um único descumprimento, senão de várias lesões havidas na vigência do contrato, que, por sua vez, é de trato sucessivo, conduzindo à reiteração daquelas.

Não se pode ignorar que o apelo das autoridades às quais compete legislar e administrar a prestação de justiça é no sentido de agilizar e dar prontas soluções às demandas, já que a sociedade clama por esta resposta. Tanto é assim, que a EC nº 45/04 acrescentou ao art. 5º da Constituição o inciso VXXVIII, que estabelece: "a todos, no âmbito judicial e administrativo, são assegurados a razoável duração do processo e os meios que garantam a celeridade de sua tramitação". Além disto, ao dar nova redação ao art. 93 da CF, fixa princípios a serem observados pela Lei Complementar que disporá sobre o Estatuto da Magistratura, inclusive prevendo que "não será promovido o juiz que injustificadamente, retiver autos em seu poder além do prazo legal, não podendo devolvê-los ao cartório sem o devido despacho ou decisão" (inc. II, "e").

Perguntamo-nos acerca destas disposições, mormente quando não se verificam iniciativas de melhor aparelhar os órgãos do Poder Judiciário, com incremento de recursos materiais e humanos. Ficamos a imaginar o impacto absolutamente negativo que estas normas causam. Os juízes se vêem agredidos, como se deles fosse a responsabilidade única do retardamento da entrega da prestação jurisdicional. Os cidadãos, desacreditados e sofridos, tendem a aumentar sua desesperança. Aos advogados, no entanto, cabe agir no sentido de, a par de estarem redobradamente atentos em sua atuação no curso do processo, realizarem intensa vigilância em relação às decisões proferidas nos processos de que participam, para assegurarem, através dos meios próprios, soluções que sejam de conteúdo justo e equilibrado, e formalmente hábeis a operar todos os seus efeitos, inclusive aqueles pertinentes à concretização, através do processo de execução. Neste contexto, manejar corretamente (e não abusivamente) os embargos de declaração é solução e constitui, muitas vezes, necessidade. E a atuação na via dos embargos requer mais dos profissionais do que na interposição de recursos que caibam das decisões, porque a necessidade destes é mais facilmente percebida, enquanto aqueles exigem maior atenção e acuidade; pedem detalhado e minucioso exame para verificar contradições, obscuridades e omissões, inclusive em menor prazo (5 dias) do que o disponível para a interposição de recurso ordinário (8 dias).

Não basta a obtenção de um provimento jurisdicional justo; é preciso efetividade, e esta somente será assegurada por decisões de qualidade, qualidade que, se não for oferecida pelo Estado, há de ser construída pelos advogados, que são, como já referido, partícipes importantes e essenciais na composição dos conflitos e cujo trabalho é de fundamental importância na realização da Justiça, perseguida pela sociedade. E este trabalho deve observar todo regramento legal e, também, a jurisprudência. Desde atentar para o correto encaminhamento, até buscar, nas hipóteses em que seja viável, a atribuição de efeito modificativo do julgado, o que, é certo, não se pode pretender como objetivo único, mas pode ser obtido como decorrência da supressão de omissão ou da contradição. A importância do efeito modificativo em questão, consagrada pela Súmula nº 278 do C. TST[5], foi assimilada pela CLT, que, em seu art. 897-A, introduzido pela Lei nº 9.957/2000, estabelece a possibilidade de serem atribuídos efeitos modificativos nos casos de omissão, contradição e manifesto equívoco no exame dos pressupostos extrínsecos dos recursos. É relevante salientar que a CLT passa de uma situação de absoluta omissão quanto aos embargos de declaração, que ensejava a aplicação subsidiária do CPC (conforme autoriza o art. 769 da CLT), para uma disciplina avançada, inclusive dispondo sobre o efeito modificativo, até então admitido apenas pela reiteração da jurisprudência consolidada, pois sequer o CPC trata da matéria. É certo que a possibilidade de atribuir efeito modificativo aos embargos de declaração remete à necessidade de estabelecer-se o contraditório, tendo a SDI-I do C. TST consagrado, na OJ nº 142, o entendimento de que é passível de nulidade a decisão quando não observado este aspecto.

A veiculação dos embargos, no entanto, deve ser precedida de criterioso exame da sua real necessidade, o que, muitas vezes, não é observado, acarretando, inclusive a atribuição de caráter protelatório (com cominação de multa de valor não excedente a 1% sobre o valor da causa) e, se reiterados, a elevação da multa a até 10%, ficando condicionada a interposição de outros recursos ao depósito do valor respectivo.

Ao concluir estas breves considerações sobre as decisões judiciais e a necessidade de corresponderem elas à definição plena e abrangente dos direitos em conflito, reafirmamos que a qualidade das sentenças é responsabilidade dos juízes, de quem se espera equilíbrio, bom-senso, profundo conhecimento e grande capacidade técnica, assim como dos advogados, que dispõem de muitas possibilidades de trazer a juízo manifestações claras e precisas, produzir as provas que a controvérsia estabelecida impõe e permanecerem atentos, manejando com habilidade e de forma criteriosa e ponderada as ferramentas que lhes são colocadas à disposição. Somente o trabalho harmonioso e comprometido, realizado na busca de objetivos comuns por magistrados e advogados, é capaz de assegurar aos jurisdiciona-

---

[5] atualmente, o C. TST adota nova nomenclatura para os antes mencionados Enunciados (Resolução nº 129, de 20.04.05).

Questões Controvertidas de
DIREITO DO TRABALHO E OUTROS ESTUDOS

dos a rapidez e a qualidade das decisões, essenciais à efetiva prestação da justiça, em todos os graus de jurisdição. Este é o caminho a ser trilhado para que os direitos assegurados na Constituição, na CLT, nas leis esparsas, nas normas coletivas e nos regramentos internos das empresas sejam outorgados aos trabalhadores e se tornem concretos, permitindo-lhes alcançar a dignidade humana.

— 9 —

Responsabilidade civil do empregador

LUCIANE CARDOSO BARZOTTO

Professora da PUCRS; Doutora em Direito; Juíza do Trabalho

Sumário: Introdução; Primeira parte – Princípios gerais da reparação civil; Segunda parte: Inovações do Código Civil quanto à adoção da responsabilidade do empregador; Caso típico de responsabilidade subjetiva do empregador: o dano moral; Caso típico de responsabilidade objetiva do empregador: arts. 932 e 933 do CC; Responsabilidade subjetiva ou objetiva do empregador? O art. 927 do CC e o acidente de trabalho; Conclusões. Bibliografia.

Introdução

Uma difícil tarefa para os juristas é a questão da reparação civil. Nem as soluções do direito clássico, nem as formas modernas de pensar o problema parecem satisfatórias.[1]

Do ponto de vista do direito clássico, a reparação civil se torna complexa porque se imiscuem princípios de justiça distributiva e corretiva.

Na justiça distributiva, em caso de responsabilidade civil, um dos sujeitos é qualificado pelo elemento culpa. Deve reparar a vítima de modo proporcional ao prejuízo sofrido. Trata-se da responsabilidade subjetiva.

Na justiça corretiva ou comutativa, não se consideram condições especiais dos sujeitos da relação jurídica, que são analisados abstratamente. Determina-se a reparação ao dano, estabelecendo-se uma equivalência entre prejuízo da vítima e necessidade de indenização por parte do autor do evento danoso, sem investigação sobre a culpa do agente: é a teoria da responsabilidade objetiva ou teoria do risco.

---

[1] MASSINI, Carlos Ignacio. La reparacion civil desde las perspectivas clasica y moderna. *In* El derecho, los derechos humanos y el valor del derecho. Buenos Aires: Abeledo Perrot, 1987, p. 249-267.

Questões Controvertidas de
DIREITO DO TRABALHO E OUTROS ESTUDOS

O direito moderno, não considerando os critérios de justiça comutativa e distributiva do direito clássico, por sua vez, contempla a evolução da responsabilidade com culpa para a responsabilidade objetiva, ou sem culpa. A tendência acentuada do direito na direção da objetivação dos riscos não soluciona em definitivo os aspectos da justiça na reparação do dano.

No caso específico do empregador,[2] haverá responsabilidade civil na hipótese de lhe ser imputado um dano que atinja a esfera moral ou material do seu empregado, ou que afete terceiros, em função do contrato de trabalho. Estes prejuízos devem ser reparados pelo empreendedor na linha da sistemática traçada pela lei civil.

Utilizando-se dos critérios acima, um dos objetivos centrais deste trabalho diz respeito a qual dos tipos de reparação está sujeito o empregador, em caso de danos a seu empregado: a uma justiça comutativa, quando não se perquire a culpa nos casos da teoria do risco ou teoria da responsabilidade objetiva, ou uma justiça distributiva em que se investiga a culpa do empregador? Um modelo de responsabilidade que será geralmente subjetiva do empregador diz respeito às indenizações por dano moral. Aqui dano e reparação estão sujeitos a uma equação proporcional, com investigação subjetiva da culpa do empregador.

Isso não ocorrerá no caso de acidentes de trabalho, em que por vezes o empregador poderá ter responsabilidade subjetiva e noutras objetiva. Isto porque o art. 927 do Novo Código Civil, no *caput* prevê que aquele que, por ato ilícito (arts. 186 e 187), causar dano a outrem, fica obrigado a repará-lo. Mas, no parágrafo único, cmplementa que haverá obrigação de reparar o dano, *independentemente de culpa,* nos *casos especificados em lei*; ou, quando a atividade *normalmente* desenvolvida pelo autor do *dano implicar*, por sua *natureza*, *risco* para os direitos de outrem.

Interessante debate exegético busca interpretar os limites sinalados pelo legislador: o que são atividades normalmente desenvolvidas que importem em risco para direitos de outrem?

A grande dúvida da doutrina é se no parágrafo único do art. 927 do Código Civil de 2002 há responsabilidade objetiva do empregador, se pre-

---

[2] CLT, art. 2º. Na experiência jurídica nacional empregador confunde-se com a empresa. Pela teoria institucionalista da empresa, esta entidade é um centro do qual irradiam e se combinam diferentes tipos de responsabilidade da pessoa jurídica empreendedora de uma atividade econômica. Do ponto de vista estritamente trabalhista, a responsabilidade principal e direta do empregador é pagar corretamente o salário do empregado. Esta responsabilidade é tratada, em alguns casos de terceirização dos serviços, de forma solidária ou subsidiária. Mais do que a obrigação trabalhista, este empregador, enquanto pessoa jurídica, terá, por exemplo: responsabilidades com o meio ambiente no sentido de precaver danos ambientais; tributárias que decorrem de sua condição de contribuinte; previdenciárias, como realizar os recolhimentos devidos ao INSS incidentes sobre a folha de pagamento; penais, como é, por exemplo, a sanção prevista na Lei 8.213/91, art. 19, ao instituir como contravenção penal, punível com multa, deixar a empresa de cumprir as normas de segurança e higiene do trabalho.

valece a tese da responsabilidade subjetiva ou, ainda, se é admissível uma posição mista ou eclética.

Até a edição do Código Civil de 2002, a responsabilidade em caso de acidente era tratada como subjetiva ou com culpa quando estes decorriam do desenvolvimento normal do contrato de trabalho, sendo aplicável o art. 7°, inciso XXVIII, do CF/88 que dispõe: "São direitos dos trabalhadores urbanos e rurais, além de outros que visem à melhoria da sua condição social: Seguro contra acidente de trabalho, a cargo do empregador, sem excluir a indenização a que este está obrigado, quando incorrer em dolo ou culpa."

A constituição prevê dupla indenização:

a) pelo Estado, de forma objetiva, pela percepção do acidentado de benefício previdenciário- ação acidentária típica (empregado segurado *x* INSS);

b) pelo empregador, de forma subjetiva, a ser discutida em ação de reparação de dano em caso de comprovação de culpa ou dolo do empregador (empregado *x* empregador).

Teria o novo Código Civil convertido a situação de responsabilidade subjetiva do empregador em responsabilidade objetiva? Esta é a pergunta que se impõe.

Ao serem examinadas as disposições pertinentes à responsabilidade civil do empregador percebem-se hipóteses de responsabilidade subjetiva e objetiva, além de uma esfera "cinza" a ser esclarecida pelo desenvolvimento forjado pela doutrina e jurisprudência.

Para enfrentar estes problemas, divide-se o trabalho em duas partes: primeiramente, são esboçados os princípios gerais da reparação civil. Na segunda parte são destacados alguns dispositivos importantes para a fixação da responsabilidade do empregador no âmbito da legislação civil vigente, quanto ao dano moral e ao acidente do trabalho.

Primeira parte
Princípios gerais da reparação civil

Alguns bens jurídicos são assegurados constitucionalmente ou legalmente em função da dignidade do trabalhor.

A posse e a propriedade de bens materiais ou imateriais, o direito à vida, à saúde, à qualidade de vida são valores incorporados ao acervo patrimonial do ser humano e assegurados por normas de direito natural e direito positivo. A ninguém é lícito subtrair bens da esfera jurídica de outrem. A ofensa a tais bens caracteriza o dano que necessita ser reparado ou indenizado, restituindo-se ou compensando-se ao titular as perdas sofridas.

Os danos a serem indenizados civilmente não são resultantes de condutas típicas penais, mas de atos ou fatos lesivos diversos, decorrentes ou relacionados à ação humana prevista ou não.

A reparação dos danos é uma obrigação decorrente do direito natural, dos princípios gerais de direito e das normas de direito positivo.

Desde o Direito Romano, a regra era de não causar dano a ninguém, conforme a expressão: *neminem laedere*. Em nosso ordenamento jurídico, há normas que disciplinam o dever de reparar os danos por parte de quem os causou.

A responsabilidade civil é " dever jurídico sucessivo que surge para reparar o dano decorrente da violação de um dever jurídico originário".[3]

As funções[4] da responsabilidade civil podem ser resumidas na necessidade de aplicação ao infrator de medida pedagógica e punitiva visando a aliviar o sofrimento da vítima. A garantia de ressarcimento implica para a vítima uma espécie de reconhecimento de sua dor atenuada pela solidariedade social.

São elementos da responsabilidade civil a existência de uma ação ou omissão que gera um dano. Para haver imputação da responsabilidade, necessita-se de um nexo causal entre ação e omissão, aliada a culpa ou dolo. Estes últimos elementos podem ser desconsiderados nos casos de responsabilidade objetiva.

A natureza jurídica da responsabilidade civil para maioria dos autores é sanção,[5] por analogia ao Direito Penal, visto que se trata de reparação por ato ilícito. A sanção se materializa como pena, indenização ou compensação pecuniária.

Entretanto, numa sociedade de consumo, explicar porque o empresário deve indenizar é na verdade porque este risco – o risco do produto ou do serviço – já estaria sendo transferido para todos os consumidores, que estão pagando o preço de um seguro social público.[6]

A reparação decorre de um dever de justiça social – todos prestam solidariedade àquele que sofreu dano – e, de certa forma, o valor da reparação já está embutido no lucro do empreendimento que contempla os futuros riscos que possam ocorrer.

Como a reparação decorre das exigências da justiça social associa-se na moderna tendência do Direito Civil à função social dos contratos (art. 421 do CC) e à função social da propriedade estampada constitucionalmente no art. 170, inciso III.

---

[3] GONÇALVES, Carlos Roberto. *Comentários ao Código Civil*. Volume XI. São Paulo, 2003, p. 7.

[4] SILVA, Caio Mario da. *Responsabilidade Civil*. Rio de Janeiro: Forense, 2ª Edição, 1990, p. 15.

[5] BITTAR, Carlos Alberto, *Reparação Civil por Danos Morais*. São Paulo: Revista dos Tribunais, 1993, p. 16.

[6] Nesse sentido, o Professor Cláudio Michelon, da UFRGS, aduz que há na teoria da responsabilidade civil uma natureza jurídica de seguro público.

Do ponto de vista sociológico, o tema da responsabilidade civil está associado aos crescentes riscos da vida social e diz respeito à possibilidade de distribuí-los adequadamente.

Para Raffaele De Giorgi,[7] o risco é uma modalidade de relação da sociedade com o futuro e uma forma de distribuição de males, e não de bens. Normalmente o risco trabalha contra as expectativas e, por isso, seus efeitos devem ser distribuídos, embora não queridos. O direito é constrangido a reestruturar seus dispositivos para abarcar as crescentes situações caracterizadas como de risco, a fim de imputar responsabilidade pelo dano causado a alguém que teria condições ou obrigação de evitá-lo. Esta imputação de responsabilidade é uma decisão política, levando-se em consideração os aspectos econômicos, sociais e legais que estão envolvidos.

Historicamente, numa primeira fase da responsabilidade civil, visava-se à vingança privada em que a vítima pretendia impingir ao infrator ou causador do dano uma pena. Num segundo momento, passa-se para a fase da responsabilidade subjetiva: o Estado requer a demonstração de culpa, como se verifica no direito francês, em 1804, com o Código de Napoleão. Esta foi a forma adotada no artigo art. 159 do Código Civil anterior e no atual art. 186 do Código Civil em vigor.

Em termos de direito comparado,[8] as incongruências da responsabilidade subjetiva começaram a surgir após a Revolução Industrial. Houve um aumento excessivo de acidentes de trabalho, inversamente proporcional à demonstração de culpa da parte patronal, pela dificuldade na produção da prova da culpabilidade.[9] A responsabilidade subjetiva mostrou-se inadequada para cobrir os casos de reparação necessária.

No direito francês, com Saleilles e Josserand, desenvolve-se a teoria da responsabilidade objetiva, considerando os aspectos sociais da vida moderna. Ao lado das teses socializantes dos riscos surgem os conceitos de direitos individuais homogêneos, coletivos e difusos. Cresce a idéia de que indenizar é dever decorrente dos riscos da vida social e das exigências do consumo em massa.

A responsabilização de forma objetiva, independente da culpa do autor do dano, passa a ser adotada em algumas leis esparsas.

No Brasil, ilustram a responsabilidade objetiva o Código das Estradas de Ferro, a Lei do Acidente de Trabalho, o Código Brasileiro do Ar, entre outros.

---

[7] DE GIORGI, Raffaele. *Direito, Democracia e Risco: vínculos com o futuro.* Porto Alegre: SAFE, 1998, p. 197-203.

[8] TARTUCE, Flávio. *A Responsabilidade Civil Subjetiva como regra geral no Novo Código Civil.* Disponível em: http://www.mundojuridico.adv.br. Acesso em 24 de outubro de 2004.

[9] STOCO, Rui. *Responsabilidade Civil e sua Interpretação Jurisprudencial.* São Paulo: Editora Revista dos Tribunais, 4ª ed., 1999, p. 76.

Questões Controvertidas de
DIREITO DO TRABALHO E OUTROS ESTUDOS

Nos anos 80, promulgam-se as da Política Nacional do Meio Ambiente, Lei 6.938/81(art. 14, § 1°), prevendo responsabilidade objetiva do poluidor e, para assegurar defesa de bens difusos é editada a Lei da Ação Civil Pública, Lei 7.347/85.

Na década de 90, o Código de Defesa do Consumidor, Lei n° 8.078/90, prevê a responsabilidade independente de culpa do fornecedor de produtos ou serviços (arts. 12 a 17, CDC), baseada na teoria do risco-proveito.

Toda a teoria do risco é centrada em noções de proveito econômico decorrente da atividade empreendedora: "quem exerce alguma atividade cria um risco de dano para terceiros mesmo que isento de culpa. A responsabilidade civil supera a noção de culpa para traduzir o princípio do risco-proveito. Nesse sentido, é reparável o dano causado a outrem em conseqüência de uma atividade realizada em benefício do responsável".[10]

Este movimento de ênfase legislativa na teoria objetiva do risco induz à reflexão sobre os perigos na sociedade moderna.

A partir deste panorama teórico, é importante analisarmos a abrangência das alterações do código civil quanto à imputação ao empregador de novas formas de responsabilidade objetiva decorrente de riscos da atividade.

Segunda parte
Inovações do Código Civil quanto à adoção da responsabilidade do empregador

A pergunta que se faz com relação ao empregador é: qual o tipo de responsabilidade que envolve o empregador com relação a danos ocorridos com seu empregado?

Uma primeira ponderação é no sentido que para o empregador vale a regra geral prevista no 186 do Código Civil de 2002: "Aquele que, por ação ou omissão voluntária, negligência ou imprudência, violar direito e causar dano a outrem, ainda que exclusivamente moral, comete ato ilícito".

Em tese, prevalece, como em todo o código, para o empregador a necessidade de provar a culpa em caso de dano, até porque a CF/88 assim o prevê.

Deste modo, passa-se a examinar quanto à responsabilidade do empregador, um caso típico de responsabilidade subjetiva, o dano moral, um caso típico de responsabilidade objetiva, o art. 932 do CC, e, por fim, uma situação não clara quanto ao tipo de responsabilidade do empregador, que é o acidente de trabalho.

---

[10] GONÇALVES, Carlos Roberto. *Comentários ao Código Civil.* Volume XI. São Paulo, 2003, p. 29.

Caso típico de responsabilidade subjetiva do empregador: o dano moral

Dano moral é o constrangimento imputado ao empregado por conta da relação de emprego.

O art. 5º, inciso X, da Constituição Federal assegura ao empregado a reparação por dano moral. Prevê a CF/88: "são invioláveis a intimidade, a vida privada, a honra e a imagem das pessoas, assegurado o direito a indenização pelo dano material ou moral decorrente da sua violação."

O Código Civil de 2002 contempla os chamados direitos de personalidade, em vários dispositivos. A partir do artigo 11 são caracterizados os direitos da personalidade como intransmissíveis e irrenunciáveis. Isto porque tais direitos indisponíveis dizem respeito à identidade do ser humano e às características que o fazem ser reconhecido em suas peculiaridades pelos demais membros do grupo social e estão indissoluvelmente associados ao princípio macro da dignidade da pessoa humana prevista no art. 1º, inciso III, da CF/88.

É importante lembrar que a proteção dos direitos de personalidade do empregado implica inclusive a proteção da saúde psíquica do trabalhador, em última instância. O termo *saúde*, com relação ao trabalho, abrange não só a ausência de doenças, mas os elementos físicos e mentais que afetam a saúde e estão relacionados à segurança e higiene dos trabalhadores. Esta definição está contida na Convenção nº 155 da OIT – Organização Internacional do Trabalho –, ratificada pelo Brasil.

Portanto, o direito busca que o empregado seja protegido de danos, nos aspectos subjetivos da sua personalidade, durante toda a relação contratual: na contratação, durante a execução da prestação do serviço e após esta.[11]

O problema do dano moral é sempre o tipo de prova a ser realizado. Alguns autores se filiam à necessária prova dos efeitos do ato danoso no círculo social do empregado, embora existam julgados adotando a prova por presunção, quanto aos efeitos do dano moral, na conformidade do art. 212 do CC.

---

[11] No sentido de determinar a abrangência de assédio moral – HIRIGOYEN, Marie-France. *Assédio moral: a violência perversa no cotidiano*. 6º ed. Rio de Janeiro: Bertrand Brasil, 2003.
Exemplos de dano moral na fase pré-contratual são: a divulgação de fatos negativos relativos à vida pessoal do candidato ao emprego; ou quando a empresa age com evidente discriminação – raça, cor, sexo. No desenvolvimento da relação laboral, ilustra-se que o poder diretivo exercido com rigor excessivo pode gerar doenças e desordens psicológicas tais como: *mobbing* (um stress crônico que leva a diversos graus depressão, à loucura e até ao suicídio). O assédio moral é a constante e excessiva pressão a que fica submetido o empregado pela chefia imediata no ambiente de trabalho, ultrapassando os poderes de comando normais, além do assédio sexual, já tipificado como crime, no CP, art. 216, "a". No despedimento, é hipótese de dano moral o tratamento humilhante, como é a justa causa não provada, em circunstâncias que levam o empregado ao abalo da sua honra. O assédio moral, espécie de dano moral, é tido como o risco invisível do local de trabalho e gera efeitos indenizatórios se comprovado.

Questões Controvertidas de
DIREITO DO TRABALHO E OUTROS ESTUDOS

Em todos os casos de dano moral, a reparação aparece como justiça distributiva, porque se qualificam os sujeitos na proporção entre ofensa e ressarcimento. A competência, por decisões do STJ e TST, já vinha sendo considerada da Justiça do Trabalho à luz do art. 114 da CF/88. Firma-se em definitivo a competência trabalhista para o dano moral e material na relação de emprego na letra da Emenda Constitucional n° 45.[12]

Caso típico de responsabilidade objetiva do empregador: arts. 932 e 933 do CC

O artigo 932 do CC se refere à responsabilidade objetiva do empregador, decorrente de ato de empregado que cause dano para terceiros: é a chamada *responsabilidade civil objetiva por atos de outrem,* responsabilidade indireta do empregador, que mantém redação do artigo 1.521 do Código de 1916.[13]

A novidade importante é que o artigo 933 do Novo Código normatiza que no exercício normal da atividade do empregado perante terceiros, o dano que houver não é mais visto como responsabilidade subjetiva do empregador por culpa presumida (*culpa in vigilando* e *culpa in eligendo*), mas de responsabilidade independentemente de culpa, ou seja, objetiva.

Pelo antigo Código Civil, havia a necessidade da prova da culpa do empregado para que o empregador respondesse por culpa presumida, como previa o art. 1521 do CC. A jurisprudência já dispensava a prova da culpa dos responsáveis indiretos (patrões), mas contra os mesmos pairava a presunção relativa (*juris tantum*) de culpabilidade.

O Novo Código determina que o empregador responda pelos atos dos empregados, ainda que não haja culpa de sua parte, afastando tanto a presunção *juris tantum* como a *juris et de jure* de culpa, tipificando, então, a *responsabilidade objetiva.*

O Código Civil de 2002 prevê a responsabilidade do empregador por ato do empregado perante terceiros, com a seguinte dicção: "São também responsáveis pela reparação civil: I – os pais ... II – o tutor e o curador, ...; III – o empregador ou comitente, por seus empregados, serviçais ou prepostos, no *exercício do trabalho que lhes competir*", ou em razão dele;

É suficiente que o trabalho ou serviços desempenhados sejam sob subordinação, para que o patrão responda objetivamente. É o que está previsto no art. 933 do CC, que refere que o empregador responderá ainda que não haja culpa de sua parte. O que muda com relação ao Código anterior é que

---

[12] Dispõe o art. 114 da CF/88, inciso VI, que é competente a Justiça do Trabalho para processar e julgar as ações de indenização por dano moral ou patrimonial decorrentes da relação de trabalho.

[13] PAMPLONA FILHO, Rodolfo M. V. *Responsabilidade civil do empregador por ato do empregado in* ttp://www1.jus.com.br/doutrina/texto capturado em 01/05/04.

o dano é reparado pelo empregador, não em razão da presunção de culpa na vigilância ou escolha, mas porque este está sujeito ao risco social pelas responsabilidades que assume.

O simples fato de ser um empreendedor sujeita o empregador aos riscos inerentes às atividades, respondendo objetivamente pelos danos causados. Isto também é válido a todo empresário ou fornecedor que desenvolva atividade de produção, montagem, criação, construção, transformação, importação, exportação, distribuição ou comercialização de produtos ou prestação de serviços, como previsto no art. 931 do CC, aliado aos arts. 12, 14 e 17 do Código de Defesa do Consumidor.

Um exemplo desta situação de responsabilidade objetiva do empregador perante terceiros seria o caso do frentista erra o tipo de combustível e danifica carro de cliente. Sem prejuízo da ação de regresso que a empresa possa ajuizar contra o operário frentista, a responsabilidade objetiva pelo ato danoso é do posto de combustíveis.

Responsabilidade subjetiva ou objetiva do empregador? o art. 927 do CC e o acidente de trabalho

A Constituição Federal de 88, refere, no art. 7º, inciso XXVIII, que é garantia do empregado "seguro contra acidentes de trabalho, a cargo do empregador, sem excluir a indenização a que este está obrigado, quando incorrer em dolo ou culpa".

A indenização por acidente de trabalho é a que decorre da responsabilidade civil do empregador.

Antes da Constituição de 1988 o STF exigia para indenização do direito comum a comprovação de dolo ou culpa grave do empregador: "A indenização acidentaria não exclui a do direito comum, em caso de dolo ou culpa grave do empregador" (Súmula 229 decisão).

Após a vigência da CF/88 passaram os tribunais a exigir a comprovação de qualquer gradação de culpa para indenização do acidente de trabalho.

A Lei 8.213/91, no art. 19, dá um amplo alcance ao termo *acidente de trabalho*. Acidente do trabalho é o que ocorre pelo exercício do trabalho a serviço da empresa, provocando lesão corporal ou perturbação funcional que cause a morte ou a perda ou redução, permanente ou temporária, da capacidade para o trabalho.

O art. 20 da mesma Lei (8.213/91), expande ainda mais a abrangência de acidente do trabalho indenizável, incluindo as entidades mórbidas: doença profissional (inc. I) e doença do trabalho (inc.II). Entende-se por doença profissional a produzida ou desencadeada pelo exercício do trabalho peculiar a determinada atividade e constante da respectiva relação elaborada pelo Ministério do Trabalho e da Previdência Social. A segunda entidade mórbida, doença do trabalho, é a adquirida ou desencadeada em função de condições especiais em que o trabalho é realizado e com ele se relacione diretamente, constante da já mencionada relação do Ministério do Trabalho e da Previdência Social.

A referida Lei (8.214/91), no seu art. 21, equipara também ao acidente do trabalho, para efeitos de reparação: I – o acidente ligado ao trabalho que, embora não tenha sido a causa única, haja contribuído diretamente para a morte do segurado, para redução ou perda da sua capacidade para o trabalho, ou produzido lesão que exija atenção médica para a sua recuperação; II – o acidente sofrido pelo segurado no local e no horário do trabalho, em consequência de: a) ato de agressão, sabotagem ou terrorismo praticado por terceiro ou companheiro de trabalho; b) ofensa física intencional, inclusive de terceiro, por motivo de disputa relacionada ao trabalho; c) ato de imprudência, de negligência ou de imperícia de terceiro ou de companheiro de trabalho; d) ato de pessoa privada do uso da razão; e) desabamento, inundação, incêndio e outros casos fortuitos ou decorrentes de força maior. III – a doença proveniente de contaminação acidental do empregado no exercício de sua atividade; IV – o acidente sofrido pelo segurado ainda que fora do local e horário de trabalho: a) na execução de ordem ou na realização de serviço sob a autoridade da empresa; b) na prestação espontânea de qualquer serviço à empresa para lhe evitar prejuízo ou proporcionar proveito; c) em viagem a serviço da empresa, inclusive para estudo quando financiada por estar dentro de seus planos para melhor capacitação da mão-de-obra, independentemente do meio de locomoção utilizado, inclusive veículo de propriedade do segurado; d) no percurso da residência para o local de trabalho ou deste para aquela, qualquer que seja o meio de locomoção, inclusive veículo de propriedade do segurado. Para efeito de apuração de acidente do trabalho, o empregado é considerado no exercício do trabalho nos períodos destinados a refeição ou descanso, ou por ocasião da satisfação de outras necessidades fisiológicas.

A competência para processar e julgar as ações de indenização por dano patrimonial ou moral, decorrentes da relação de trabalho, conforme recente decisão do Supremo Tribunal Federal (STF), ao interpretar o inc. VI do art. 114 da Constituição Federal (incluído pela Emenda Constitucional nº 45, de 2005), se deslocou para a Justiça do Trabalho.

O Pleno do STF, no julgamento do Conflito de Competência nº 7.204 (29/06/2005), relatado pelo Ministro Carlos Aires Brito,[14] afastou a com-

---

[14] STF – CONFLITO DE COMPETÊNCIA Nº 7204 – Decisão: "O Tribunal, por unanimidade, conheceu do conflito e definiu a competência da justiça trabalhista a partir da Emenda Constitucional nº 45/2004, para julgamento das ações de indenização por danos morais e patrimoniais decorrentes de acidente do trabalho, vencido, no caso, o Senhor Ministro Marco Aurélio, na medida em que não

petência da Justiça Estadual (Comum) para julgar ações acidentárias do trabalho e firmou a competência trabalhista para as aquelas ações reparadoras de danos que envolvam um empregado contra o empregador. Argumentou-se que o inciso I do artigo 109 da Constituição não autoriza a concluir que a Justiça Comum Estadual, após a EC 45, detenha ainda a competência para apreciar as ações que o empregado propõe contra seu empregador, pleiteando reparação por danos morais e patrimoniais.

Assim, o Supremo Tribunal Federal, ao reformular entendimento anterior, declarou que a competência para julgar tais ações por dano moral e material decorrente de acidente de trabalho é da Justiça Trabalhista. Nas causas entre o INSS e pessoas que buscam o recebimento de benefício previdenciário de acidente de trabalho, a competência continua da Justiça Comum dos estados, consoante Súmula 501 do Supremo: "Compete a justiça ordinária estadual o processo e o julgamento, em ambas as instâncias, das causas de acidente do trabalho, ainda que promovidas contra a união, suas autarquias, empresas públicas ou sociedades de economia mista".

As primeiras leis que, em nosso país, vieram regular a matéria de acidente de trabalho (Decreto Legislativo 3.724/19 e Decreto. 24.367/34) não previam a responsabilidade civil do empregador na ocorrência de acidente do trabalho.

Esta previsão passou a existir, timidamente, no bojo do Decreto-Lei 7.036/44, que, em seu art. 31, preceituou que o pagamento da indenização exoneraria o empregador de qualquer outra reparação, relativa ao mesmo acidente, a menos que este resulte de dolo seu ou de seus prepostos.

Bem interpretado esse dispositivo legal, o STF consagrou em sua Súmula 229 o entendimento de que a chamada indenização do direito comum também era cabível na hipótese de falta grave da empresa.

A Lei. 6.637/76, que revogou expressamente o Decreto-Lei 7.036/44 (art. 22), não regulamentou a responsabilidade civil do empregador, razão pela qual a jurisprudência passou a se inclinar na direção de que ele poderia ser acionado, em caso de acidente do trabalho, não só em caso de dolo, mas também quando existisse culpa sua, pelo evento danoso, fosse ela grave ou não.

Agora com o código civil, prevê o art. 927 do CC: aquele que, por ato ilícito (arts. 186 e 187), causar dano a outrem, fica obrigado a repará-lo. Fica mantida, em regra, a necessidade da *comprovação de culpa* para que o lesado possa assegurar a condenação em juízo do causador do dano, seguindo-se a linha já traçada pela CF/88.

estabelecia a edição da emenda constitucional como marco temporal para competência da justiça trabalhista. Votou a Presidente. Ausente, justificadamente, o Senhor Ministro Nelson Jobim (Presidente). Presidiu o julgamento a Senhora Ministra Ellen Gracie (Vice-Presidente). Plenário, 29.06.2005".

Resta-nos verificar a abrangência do parágrafo único do artigo 927 do CC.

Há obrigação de reparar o dano, *independentemente de culpa*, na linha da *responsabilidade objetiva*: a) nos *casos especificados em lei*; ou, b) quando a atividade *normalmente* desenvolvida pelo autor do *dano implicar*, por sua *natureza, risco* para os direitos de outrem.

Quanto à primeira situação do parágrafo único do art. 927 do CC, a legislação infraconstitucional possui vários exemplos de responsabilidade objetiva:[15] o *Código de Defesa do Consumidor* (Lei 8.078/90), *Responsabilidade Civil das Estradas de Ferro*, (Decreto 2.681/1912), *Responsabilidade Civil por danos nucleares* (Lei 6.453/1977), *Responsabilidade Civil do Estado* (art. 37, § 6° da CF/88); *Responsabilidade Objetiva pela poluição ambiental* (Lei 6.938/81, art. 14, §1°)

Quanto à segunda parte do parágrafo único, não se sabe ao certo, se há uma obrigação objetiva para reparação de todo e qualquer risco.

Não seria esta a intenção do legislador. Inicialmente, o autor do dano aqui deve ser lido em conjunto com o art. 932 do CC, no sentido de que o autor-empregado age em nome do empregador e é o último quem responde civilmente.

Da leitura atenta da norma, o sentido a ser extraído é o da vinculação do empregador à responsabilidade objetiva para aquelas atividades de risco excessivo em que não se cumpram todas as expectativas e regras de segurança. Poder-se-ia ilustrar a norma em comento, apontando-se a produção, a manipulação, a estocagem, a exposição, o transporte, a comercialização e o uso de produtos potencialmente perigosos e de alto risco, tais como explosivos; gases; produtos inflamáveis; substâncias infectantes; substâncias tóxicas; substâncias infectantes; materiais radioativos; produtos corrosivos, energia elétrica, etc.

A lei, ao estabelecer a responsabilidade objetiva "quando a atividade *normalmente* desenvolvida pelo autor do *dano implicar*, por sua *natureza, risco* para os direitos de outrem" adotou, conforme Sergio Cavalieri Filho, a teoria do risco criado.[16] Por esta teoria, em razão da atividade ou profissão quem cria um perigo está sujeito à reparação, salvo prova de haver adotado todas as medidas idôneas para evitá-lo.

O art. 927 do CC, nesta parte, estipula uma cláusula geral de responsabilidade objetiva muito ampla e abrangente para toda a área de serviços,

---

[15] SANTOS, Jonny Maikel dos. *Anotações sobre responsabilidade no Novo Código Civil*. Revista Jurídica Virtual, n° 58 – março/2004, http://www.planalto.gov.br/ccivil_03/revista/Rev_63/indice_artigos.htm

[16] CAVALIERI FILHO, Sérgio. *Programa de Responsabilidade Civil*. São Paulo: Malheiros Editores, 5ª Ed, 2004, p. 147.

que já vinha sendo regulamentada no art. 14 do CDC. Vige no CDC a noção de expectativa legítima para o bom funcionamento dos produtos e de segurança dos serviços colocados no mercado. Isso significa que devem ser atendidos os pressupostos de garantia de segurança para os produto e serviços.

Essa idéia de proteção ao direito subjetivo de segurança pode ser transferida à esfera da atividade – conforme o disposto no art. 927 do CC. Portanto, caberia aqui a intepretação do art. 927, por analogia ao art. 14 do CDC, quanto ao instituto do fato do serviço. Pela teoria do fato do serviço, o fornecedor responde objetivamente pelos defeitos do serviço quando este não apresenta a segurança adequada. Dois elementos devem ser considerados para a responsabilização objetiva: a intensidade do risco criado pela atividade e a desconformidade da atividade com a expectativa legítima do beneficiário.

Entretanto, no exame da responsabilidade objetiva é sempre possível se apreciar algumas possíveis excludentes, por analogia ao disposto no art. 12, § 3º, e 14, § 3º, do CDC, como é o caso da culpa exclusiva de terceiro.

De qualquer sorte, o certo é que os tribunais é que determinarão o alcance prático dos vocábulos como *"atividade normalmente desenvolvida"* e *"por sua natureza"*. Conforme tese adotada pelo Centro de Estudos Judiciários do Conselho da Justiça Federal em 2002, existe uma diretriz para a interpretação do texto legal:

> Enunciado 38- art. 927. A responsabilidade fundada no risco da atividade, como prevista na segunda parte do parágrafo único do art. 927 do novo Código Civil, configura-se quando a atividade normalmente desenvolvida pelo autor do dano causar a pessoa determinada um ônus maior do que aos demais membros da coletividade.

Neste caso, para existir possibilidade de responsabilidade objetiva é necessário comparar se a exposição do perigo para o empregado é superior aos demais membros da coletividade somado ao fato de que é a atividade normamente desenvolvida pelo empregador. Logo, toda a situação deve ser avaliada com cuidado visto que o acidente pode estar intimamente vinculado a um maior risco na ocupação do obreiro.[17]

O problema do acidente de trabalho é um *hard case*. Questiona-se se é possível aplicar o CC, art. 927 (responsabilidade objetiva), e não a CF, art. 7, inciso XXVIII (responsabilidade subjetiva)?

O caso central da regra do art. 927, parágrafo único, do CC, a ser considerado, deve ser examinado à luz da razoabilidade. O consectário des-

---

[17] Neste sentido, OLIVEIRA, Sebastião Geraldo de. *Indenizações por acidente do trabalho ou doença ocupacional*. São Paulo : LTr, 2005, p. 95.

ta afirmação é que não se pode atribuir a responsabilidade objetiva a todo e qualquer risco de qualquer atividade.

Isto porque a assunção de riscos da atividade econômica faz parte do próprio conceito de empregador (art. 2º da CLT). Seria absurdo considerar sempre a responsabilidade objetiva do empregador, para toda e qualquer circunstância.

No que não houver risco excessivo por natureza normal da atividade, o princípio interpretativo para a reparação civil repousa sobre a máxima de que norma específica deve prevalecer no confronto da norma genérica. Ou seja, a norma específica é a CF/88 – responsabilidade subjetiva, porque o art. 7º refere os direitos fundamentais dos trabalhadores, sendo as regras de responsabilidade do Código Civil, normas gerais.

Entretanto, ao estabelecer o art. *7º São direitos dos trabalhadores urbanos e rurais, além de outros que visem à melhoria de sua condição social,* abre-se a possibilidade de aplicação do art. 927 do Código Civil para algumas ocasi*ões.* Pelo princípio da norma mais benéfica, quando houver risco excessivo para o empregado ao realizar a atividade normal da empresa poder-se-ia, com parcimônia, aplicar a teoria da responsabildiade objetiva. O disposto no art. 7º. XXVIII, da Carta Magna "seguro contra acidentes de trabalho, a cargo do empregador, sem excluir a indenização a que este está obrigado, quando incorrer em dolo ou culpa" constituiu direito mínimo do trabalhador considerando-se o disposto na parte final do caput do art. 7º do CF. Resta autorizado o emprego do dispositivo do art. 927, parágrafo único, segunda parte do novo Código Civil ao empregador em algumas atividades normalmente de risco. Em acidente do trabalho, as atividades de risco que ensejariam a responsabilização objetiva do empregador seriam as que envolvem grandes riscos à vida, à saúde do empregado, como por exemplo,[18] o contato e manuseio de produtos e substâncias potencialmente perigosos e nocivos com iminente possibilidade de acidente.

Por ora, para fixar um critério possível para o julgador, as atividades normais de risco, para efeitos de responsabilidade objetiva, poderiam ser consideradas, por analogia, aquelas que já são arroladas como periculosas segundo rol do Ministério do Trabalho. Entretanto, outros critérios seriam necessários. Como tudo repousa sobre a teoria do risco, que deve ser considerado, como diz o dicionário Aurélio, "perigo" ou "possibilidade de perigo", deixou o legislador, por opção política, um amplo leque hermenêutico ao aplicador da lei para que determine quais são as hipóteses de risco para as quais se aplica a responsabilidade objetiva.

Hoje, nem doutrina e nem jurisprudência conseguem definir toda a abrangência do dispositivo legal em comento, restando ainda árdua a tarefa exegética que se entrega aos aplicadores do direito.

---

[18] MEIRELES, Edilton. O Novo Código Civil e o Direito do Trabalho. São Paulo: Ltr, 2002, p. 107-108.

Conclusões

Ante o exposto, podemos, a título de conclusões, sistematizar o seguinte:

a) Embora existam previsões legais de responsabilidade civil objetiva, a regra geral no ordenamento jurídico brasileiro é a responsabilidade civil subjetiva. Em outros termos, prevalecem os princípios de justiça distributiva na reparação do dano;

b) No Direito do Trabalho, esta regra não é diferente, sendo a responsabilidade civil subjetiva o parâmetro básico para aferição da responsabilidade patrimonial do empregador; Um exemplo concreto da responsabilidade subjetiva é a indenização do dano moral, de competência da Justiça do Trabalho, conforme art. 114 da CF, na redação dada pela Emenda Constitucional nº 45.

c) No que diz respeito à responsabilidade civil do empregador por ato do empregado, a culpa era presumida, por força dos arts. 1521/1523 do antigo Código Civil e da Súmula 341 do Supremo Tribunal Federal, passando a ser objetiva à luz dos arts. 932 e 933 do novo CC.

d) É possível aplicar tanto o art. 7º, inciso XXVIII, da CF/88– responsabilidade subjetiva do empregador como a objetiva pelo acidente de trabalho. Esta última hipótese deve ser explicitada por normas específicas para certas atividades e ocorreria quando a atividade exercida pelo empregador exigir risco excessivo para o empregado – risco este contratual ou extracontratual, aplicando-se nesta hipótese o art. 927, parágrafo único, do CC.

e) A aplicação do art. 927 do CC, segundo recente decisão do STF (Conflito de Competência nº 7204 de 29 de junho de 2005) será da Justiça do Trabalho, conformeEmenda Constitucional nº 45 sobre a matéria.

f) Como há uma tendência para a responsabilidade objetiva cada vez maior, é importante lembrar que um dos princípios da responsabilidade objetiva é a prevenção.

Do ponto de vista cultural, embora a proteção da dignidade do trabalhador seja o objetivo de todo o direito do trabalho, é importante lembrar que as pretensões de indenização acirram em demasia litigiosidade no seio da sociedade. Neste sentido, será melhor que o legislador regulamente, no caso do art. 927, as atividades que se sujeitam à responsabilidade objetiva. No sentido de que o direito não evita o risco mas pode auxiliar no retardamento do risco é importante o caráter preventivo do cumprimento das normas de saúde e meio ambiente do trabalho. Uma forma de evitar a responsabilização civil das empresas por acidentes de trabalho e danos morais poderia ser uma maior conscientização destas quanto ao seu papel social. Há hoje, um movimento crescente para que as empresas atinjam um desenvolvimento sustentável diante de um tripé que é a atividade econômica produtiva, com a defesa do meio ambiente e a promoção integral do ser humano que trabalha. Esta tendência é nominada responsabilidade social empresarial. Significa um movimento voluntário em torno da sustentabilidade empresarial, partindo das próprios interessados, defende que o empreendimento se relacione no mundo globalizado mediante padrões mínimos de ética empresarial e aumentando compromissos com direitos humanos e a saúde do trabalhador, mediante a fixação e monitoramento de comportamentos de excelência na produção dos serviços e condução da relação laboral.

Talvez a responsabilidade social preventiva seja uma limitadora da responsabilidade civil corretiva.

Serve para o caso da responsabilidade civil do empregador o ditado popular que exorta: "Prevenir é melhor que remediar."

Bibliografia

CAVALIERI FILHO, Sérgio. *Programa de Responsabilidade Civil*. São Paulo: Malheiros, 5ª Ed, 2004, p. 147.

DE GIORGI, Raffaele. *Direito, Democracia e Risco: vínculos com o futuro*. Porto Alegre: SAFE, 1998, p. 197-203.

GONÇALVES, Carlos Roberto. *Comentários ao Código Civil*. Volume XI. São Paulo, 2003, p. 7.

MASSINI, Carlos Ignacio. La reparacion civil desde las perspectivas clasica y moderna. *In El derecho, los derechos humanos y el valor del derecho*. Buenos Aires: Abeledo –Perrot, 1987, p. 249-267.

MEIRELES, Edilton. O Novo Código Civil e o Direito do Trabalho. São Paulo: LTr, 2002, p. 107-108.

OLIVEIRA, Sebastião Geraldo de. *Indenizações por acidente do trabalho ou doença ocupacional*. São Paulo: LTr, 2005, p. 95.

PAMPLONA FILHO, Rodolfo M. V. *Responsabilidade civil do empregador por ato do empregado*. Disponível em http://www1.jus.com.br/doutrina/texto. Acesso em 01/05/04.

SANTOS, Jonny Maikel dos. *Anotações sobre responsabilidade no Novo Código Civil*. Revista Jurídica Virtual, nº 58 – março/2004. Disponível em http://www.planalto.gov.br/ccivil_03/revista/Rev_63/indice_artigos.htm.

SILVA, Caio Mario da. *Responsabilidade Civil*. 2ª ed. Rio de Janeiro: Forense, 1990, p. 15.

SILVA, Nepomuceno. Brasília: Revista do TST, vol 70, nº 1, jan/jun 2004, p. 42-81.

STOCO, Rui. *Responsabilidade Civil e sua Interpretação Jurisprudencial*. 4ª ed. São Paulo: Editora Revista dos Tribunais, 1999, p. 76

TARTUCE, Flávio. *A Responsabilidade Civil Subjetiva como regra geral no Novo Código Civil*. Disponível em: http://www.mundojuridico.adv.br. Acesso em 24/10/04.

— 10 —

Juízo de admissibilidade dos recursos na Justiça do Trabalho

MARIANGELA DE OLIVEIRA GUASPARI

Advogada, pós-graduada em Direito Empresarial,
Mestre em Direito Processual Civil e Professora da PUCRS

O juízo de admissibilidade é um fenômeno segundo o qual o juiz – autor do ato recorrido – e depois o Tribunal – órgão que irá julgar as razões recursais – examinarão os *requisitos necessários para que se possa legitimamente apreciar o mérito do recurso,*[1] admitindo-o ou não.

O juízo de admissibilidade é realizado primeiro pelo juiz que prolatou a decisão (*a quo*), a quem são encaminhadas as peças recursais (petição de encaminhamento e as razões recursais – arts. 659, VI; 682, IX, e 707, "f", da CLT). Entretanto, ele não tem competência para examinar o mérito (razões recursais – conteúdo da impugnação), já que cumpriu e acabou o ofício jurisdicional (art. 463 do CPC[2]). Depois, o órgão *ad quem* – que irá julgar – fará um segundo exame desses pressupostos. O juízo de admissibilidade realizado pelo juízo *a quo* é denominado como "juízo inferior" e é sempre provisório e não vinculativo, admitindo revisão pelo órgão *ad quem* que proferirá "juízo superior". O órgão *ad quem* poderá proferir juízo de conhecimento negativo ou positivo, acompanhando ou discordando do exame realizado pelo órgão inferior. Fará isso de forma expressa, declinando seu despacho ou tacitamente – neste caso, estará implícita sua aceitação, devendo manifestar-se quanto ao mérito, posteriormente.

---

[1] BARBOSA MOREIRA, José Carlos. *Novo Processo Civil Brasileiro*. 22ª ed. Rio de Janeiro: Forense. 2004, p. 116.

[2] Art. 463: "Ao publicar a sentença de mérito, o juiz cumpre e acaba o ofício jurisdicional, só podendo alterá-la: I – para lhe corrigir, de ofício ou a requerimento da parte, inexatidões materiais, ou lhe retirar erros de cálculo; II – por meio de embargos de declaração".

O exame dos pressupostos recursais antecede, lógica e cronologicamente, a apreciação do mérito e é sempre preliminar. Ele será realizado a cada nova interposição de recurso, respeitando, além dos pressupostos gerais (intrínsecos e extrínsecos), os específicos de cada recurso. Dessa forma, o recorrente, ao interpor o primeiro recurso, no âmbito trabalhista, que é o recurso ordinário, dirigirá sua pretensão ao juiz de primeiro grau, que proferiu a decisão atacada, por meio de uma peça de encaminhamento, pela qual irá requerer que este receba as razões do recorrente (peça apartada) e a processe, enviando-a para o juízo *ad quem*, que é o Tribunal Regional do Trabalho daquela região – o qual terá competência para examinar o mérito (impugnação à decisão). Seguindo o exemplo, se este recorrente, posteriormente, interpuser o Recurso de Revista, dirigirá a petição de encaminhamento ao Presidente do TRT (juízo que proferiu a decisão atacada), requerendo seu regular processamento e o envio ao Tribunal Superior do Trabalho, órgão que examinará o mérito desse recurso (razões recursais dirigidas às Turmas do TST).

O despacho do juízo *a quo* é sempre no sentido do "recebimento" do recurso e do *ad quem*, de "conhecimento". O exame dos pressupostos pode levar ao conhecimento (declara admissível – quando positivo) ou ao não-conhecimento (quando faltarem alguns dos pressupostos – juízo negativo) do recurso e terá cunho declaratório.

A doutrina tem discutido se o juízo de admissibilidade inferior positivo é irrecorrível e irrevogável ou se pode haver sua retratação, reconsiderando o despacho inicial de seguimento, quando a parte adversa, nas contra-razões, suscita alguma irregularidade ou falta do cumprimento de pressuposto de admissibilidade. Entende-se que, no recebimento do recurso ordinário, pode ser aplicado o art. 518, parágrafo único,[3] do CPC, subsidiariamente, admitindo o reexame dos pressupostos de admissibilidade do recurso. Analogicamente não se vê óbice para que a retratação ocorra na interposição de outros recursos, na esfera trabalhista.

O juízo de admissibilidade inferior negativo faz nascer ao recorrente, que teve seu recurso obstado, o direito de interpor agravo de instrumento que, no âmbito do processo trabalhista, tem o fim de atacar os despachos denegatórios de recursos (art. 897, alínea "b", da CLT), cabendo, nessa hipótese, por força do art. 529 do CPC, o juízo de retratação do órgão *a quo,* no sentido de rever a admissibilidade do recurso, podendo recebê-lo.

O órgão *ad quem*, consoante já foi gizado, examina primeiro se estão satisfeitas as condições impostas pela lei (condições de procedibilidade); segundo, e desde que a análise dos pressupostos seja positiva, o exame do

---

[3] Art. 518 – "Interposta a apelação, o juiz, declarando os efeitos em que a recebe, mandará dar vista ao apelado para responder – parágrafo único: Apresentada a resposta, é facultado ao juiz o reexame dos pressupostos de admissibilidade do recurso".

mérito objeto da impugnação (do pedido nele contido), podendo dar ou negar provimento. Frise-se que o recurso, para ser provido, necessita antes ser conhecido, pois, como se viu, o recurso não conhecido não tem seu conteúdo examinado.

Como exemplo, no primeiro grau, para que exista a ação e conseqüentemente o processo, a petição inicial é examinada face ao exame das condições da ação e de seus pressupostos processuais – que levam à extinção do processo sem julgamento de mérito (art. 267, CPC). Isso porque o não-atendimento dos requisitos formais da petição inicial torna-a inerte, não havendo condições para deferimento e, com isso, não atingirá seus efeitos jurídicos e legais. Relativamente aos recursos, se não estiverem presentes seus requisitos de admissibilidade, esses não serão conhecidos, não serão admitidos, e, por conseqüência, não se reexaminará o mérito. Exerce-se analogicamente, em grau de recurso, o mesmo direito de ação do primeiro grau, só alterando a instância e o grau de jurisdição.

Esquematicamente, o Tribunal poderá:

a) Não conhecer o recurso – por falta dos pressupostos de admissibilidade;

b) Conhecer o recurso – (presentes os pressupostos) negar provimento (mérito);

c) Conhecer, dar provimento e cassar a sentença (erro de procedimento – ilegalidade);

d) Conhecer, dar provimento e reformar a sentença (erro de julgamento – injustiça).

Impende ressaltar que o juízo de admissibilidade negativo determina a época do trânsito em julgado da decisão atacada, pois possui eficácia *ex tunc*. O art. 512[4] do CPC dispõe que *o julgamento proferido pelo tribunal substituirá a sentença ou a decisão recorrida no que tiver sido objeto de recurso*; no entanto, se o recurso não foi conhecido, não há que se falar em substituição, porque o mérito não foi examinado.

Os recursos possuem pressupostos de admissibilidade que são comuns à maioria deles, os quais dizem respeito ao procedimento, e não ao julgamento ou ao mérito do recurso.

Segundo Barbosa Moreira,[5] os pressupostos recursais são classificados em grupos: serão intrínsecos (atinentes à própria existência do direito de recorrer) e extrínsecos (concernentes ao exercício daquele direito).

Há recursos, no entanto, que reclamam pressupostos específicos, como os especiais e os extraordinários. É o caso, por exemplo, no âmbito

---

4 Efeito substitutivo das decisões.
5 BARBOSA MOREIRA. *Novo processo...* p. 117.

trabalhista do recurso de revista (art. 896, da CLT),[6] dos embargos (art. 894, da CLT) e, ainda, dos recursos extraordinários dirigidos ao Supremo Tribunal Federal (CPC, art. 541). Também o exame realizado para aferir se os embargos declaratórios são protelatórios pode ser classificado como requisito específico desse recurso (art. 538, parágrafo único do CPC).

Impende, neste momento, examinar os pressupostos de admissibilidade comuns a todos os recursos, intrínsecos e extrínsecos,[7] o que se passa a analisar:

O primeiro pressuposto responde ao questionamento sobre quem está habilitado a interpor o recurso – quem é parte legítima para recorrer. O art. 499 do CPC reza que "o recurso pode ser interposto pela parte vencida, pelo terceiro interessado e pelo Ministério Público".

No processo do trabalho, aplica-se o que dispõe o CPC, legitimando-se à interposição de recurso, ordinariamente, o reclamante e o reclamado. Pressupondo-se, evidentemente, a parte vencida,[8] no todo ou em parte (sucumbência recíproca). Evidentemente que também se pressupõe a capacidade de "estar" parte (capacidade processual) do recorrente ou sua assistência – no caso de menores (entre 16 e 18 anos de idade) ou representação, dos absolutamente incapazes (causa incapacitante). Deve-se considerar, ainda, que na Justiça do Trabalho o *jus postulandi* não é exclusivo do advogado (CF/88, art. 133) e, com isso, ressalva deve ser feita se à parte ré (reclamado), está recorrendo sem a representação de advogado, pois isso excluiria a possibilidade do preposto subscrever o recurso, visto que ele se apresenta, na ação, como representante do empregador (artigo 843, § 1º, da CLT). Nesse mesmo diapasão, e na condição de parte, os litisconsortes[9] (pluralidade no pólo ativo ou passivo ou apenas em um dos pólos, por exemplo, nas reclamatórias plúrimas, na formação dos grupos econômicos, nas sucessões empresariais, na terceirização, todos possuem habilitação para recorrer submetendo-se às regras processuais, inclusive para o pagamento das custas e do depósito recursal).

Da mesma sorte as figuras da intervenção de terceiros[10] possuem legitimidade para recorrer, tanto nas formas provocadas: na denunciação a lide, chamamento ao processo, nomeação a autoria, como nas formas voluntárias de intervenção: na oposição e na assistência litisconsorcial ou na simples, todas regradas pelo CPC, aplicadas quando compatíveis.

---

[6] Vide instrução normativa nº 23 do TST.

[7] Este trabalho se utilizará da classificação de Barbosa Moreira adotada em sua obra, embora reconheça divergência doutrinária no tocante a esta matéria.

[8] Pressuposto do interesse (prejuízo, gravame, sucumbência).

[9] Neste sentido, opera o efeito extensivo ou expansivo dos recursos, disposto no art. 509 e parágrafo único do CPC.

[10] A compatibilidade das figuras de intervenção de terceiros ao processo do trabalho é tema bastante controvertido.

O terceiro juridicamente prejudicado – aquele que foi atingido pela sentença (art 499, *caput* e § 1º) – estará legitimado a recorrer, desde que comprove o nexo de interdependência entre o seu interesse e o que fora decidido, mesmo que não tenha figurado na relação processual.

Por força da Lei 10.035/00, o procurador do INSS,[11] quanto às contribuições previdenciárias,[12] estará legitimado a recorrer das decisões cognitivas ou homologatórias de acordos que contenham parcelas indenizatórias.

Além disso,[13] pode recorrer quem quer que tenha assumido posição postulatória no processo de execução, como, por exemplo, o arrematante. Também os Sindicatos nas Ações de Cumprimento (ou na qualidade de assistente, simples ou litisconsorcial) e, ainda, o Ministério Público do Trabalho, nos termos do art. 499, *caput* e § 2º. Entendendo-se que sua legitimação é ampla, abrangendo os processos em que oficiou como parte ou como *custos legis*, podendo oferecer recurso de revista nessas hipóteses, nos exatos termos do artigo 499, § 2º, do CPC, reafirmado pelo artigo 83, inciso VI, da Lei Orgânica do Ministério Público da União.

O segundo pressuposto subjetivo é o *interesse* em recorrer. Moacyr Amaral dos Santos[14] assinala que: "assim como para propor a ação é condição que o autor tenha interesse de agir, também para recorrer será condição que o recorrente tenha interesse de recorrer".

Esse requisito está intimamente ligado à utilidade do recurso como forma de demonstração de sua inconformidade em virtude do prejuízo, sucumbência ou gravame que tenha sofrido com a decisão, buscando, o recorrente, situação mais vantajosa do que a obtida na decisão guerreada. Além da utilidade, é mister demonstrar a necessidade da interposição do recurso (ônus processual), sendo que as vias recursais devem se apresentar como único meio para atingir esse objetivo – alterar situação de prejuízo. Até mesmo porque a lei impõe, segundo o art. 499, que a parte tenha ficado "vencida" (sucumbência).

Moacyr Amaral[15] salienta: "Se no prejuízo, ou gravame, nascido da sucumbência, está o *interesse* de recorrer, segue-se que legitimada para recorrer é a parte vencida".

---

[11] A Medida Provisória 258 criou a Receita Federal do Brasil, unificando as atribuições da Secretaria da Receita Federal e da Secretaria da Receita Previdenciária, a partir de 15/08/2005.

[12] Art. 832, § 4º.

[13] Nos dissídios coletivos podem recorrer, por força do art.898, das decisões que afetem empresa de serviço público, ou, em qualquer caso, das proferidas em revisão, o Presidente do Tribunal e a Procuradoria da Justiça do Trabalho. Ainda em dissídio coletivo a União pode recorrer, nos termos do art. 8º, da Lei 5.584/70.

[14] SANTOS, Moacyr Amaral. *Primeiras Linhas de Direito Processual Civil*, 21ª ed. São Paulo. Saraiva. 2003, p. 86.

[15] op. cit., p. 86. (Grifo nosso).

O *Cabimento* é pressuposto de admissibilidade que diz respeito à recorribilidade do ato e à adequação da via recursal escolhida. Está para o recurso assim como a possibilidade jurídica está para a ação. A ação extingue-se sem julgamento do mérito (art. 267, X), enquanto que o recurso não será conhecido, ou seja, não será apreciado em seu mérito. Quanto à recorribilidade, tem-se que o ato deve ser suscetível de ataque, porque há determinados atos do juiz que não comportam impugnação, como, por exemplo, as decisões interlocutórias,[16] no âmbito trabalhista art. 893, § 1º, consolidado e os despachos de mero expediente (art. 504, do CPC). A CLT não arrola, diretamente, os atos do juiz, daí por que se está autorizado a utilizar o diploma civilista de forma subsidiária (art. 162 e seguintes do CPC), uma vez que fica presente o binômio: omissão e compatibilidade (art. 769 da CLT).

Transposta essa análise – definindo-se como atacável o ato judicial –, examinar-se-á se o recurso interposto é adequado, porque, para cada tipo de ato do juiz, caberá determinado recurso. A interposição de recurso inadequado levará ao não-conhecimento.

Entretanto, é possível, pelo princípio da fungibilidade recursal, a possibilidade de ser conhecido recurso indevidamente interposto, entendendo-se como adequado. A jurisprudência tem cada vez mais rechaçada essa possibilidade. No processo do trabalho é rara a interposição de um recurso inadequado, vez que não há ataque imediato contra decisões interlocutórias, o que no processo civil gera maiores equívocos, mas, em tese, isso é possível.

Pode-se trazer como exemplo o recurso interposto pelo procurador do INSS, cabível contra ato que homologou acordo em ação trabalhista. A Lei 10.035, de 25 de outubro de 2000, que acrescentou o § 4º no artigo 832, facultou a esse órgão recorrer, entretanto não explicitou qual a via adequada; por esta razão, inicialmente, houve quem entendesse que o recurso cabível contra esse ato seria o recurso ordinário; outros, o agravo de petição.

Há, também, que se ressaltar, neste tópico, a questão da singularidade do recurso, baseado no princípio recursal da unirrecorribilidade, eis que nosso sistema não admite que, contra o mesmo ato judicial (sentença ou acórdão), se interponha, simultaneamente, mais de um recurso.

O quarto e último pressuposto subjetivo de admissibilidade é a *inexistência de fato incompatível com a vontade de recorrer*. Ele ocorre quando a parte que tem legitimidade para recorrer pratica ato que a impede de recorrer ou extingue essa possibilidade pela via da renúncia ou aceitação da sentença ou da decisão.

---

[16] Vide súmula 214 do TST, que arrola as exceções à regra da irrecorribilidade.

Barbosa Moreira[17] assinala: "É impeditivo do poder de recorrer o ato de que diretamente haja resultado a decisão desfavorável àquele que, depois, pretenda impugná-la; por exemplo, de sentença que homologa a desistência da ação não pode recorrer a parte que desistiu, exceto se se trata de impugnar a validade da desistência".

Renúncia é ato unilateral por meio do qual alguém se despoja de um direito de que é titular, sem correspondente concessão pela parte beneficiada. É ato extintivo de direitos (art. 158 do CPC) e será sempre expresso pela via da manifestação da vontade, renunciando a um direito não exercido (petição dirigida ao juízo *a quo)*. Podem renunciar a parte ou procurador com poderes expressos para tanto, conforme CPC, art. 38. Já a aceitação da decisão ou aquiescência pode ser expressa ou tácita, e apresentada antes ou após a interposição do recurso. É o ato de conformação com a decisão (art. 503 do CPC) quando, por exemplo, a parte deixa transcorrer o prazo recursal *in albis* ou, ainda, pratica ato que, logicamente, é incompatível com o ato de recorrer (art. 503, parágrafo único), por exemplo, cumprimento do comando judicial (preclusão lógica). Ambos os casos, consoante dispõe o CPC, art. 502, não se condicionam à aceitação da parte contrária e pressupõem a publicação da decisão.

Também a desistência (art. 501, §1º, do CPC) é arrolada pela doutrina como fato incompatível com a vontade de recorrer. A desistência pressupõe o exercício do direito e poderá tornar-se fato impeditivo quando, interposto recurso, mas ainda não examinado em seu mérito, a parte desista formalmente, por petição ou perante o Tribunal por meio da sustentação oral, impedindo novas manifestações.

No que concerne aos pressupostos recursais extrínsecos, tem-se, inicialmente, a tempestividade.

Esta, por sua vez, refere-se ao momento da interposição do recurso. O recurso tempestivo é aquele que foi interposto dentro do prazo[18] estabelecido na lei. A Lei 5.584/70 uniformizou os prazos recursais no âmbito da Justiça do Trabalho, em oito dias.

A lei dispõe que todo recurso deve ser interposto dentro do prazo estabelecido, cujo cômputo obedece às regras gerais de prazo processuais dispostas na CLT, arts. 775 e seguintes e, supletivamente, o CPC (art. 242 e §§, 506 c/c 184 §§ do CPC) excluindo-se o primeiro dia e incluindo-se o último, sendo contínuos e não relevantes, podendo, entretanto, ser prorrogados pelo tempo estritamente necessário pelo juiz ou tribunal,[19] ou em

---

[17] BARBOSA MOREIRA. *Novo Processo...* p. 117.

[18] Prazo é uma porção de tempo para realização de um ato processual válido e eficaz.

[19] Os prazos podem ser legais ou judiciais. Serão legais aqueles que são fixados pela lei e judiciais aqueles que são determinados pelo juiz por livre arbítrio.

Questões Controvertidas de
DIREITO DO TRABALHO E OUTROS ESTUDOS

virtude de força maior, devidamente comprovada. Os prazos que vencerem sábado, domingo ou feriado terminarão no primeiro dia útil seguinte. Aplica-se no processo do trabalho o que dispõe o art. 188 do CPC, quanto ao prazo em dobro para Fazenda Pública e Ministério Público. Também os litisconsortes, com diferentes procuradores, têm prazo em dobro para recorrer no processo do trabalho, art. 191 do CPC.

Relativamente à interrupção dos prazos processuais, como a CLT não se manifesta expressamente sob esses casos, aplica-se, supletivamente, o CPC. Ocorre a interrupção do prazo recursal quando, durante o decurso do prazo recursal, a parte ou seu procurador venham a falecer (desde que não exista outro procurador constituído nos autos), por motivo de força maior ou, ainda, pelo oferecimento de embargos de declaração (arts. 897-A da CLT e 507, do CPC). Cessado o motivo da interrupção, o prazo começará a fluir por inteiro.

A *regularidade formal ou obediência à forma prescrita*[20] dispõe que os recursos devem ser interpostos por petição escrita e deve-se observar o nome das partes, a fundamentação e o objeto do reexame. Também nesse pressuposto devem ser consideradas certas formalidades imprescindíveis que tornam o ato válido: a motivação (exposição do direito e das razões do pedido de novo julgamento); a apresentação da petição de encaminhamento (dirigida ao juízo *a quo*) e das razões recursais (dirigidas ao órgão *ad quem*); a representação (procurador habilitado) e, em alguns recursos, certas exigências peculiares, como a comprovação da divergência no recurso de revista e a transcendência do julgado[21] etc.

É necessário frisar, ainda, dentro da regularidade formal e quanto à representação por advogado, que a parte pode recorrer sozinha ou representada por profissional. Escolhendo a representação, o profissional deverá estar habilitado nos autos por procuração, sob pena de o recurso não ser conhecido.

Acerca da habilitação do procurador, impende ressaltar, também, que o recurso será considerado inexistente se não for firmado ou se for firmado por procurador sem poderes expressos (instrumento de mandato). Não se aplica o artigo 13 do CPC, que prevê o saneamento do vício por regularização do mandato (Súmulas 383 e 395 do TST). Importante, ainda, ressaltar que serão conhecidas as razões recursais sem assinatura, desde que a petição de encaminhamento esteja devidamente firmada (OJ 120 – SDI – I – TST).

Inicialmente, note-se que a forma escrita é necessária para a interposição do recurso, não se podendo citar como ressalva o agravo retido na

---

[20] Aqui é possível lembrar do recurso por fac-símile, cuja orientação encontra-se na súmula nº 387 do TST.

[21] Art. 896-A da CLT.

forma oral, previsto no artigo 523, § 3º, do CPC e aplicável aos processos civis, contra as decisões interlocutórias proferidas em audiência, pois este acabará por adotar a forma escrita, uma vez que deve ser reduzido a termo, juntamente com a exposição sucinta de suas razões. No processo do trabalho, o modo de a parte demonstrar sua inconformidade ou irresignação diante de um ato interlocutório do juiz que lhe cause gravame se dá através do protesto antipreclusivo ou por cerceamento de defesa, que deverá, à semelhança do agravo retido, ser reduzido a termo na ata de audiência e suscitado em preliminar do recurso ordinário.

Para alguns doutrinadores, os recursos, na esfera trabalhista, dispensam algumas formalidades diante do disposto no artigo 899, *caput*, da CLT, que prevê a sua interposição por *simples petição*. Entretanto, tal afirmação não isenta o recorrente da demonstração das razões da sua inconformidade. Assim, essa expressão pode significar, apenas, que os recursos devem ser interpostos por escrito. Neste sentido, impende ressaltar a lição de Nelson Nery Júnior:[22] "...a esfera recursal, que é uma espécie de renovação do direito de ação em outra fase do procedimento, verificamos que o recurso interposto devolve ao órgão 'ad quem' o conhecimento da matéria impugnada". Salienta, ainda, o autor que as razões recursais devem ser "encerradas com o pedido de nova decisão. É esse pedido de nova decisão que fixa os limites e o âmbito de devolutibilidade de todo e qualquer recurso (*tantum devolutum quantum appellatum*)."

Dessa forma, o recurso deve ser apresentado por meio de petição escrita, contendo o nome – requisito essencial – e a motivação (a falta desse requisito torna o recurso inepto). Quanto à qualificação, esta somente será necessária quando o recurso for interposto por terceiro que ainda não esteja qualificado no processo (art. 514 do CPC).

Vale observar, também, que alguns recursos, como o agravo de instrumento, o agravo de petição e o recurso de revista, são estritamente técnicos, e pressupostos especiais necessários ao seu conhecimento devem estar presentes na petição de interposição, conforme dispõe a lei.

Por derradeiro, apresenta-se o pressuposto do *preparo*,[23] que significa a satisfação dos encargos peculiares ao processo, necessários à interposição e ao processamento do recurso. "A ausência ou irregularidade no preparo ocasiona o fenômeno da preclusão, fazendo com que deva ser aplicada ao recorrente a pena de deserção".[24]

---

[22] NERY JÚNIOR, Nelson. *Princípios Fundamentais – Teoria Geral dos Recursos.* 5ª ed. rev. e ampl., atualizada com a Lei dos Recursos para os Tribunais Superiores (9.756/98) e a Lei da Prática de Atos Processuais por Fax (9.800/99). São Paulo: RT, 2000, p. 368.

[23] Lei 8.542/92 e IN nº 3, 15, 18, 20 e 27 do TST.

[24] Nery. Op. cit., p. 366.

Questões Controvertidas de
DIREITO DO TRABALHO E OUTROS ESTUDOS

Na Justiça do Trabalho, o preparo se desdobra em custas e depósito recursal, diferentemente do que ocorre no processo civil.

As custas[25] estão disciplinadas nos arts. 789 e seguintes c/c § 2° do art. 832 da CLT, e tem natureza tributária, pois se constituem como taxa judiciária, vez que há contraprestação direta do Estado. O sistema de custas na Justiça do Trabalho sofreu alteração recente pela Lei n° 10.537/2002, que, entre outras coisas, modificou o prazo para pagamento das custas[26] e dispõe no § 1° do art. 789 que: *As custas serão pagas pelo vencido, após o trânsito em julgado da decisão. No caso de recurso, as custas serão pagas e comprovado o recolhimento dentro do prazo recursal.*

Segundo dispositivo legal, art. 832, §2° consolidado, as custas serão fixadas pela sentença e pagas pelo vencido.[27] Serão recolhidas em favor do Tesouro Nacional,[28] mediante documento de arrecadação de receitas federais (DARF), em quatro vias, adquirido no comércio local, sendo ônus da parte interessada realizar seu correto preenchimento. As quatro vias serão assim distribuídas: uma ficará retida no banco arrecadador; a segunda deverá ser anexada ao processo mediante petição do interessado; a terceira será entregue pelo interessado na secretaria do órgão judicante; a quarta ficará na posse de quem providenciou o recolhimento. É ônus do recorrente cuidar para que tal documento seja exato,[29] bem como requerer a juntada aos autos das respectivas cópias dentro do prazo recursal.[30] O mesmo procedimento das custas será aplicado aos emolumentos.

O comprovante autenticado pelo banco recolhedor de tributos federais deverá indicar o nome das partes, o juízo e o número do processo registrado em campo próprio.[31]

Deverão, ainda, conter os códigos de receita: 8019 para custas da Justiça do Trabalho (Lei n° 10.537/2002) e 8.168 para os emolumentos[32] da Justiça do Trabalho (Lei n° 10.537/2002).

---

[25] Vide Súmulas n° 25, 36 e 53 do TST.

[26] Antes da Lei 10.537/2002, tinha-se que: "O prazo para interposição do recurso é de oito dias, sendo que as custas poderão ser pagas até cinco dias após a interposição do recurso. A interposição antecipada do recurso, antes do término do prazo de oito dias, não prejudica a contagem do prazo de cinco dias para o pagamento das custas" (Enunciado n° 352 TST – cancelado pela resolução 114, de 21.11.2002).

[27] Enunciado n° 25, do TST, "A parte vencedora na primeira instância, se vencida na segunda, está obrigada, independente de intimação, a pagar as custas fixadas na sentença originária, das quais ficará isenta a parte então vencida".

[28] Instrução normativa n° 20 regula a matéria, bem como a Resolução n° 112/2002, publicada no DJ 27-09-2002, ambos do TST.

[29] Não se admite, como no processo civil (art. 511, § 2°, do CPC), que a parte complemente o valor das custas em caso de inexatidão, pois na JT as custas são fixadas pelo juiz na sentença e devem ser recolhidas no valor exato, sob pena de deserção.

[30] Antes da edição da Lei n° 10.537/2002, tinha-se cinco dias a contar da interposição do recurso para recolhimento das custas e mais cinco para comprovação dos autos.

[31] Conforme Provimento n° 4/1999, da Corregedoria-Geral da Justiça do Trabalho.

[32] Os emolumentos estão disciplinados no art. 789-B da CLT.

Assim, *vencido* pode ser o reclamante ou o reclamado. O reclamante, desde que totalmente sucumbente e não esteja amparado pelo benefício da assistência judiciária gratuita,[33] recolherá as custas. Nas demais hipóteses – a procedência e a sucumbência recíproca (procedência parcial) –, as custas serão suportadas pelo empregador, porque no processo do trabalho, relativamente às relações de emprego,[34] não há rateio das custas, como ocorre no cível.

No que concerne às custas, o artigo 789 dispõe acerca de outras situações que não envolvam recursos, como no caso de acordo firmado entre as partes. O § 3º trata da matéria: *sempre que houver acordo, se de outra forma não for convencionado, o pagamento das custas caberá em partes iguais aos litigantes*, sendo fixada sobre o valor do acordo (art. 789, I).

A lei, muitas vezes, afasta a exigência do pagamento do preparo, considerando aspectos relativos ao próprio recurso ou aos sujeitos recorrentes.[35] Pode fazer isso objetivamente em decorrência da natureza do recurso, como nos embargos declaratórios (897-A da CLT) e no agravo regimental[36] ou em razão de alguma qualidade especial do recorrente, atendendo a critério subjetivo. Assim, o art. 790-A da CLT dispõe que estão isentos do pagamento das custas, além dos beneficiários de justiça gratuita e da assistência judiciária gratuita (Lei 5.584/70, art. 14), a União, os Estados, os Municípios e respectivas autarquias e fundações públicas federais, estaduais ou municipais, que não explorem atividade econômica,[37] e o Ministério Público. A isenção, em razão dos empregados beneficiários da justiça gratuita (art. 790, § 3º, e Lei 5.584/70, art. 14, § 1º), explica-se, uma vez que a exigência do preparo significaria óbice ao direito de recorrer e, de regra, a justiça gratuita é conferida apenas ao empregado que receba salário inferior ao dobro do salário mínimo ou que se encontre em situação econômica que não lhe permita demandar sem prejuízo próprio ou do sustento de sua família, declarando tal impossibilidade expressamente.

A isenção de que trata o art. 790-A diz respeito ao momento da interposição do recurso, pois, se sucumbentes tais entidades, deverão reembolsar as despesas judiciais ao vencedor (custas, honorários periciais e de advogado, quando credenciado por sindicato).

---

[33] Art. 790, § 3º, da CLT (benefício da justiça gratuita) e Lei 5584/70, art. 14, § 1º (assistência judiciária gratuita).

[34] Para as relações de trabalho, inseridas na competência da Justiça do Trabalho pela EC 45/04, tem-se outro tratamento relativo ao preparo. Vide instrução normativa nº 27 do TST.

[35] Esta matéria estava regulada pelo Decreto-Lei nº 779/69, que fazia previsão semelhante.

[36] O *caput* do art. 511 do CPC exige, para aplicação da pena de deserção, "legislação pertinente". Assim, nestes casos, a doutrina tem entendido que os regimentos de custas podem fixar valores, mas não poderão aplicar a pena de deserção.

[37] Os pagamentos destas entidades são realizados por precatórios.

Questões Controvertidas de
DIREITO DO TRABALHO E OUTROS ESTUDOS

Salienta, ainda, o parágrafo único do art. 790-A, que a isenção não alcança entidades fiscalizadoras do exercício profissional, embora sejam autarquias, como órgãos de classe – OAB, CREA, CREMERS, entre outros.

Por força do Enunciado 86 do TST, a massa falida também está isenta do pagamento das custas e do depósito recursal, pois essa exigência dificultaria e poderia tornar-se impeditiva ao direito de recorrer, uma vez que seria necessário alvará judicial para retirada dos valores relativos ao depósito e isso deveria ser processado junto ao juízo da falência. Já as empresas em liquidação extrajudicial recolhem (OJ 31 da SBDI-1 do TST, incorporada na súmula 86), pois a liquidação é um processo administrativo.

O não-pagamento, o pagamento incompleto ou intempestivo (fora do prazo) do preparo acarretará a deserção do recurso e, por conseqüência, seu não-conhecimento. Não se pode aplicar, subsidiariamente, o § 2º do art. 511[38] do CPC, relativamente à complementação das custas, porque as custas, no processo trabalhista, foram fixadas pelo juiz na decisão, diferentemente do processo civil, em que a parte é quem irá calculá-las, admitindo, portanto, erros materiais. O TST já fixou posicionamento nesse sentido por meio da OJ 140 da SDI-1, que estabelece: *ocorre deserção quando a diferença a menor (sic.) do depósito recursal ou das custas, embora ínfima, tinha expressão monetária, à época da efetivação do depósito.* Com muito mais razão não se aplica esse dispositivo do CPC quanto ao depósito recursal, pois, para o processo civil, "preparo" refere-se apenas às custas, não existindo previsão quanto ao depósito recursal, estando fora de aplicação por incompatibilidade.

O depósito recursal[39][40] tem a natureza jurídica de garantia de juízo ou da execução e é requisito de conhecimento do recurso ordinário, de revista, dos embargos (ditos impropriamente infringentes) no TST e do extraordinário para o STF, inclusive no adesivo. Assim, não tem natureza de tributo, porque não se constitui taxa judiciária, uma vez que não é depositado em razão de qualquer atividade prestada pelo Estado, apenas garantindo, antecipadamente, a execução.

O prazo para a realização e comprovação do depósito recursal é o mesmo da interposição do recurso,[41] sem que a interposição antecipada do recurso prejudique o pagamento do depósito recursal, que poderá ocorrer até o oitavo dia – regra geral de prazo estabelecido pela Lei 5.584/70.

---

[38] "A insuficiência do valor do preparo implicará deserção, se o recorrente intimado, não vier a supri-lo no prazo de 5 (cinco) dias".

[39] Sobre depósito recursal, vide instruções normativas nº 3, 15 e 18 do TST.

[40] A súmula 128 incorporou as orientações jurisprudenciais nºs 139,189 e 190 da SDI-1, referente, ao depósito recursal.

[41] Enunciado de nº 245, TST: "O depósito recursal deve ser feito e comprovado no prazo alusivo ao recurso. A interposição antecipada deste não prejudica a dilação legal".

O depósito recursal só irá existir se houver na condenação obrigação de pagar.[42] Nas sentenças que condenem à obrigação de fazer, como, por exemplo, a devolução da carteira do trabalho ou a anulação de uma pena de advertência, não haverá depósito.

Será realizado na conta vinculada do empregado, em guia própria (GRE) prevista na Lei do Fundo de Garantia do Tempo de Serviço (Lei 8.036, art. 15); se não existir conta do FGTS (ex: pedido de reconhecimento de vínculo), a reclamada abre uma conta (CLT, art. 899, §§ 4º e 5º) para esse fim. O mesmo ocorre no caso dos empregados domésticos que não estejam cadastrados no sistema do FGTS, devendo ser indicado o número do CPF do empregador e do processo.[43] Tratando-se de reclamatória plúrima, o depósito será efetuado em nome do empregado que encabeça a ação.

O depósito será efetuado em qualquer agência bancária e transferido para a Caixa Econômica Federal – órgão gestor. Os empregados são identificados pelo número do PIS/PASEP – circular CEF nº 151/98.

O TST firmou posicionamento em sua instrução normativa,[44] segundo o qual: *Considera-se válida para comprovação do depósito recursal na Justiça do Trabalho a guia respectiva em que conste pelo menos o nome do Recorrente e do Recorrido; o número do processo; a designação do juízo por onde tramitou o feito e a explicitação do valor depositado, desde que autenticada pelo Banco recebedor.*

Via de regra, o depósito recursal é realizado pelo reclamado, já que pressupõe condenação em pecúnia. À exceção pode-se trazer o exemplo de reconvenção, em que o empregador terá contra o empregado título executivo judicial e, nesse caso, se admitiria a garantia da execução realizada pelo empregado, por meio de depósito recursal, que nesse caso está assumindo a posição de réu.

No caso de litisconsórcio passivo, haverá necessidade de pagamento do depósito para cada litisconsorciada (exemplo: tomador de serviços e empregador direto nas terceirizações), limitado ao teto ou ao valor da condenação. Ressalva se faz quando se tratar de grupo econômico: nesse caso haverá apenas um depósito recursal, considerando-se que este é realizado pelo grupo (está-se tratando de pessoas jurídicas com interesses financeiros vinculados), desde que não pretendam a exclusão do pólo passivo.[45]

No mesmo diapasão das custas, as pessoas jurídicas de direito público, conforme art. 100 da CF/88, não farão depósitos, pois os pagamentos, nas

---

[42] Enunciado 161 do TST.

[43] IN nº 15, item 5.4.1.2, do TST.

[44] Instrução normativa nº 18 do TST.

[45] Este é o entendimento do TST, OJ 190 da SDI do TST. Neste sentido deve-se lembrar do efeito expansivo ou extensivo dos recursos, art. 509 e parágrafo único, do CPC.

Questões Controvertidas de
DIREITO DO TRABALHO E OUTROS ESTUDOS

possíveis condenações, são efetuados por precatórios. Também o Ministério Público e a massa falida (enunciado 86 do TST e OJ 31 – SDI – I – TST) estão dispensados de realizar o depósito. Já as empresas em liquidação extrajudicial (processo administrativo) deverão depositar.

O depósito recursal é estipulado em tetos fixados pelo Tribunal, e sua majoração se dá de acordo com o que dispõe o art. 40 da Lei 8.177/91, variando bimestralmente pela variação acumulada do INPC do IBGE, dos dois meses imediatamente anteriores.

O recorrente com obrigação de depositar terá a fixação em tetos, dependendo do tipo de recurso, tendo como limite o valor de sua condenação, sendo que, uma vez depositado o total, nenhum depósito será exigido nos recursos posteriores, exceto se o valor da condenação sofrer majoração na decisão pelo órgão *ad quem,* que, conforme artigo 512 do CPC, é substitutiva da decisão inferior. Neste caso, quando da interposição do novo recurso o recorrente deverá complementar a importância.

Assim, por exemplo, nos recursos ordinários, se o valor da condenação for menor que o teto, o recorrente deverá depositar o total da condenação (parte dispositiva da sentença) – não pagará mais nada nos demais recursos. Se, no entanto, for maior a condenação, pagará um teto na interposição do ordinário e complementará no caso de vir a interpor outro recurso, até o limite de sua condenação.

Seguindo esse raciocínio, no caso de interposição do recurso de revista, novamente se observará o valor da condenação. Se a condenação é inferior a um teto, logo, no recurso ordinário o recorrente já depositou a totalidade da condenação, não há necessidade de complementar o valor – apenas interporá o recurso e não fará depósito. Se a condenação é superior a um teto, e no RO já foi depositado um teto, deposita-se, agora, a diferença entre o teto (RO) e a condenação. Se, porém, a condenação é superior, o limite será o pagamento de dois tetos para o recurso de revista.

Da mesma forma, se o recorrente interpuser recurso extraordinário, ele terá que depositar ou o valor que falta para completar o valor da condenação ou, se este o exceder, ele depositará mais dois tetos. Na realidade, o TST fixou que, para o recurso ordinário, o depósito será de um teto e, para os demais, será de dois tetos, para cada recurso, sempre limitados pelo valor da condenação.

O recorrente adesivo deposita, conforme a natureza do recurso – item IX – IN n° 3 e na execução não há depósito recursal.

De modo derradeiro, é importante salientar que esse trabalho procurou visar a pontos específicos, primando pela objetividade e concisão da matéria, de modo que se possibilitasse ao leitor uma abordagem capaz de elucidar algumas das dúvidas que permeiam o cotidiano jurídico, sem deixar de lado questões teóricas tão importantes no estudo do direito.

146 *Mariangela de Oliveira Guaspari*

Referências Bibliográficas

ASSIS, ARAKEN. *Condições de admissibilidade dos Recursos Cíveis.Aspectos Polêmicos e atuais dos recursos cíveis de acordo com a Lei 9756/98. 2ª série.* (Coordenação de Tereza Arruda Alvim Wambier). São Paulo: RT. 1999, pg. 11/51.

BARBOSA MOREIRA, José Carlos. *Novo Processo Civil Brasileiro.* 22ª ed. Rio de Janeiro: Forense. 2004.

——. *Comentários ao código de processo civil.* 7ª ed. Rio de Janeiro, Forense, 1998.

——. *"O juízo de admissibilidade no sistema dos recursos civis".* In: Revista de direito da Procuradoria Geral/19. Rio de Janeiro, s/e, 1968

BEZERRA LEITE, Carlos Henrique. *Curso de Direito Processual do Trabalho.* São Paulo: Ltr, 2003.

DINAMARCO, Cândido Rangel. *Fundamentos do Processo Civil Moderno.* 3ª ed. São Paulo. Malheiros Editores. 2000.

FERREIRA FILHO, Manoel Caetano. *Comentários ao Código de Processo Civil.* V. 7: processo de conhecimento, arts, 496 a 565 (Coordenação de Olívio Araújo Baptista da Silva). São Paulo: RT. 2001.

GIGLIO, Wagner. Direito Processual do Trabalho. 13ª ed. São Paulo: Saraiva. 2003.

GONÇALVES, Marcus Vinicius Rios. *Novo Curso de Direito Processual Civil.* V. 2. São Paulo: Saraiva. 2005.

NERY JÚNIOR, Nelson. *Princípios Fundamentais – Teoria Geral dos Recursos.* 5ª ed. rev. e ampl., atualizada com a Lei dos Recursos para os Tribunais Superiores (9.756/98) e a Lei da Prática de Atos Processuais por Fax (9.800/99). São Paulo: RT, 2000.

SAAD, Eduardo Gabriel. *Direito Processual do Trabalho.* 3ª ed. São Paulo: LTr, 2002.

SANTOS, Moacyr Amaral. *Primeiras Linhas de Direito Processual Civil,* 21ª ed. São Paulo. Saraiva. 2003.

TEIXEIRA FILHO, Manoel Antonio. *Sistema dos Recursos Trabalhistas.* 10ª ed. São Paulo: LTr.

— 11 —

O Contrato-Lei no Direito do Trabalho mexicano

OLGA MARIA BOSCHI AGUIAR DE OLIVEIRA

Doutora em Direito Social pela Universidade Nacional Autônoma do
México-UNAM; Diretora do Centro de Ciências Jurídicas da Universidade Federal
de Santa Catarina, Ex-Coordenadora do Curso de Pós-graduação em Direito e
Diretora do Centro de Ciências Jurídicas da Universidade Federal de Santa Catarina.
Professora dos Cursos de Graduação e Pós-Graduação da UFSC; Membro da Comissão
do Exame Nacional de Cursos - Provão e da Comisão de Avaliação das Condições
em Ensino-INEP/MEC; Consultora da SESu/MEC e da Coordenação de
Aperfeiçoamento de Pessoal de Nível Superior - CAPES.

Sumário: 1. Introdução; 2. Generalidades; 3. Definição; 4. A celebração do Contrato-Lei; 4.1. As disposições legais; 4.2. As disposições da convenção obrero-patronal;
5. O conteúdo do Contrato-Lei; 6. Duração do Contrato-Lei; 7. A revisão do Contrato-Lei; 8. O término do Contrato-Lei; 9. A convenção coletiva obrigatoria na legislação trabalhista brasileira; 10. Considerações finais; Referências bibliográficas.

1. Introdução

A presente temática, esta relacionada com o denominado *Contrato-lei*,
presente na legislação trabalhista mexicana, que tem recebido por parte da
doutrina a designação de Contrato Coletivo Obrigatório, e desde 1931, foi
incorporado na Lei Federal do Trabalho.

O principal objetivo deste trabalho é aprofundar de maneira mais específica este instituto que em momentos específicos, apesar de apresentar
uma nomenclatura distinta, também foi inserido na legislação trabalhista
brasileira, a partir de 1932, passando pela Consolidação das Leis do Trabalho (CLT) de 1943, até a promulgação do Decreto-Lei Federal nº 229, de
28 de fevereiro de 1967, que revogou os principais artigos da então denominada convenção coletiva de trabalho.

A metodologia utilizada para o desenvolvimento do trabalho valeu-se
do método de abordagem indutivo, e do método monográfico como método

Questões Controvertidas de
DIREITO DO TRABALHO E OUTROS ESTUDOS

de procedimento, e no tocante à coleta de dados, principalmente, da técnica da pesquisa bibliográfica e documental.

2. Generalidades

O instituto conhecido como *Contrato-Lei* na legislação trabalhista mexicana, recebeu por parte da doutrina a designação de *Contrato Coletivo Obrigatório,* e foi regulamentado pela Lei Federal do Trabalho de 1931. De acordo com Rivero Solana,[1] "[...] se percebe a influência da doutrina francesa", nos projetos de lei de 1928 e 1931, que culminaram com a promulgação da referida lei.

Segundo De La Cueva o surgimento do *Contrato-lei* no ordenamento jurídico mexicano, remonta aos períodos de conflitos que haviam alcançado a industria têxtil a partir dos anos 1900, em conseqüência das más condições de trabalho existentes. O autor menciona dois exemplos de *Contratos-Lei,* realizados antes da promulgação da Lei Federal do Trabalho de 1931:

> A aprovação de [...] uma tarifa mínima uniforme de salários que deveria reger em toda a República. Assim em 1º de agosto de 1912, entrou em vigor a que haveria de ser a primeira convenção lei do direito mexicano [...].[2]

> A Convenção Têxtil que foi resultado dos trabalhos realizados nos anos de 1925 a 1927.[3]

Na estrutura da Lei Federal do Trabalho de 1931, estabeleceram-se os direitos e obrigações de trabalhadores e patrões, tanto em nível individual como coletivo, assim como a competência das autoridades trabalhistas[4] para resolver através de seus tribunais específicos os conflitos entre o capital e o trabalho.

---

[1] RIVERO SOLANA, Manuel. "La Obligatoriedad del Contrato Colectivo en el Derecho Mexicano". In: JUS-Revista de Derecho y Ciencias Sociales. México, vol.XV, octubre, 1939, p.343. O texto original está assim redigido: "[...] se percibe la influencia de la doctrina francesa". Tradução livre da autora.

[2] CUEVA, Mario de la. "*La Convención-ley del Derecho Mexicano*". In: Revista Mexicana del Trabajo. México, nº1, tomo XV, enero, febrero, marzo, 1968, p.20 e 21. O texto no seu original está assim redigido: "[...] una tarifa uniforme de los salarios que deberían regir en toda la República. Asi en el 1º de agosto de 1912, entró en vigor la que habría de ser la primera convención-ley del derecho mexicano [...]". "La Convención Textil que fue resultado de los trabajos realizados en los años de 1925 a 1927". Tradução livre da autora.

[3] Cf. CUEVA, Mario de la. *El Nuevo Derecho Mexicano del Trabajo*. 2. ed. México: Porrúa, Tomo II, 1981, p. 475.

[4] Convém mencionar que as autoridades trabalhistas no direito mexicano são as seguintes: a) Secretaria do Trabalho e Previdência Social; b) Secretaria da Fazenda e Crédito Público e de Educação Pública; c) Entidades Federativas, seus Diretores ou os Departamentos de Trabalho; d) Procuradoria da Defesa do Trabalho; e) Serviço Nacional do Emprego, Capacitação e Treinamento; f) Inspetoria do Trabalho; g) Comissões Nacional e Regionais dos Salários Mínimos; h) Comissão Nacional para a Participação dos Trabalhadores nos lucros das Empresas; i) Juntas Federais e Locais de Conciliação; j) Junta Federal de Conciliação e Arbitragem; k) Juntas Locais de Conciliação e Arbitragem e o Jurado de Responsabilidades.

Segundo De La Cueva, "[...] o legislador fez dos contratos coletivos uma força viva destinada a adequar as disposições legais as necessidades e aspirações crescentes dos trabalhadores".[5]

A Lei Federal do Trabalho de 1931, foi revogada pela Lei de 23 de dezembro de 1969, que entrou em vigor no dia 1º de maio de 1970. Convém mencionar que as condições sociais e econômicas sobre as quais havia sido promulgada a lei de 1931, sofreram transformações importantes, que resultaram na elaboração de uma nova lei do trabalho que respondesse às aspirações e necessidades dos trabalhadores.

Para compreender melhor a posição do legislador mexicano quanto à regulamentação deste instituto, é conveniente mencionar parte da Exposição de Motivos da Lei Federal do Trabalho, apresentada no dia 9 de dezembro de 1968, no Congresso da União:

> O contrato-lei mexicano se distingue do contrato coletivo ordinário porque este foi criado para vigorar em uma ou mais empresas determinadas, enquanto que o primeiro vale para todas as empresas de um ramo industrial, seja em uma entidade federativa, seja em uma zona econômica que englobe duas ou mais delas, ou em todo o território nacional.

> A Lei Federal do Trabalho contém uma regulamentação que tem se revelado insuficiente: de fato, para a formação do contrato-lei se pressupõe a existência de um contrato coletivo celebrado por 2/3 dos patrões e trabalhadores de um ramo da indústria, situação que não tem ocorrido na vida real; pelo contrário, os contratos-lei vigentes tem se obtido através das convenções entre trabalhadores e patrões, convocadas especialmente para este fim. Não se considerou adequado suprimir a regulamentação atual, mas se incluiu em diversos artigos que tem por objeto dar vida ao sistema de convenções entre trabalhadores e patrões.[6]

De acordo com Cavazos Flores, é possível mencionar-se os seguintes *Contratos-lei*:

1. Indústria têxtil do ramo da seda e de toda classe de fibras artificiais e sintéticas.
2. Indústria têxtil do algodão e suas misturas.

---

5 CUEVA, Mario de la. *Panorama do Direito do Trabalho*. Porto Alegre: Sulina, 1965, p. 141-142.

6 CAVAZOS FLORES, Baltasar. "Nueva Ley Federal del Trabajo, tematizada y sistematizada". 8.ed. México: trillas, 1980, p. 52. "El contrato-ley del derecho mexicano e distingue del contrato colectivo ordinario por cuanto éste es creado para regir en una o más empresas determinadas, en tanto el primero vale para todas las empresas de una rama industrial, ya en una entidad federativa, ya en una zona económica que abarque dos o más de ellas, o en todo el territorio nacional.
Le Ley Federal del Trabajo contiene una reglamentación que se ha revelado insuficiente: en efecto, para la formación del contrato-ley se presupone la existencia de un contrato colectivo celebrado por las dos terceras partes de los patrones y trabajadores de una rama de la industria, situación que no se ha dado en la vida real; por el contrario los contratos-ley vigentes se han logrado en convenciones de trabajadores y de patronos, convocadas especialmente para ese objeto. No se consideró conveniente suprimir la reglamentación actual, pero se incluye en diversos artículos que tienen por objeto dar vida al sistema de convenciones obrero-patronales". Tradução livre da autora.

3. Indústria têxtil de lã na República Mexicana.

4. Indústria têxtil do ramo de gêneros de tela.

5. Indústria têxtil do ramo de fibras duras.

6. Indústria açucareira, álcool e similares da República Mexicana.

7. Indústria de transformação da borracha em produtos manufaturados.

8. Indústria têxtil do ramo de listas, elásticos, encaixes, cintos e etiquetas confeccionadas em teares Jacquard ou agulhas da República Mexicana.

9. Indústria do rádio e da televisão.[7]

A nova Lei Federal do Trabalho de 1970, compõe-se de 1010 artigos, dezesseis títulos e vários capítulos. As relações coletivas de trabalho estão presentes no Título Sétimo, sendo que em seu Capitulo III, encontra-se regulamentado o Contrato Coletivo de Trabalho, que em seu Artigo 386, esta assim definido:

> Contrato coletivo de trabalho é o convênio celebrado entre um ou vários sindicatos de trabalhadores e um ou vários patrões, ou um ou vários sindicatos de patrões, com o objetivo de estabelecer as condições segundo as quais deve prestar-se o trabalho em uma ou mais empresas ou estabelecimentos.[8]

Na Lei Federal do Trabalho de 1931, a definição de contrato coletivo de trabalho estava presente no Artigo 42 e na nova lei de 1970 a definição do instituto, encontra-se no Artigo 386, acima referido, acrescentando-se à primeira definição a expressão "em uma ou mais empresas ou estabelecimentos".

É conveniente destacar que a doutrina mexicana, em geral, aceita a definição de contrato coletivo do trabalho adotada pela lei, e poucos autores, tem buscado uma nova terminologia para substituí-lo. No que diz respeito ao conceito do instituto, os autores mexicanos em sua grande maioria, tem utilizado a definição que encontrasse na Lei Federal do Trabalho de 1970, não havendo uma preocupação em mudar o conceito estabelecido pelo legislador, evitando-se assim, um possível conflito entre a doutrina e a lei.

Entretanto, alguns autores apresentam conceitos próprios de contrato coletivo de trabalho, dentre eles o autor De La Cueva:

> Contrato coletivo de trabalho é o convênio que celebram as representações profissionais dos trabalhadores e dos patrões, ou estes isoladamente, para fixar suas

---

[7] Idem. 35 lecciones de Derecho Laboral. 3.ed. México: Trillas, 1983, p.289-290.

[8] TRUEBA URBINA, Alberto e TRUEBA BARRERA, Jorge. *Ley Federal del Trabajo-Reforma Procesal de 1980*. 51.ed. México: Porrúa, 1984. " Contrato colectivo de trabajo es el convenio celebrado entre uno o varios sindicatos de trabajadores y uno o varios sindicatos de patrones, con objeto de establecer las condiciones según las cuales debe prestarse el trabajo en una o más empresas o establecimientos". Tradução livre da autora.

relações mutuas e criar o direito que regula, durante certo tempo, as prestações individuais de serviços.[9]

É importante destacar, que na presente legislação mexicana, o *Contrato-lei* encontra-se no Título VII, correspondente as Relações Coletivas de Trabalho, especificamente no Capítulo IV, separado do capítulo referente ao Contrato Coletivo de Trabalho.

3. Definição

A definição de *Contrato-lei,* encontra-se no Artigo 404 da Lei Federal do Trabalho, cujo texto esta assim redigido:

> [...] é o convênio celebrado entre um ou vários sindicatos de trabalhadores e vários patrões, ou um ou vários sindicatos de patrões, com objetivo de estabelecer as condições segundo as quais deve prestar-se o trabalho em um ramo determinado da indústria, e declarado obrigatório em uma ou várias Entidades Federativas, em uma ou várias zonas econômicas que abarquem uma ou mais das referidas Entidades, ou em todo o território nacional.[10]

Desde este ponto de vista, o *Contrato-lei,* é um contrato coletivo, de índole obrigatória, que compreende as condições de trabalho que serão aplicadas nas empresas dos vários ramos da indústria, através de decreto promulgado pelo Poder Executivo Federal, e "[...] na prática é uma conseqüência da existência do contrato coletivo ordinário e tem como objetivo a generalização de seus princípios nos diversos ramos de atividades produtivas aonde existam pluralidade de empresários".[11]

O autor Cavazos Flores[12] destaca as principais diferenças entre o Contrato Coletivo de Trabalho e o *Contrato-lei*:

---

9 CUEVA, Mario de la. El Nuevo Derecho Mexicano del Trabajo. 2. ed. México, Porrúa, Tomo II, 1981, p.227. O texto no original esta assim redigido: "Contrato colectivo de trabajo es el convenio que celebran las representaciones profisionales de los trabajadores y de los patrones, o éstos aisladamente, para fijar sus relaciones mutuas y crear el derecho que regula, durante cierto tiempo, las prestaciones individuales de servicios". Tradução livre da autora.

10 CAVAZOS FLORES, Baltasar. Nueva Ley Federal del Trabajo, tematizada y sistematizada. 8.ed. México: Trillas, 1980, p. 327. O texto original esta assim redigido: " [...] es el convenio celebrado entre uno o varios sindicatos de trabajadores y varios patrones, o uno o varios sindicatos de patrones, con objeto de establecer las condiciones según las cuales debe prestarse el trabajo en una rama determinada de la industria, y declarado obligatorio en una o varias Entidades Federativas, en una o varias zonas económicas que abarquen una o más de dichas Entidades, o en todo el territorio nacional". Tradução livre da autora.

11 LÓPEZ APARÍCIO, Alfonso. "Derecho Colectivo del Trabajo". In: *El Derecho Latinoamericano del Trabajo.* México: UNAM, Tomo II, 1974, p.74. O texto no original esta assim redigido: " [...] en la práctica [...] es una consecuencia de la existencia del contrato colectivo ordinario y tiene como objeto la generalización de sus principios y ramas completas de actividades productivas en donde existe pluralidad de empresarios". Tradução livre da autora.

12 CAVAZOS FLORES, 1980. p. 327. O texto original esta assim redigido: "El contrato-ley es un contrato de industria. El contrato colectivo es un contrato de empresa. El contrato-ley se solicita ante la Secretaría del Trabajo, y el contrato colectivo ante las Juntas de Conciliación y Arbitraje. El contrato-ley debe otorgarse por varios patrones; el colectivo puede ser firmado por un solo. El contrato-ley

O contrato-lei é um contrato de indústria. O contrato coletivo é um contrato de empresa.

O contrato-lei se solicita diante da Secretaria do Trabalho e o contrato coletivo perante as Juntas de Conciliação e Arbitragem.

O contrato-lei deve outorgar-se por vários patrões: o coletivo pode ser firmado por um só.

O contrato-lei deve ser revisado 90 dias antes de seu vencimento: o coletivo 60 dias antes de seu vencimento.

O contrato-lei não pode exceder de dois anos. O contrato coletivo pode ser celebrado por tempo indeterminado.

Convém ainda mencionar as palavras do autor De La Cueva que destaca na definição de *Contrato-lei* estabelecida na Lei vigente, os seguintes princípios:

Deve ser o produto de um acordo coletivo livre entre os trabalhadores e os patrões.

Deve conter a regulamentação das relações de trabalho das empresas e estabelecimentos de um ramo determinado da indústria, fios e tecidos, açúcar, trens, etc.

Pode ter aplicação em toda a República, e neste caso adquire a categoria de uma convenção-lei nacional, de acordo com a indústria têxtil, ou somente em uma região, que pode ser uma Entidade Federativa ou parte de duas ou mais destas.

A convenção deve estar assinada pela maioria de dois terços dos trabalhadores e dos empresários, seja na República, seja de uma certa região.

A convenção deve ser declarada obrigatória para todos os trabalhadores e empresários, presentes e futuros, do ramo industrial, assim como em toda a República, bem como na região considerada.[13]

4. A celebração do Contrato-Lei

Preliminarmente, é importante destacar que no processo de celebração de um *Contrato-lei,* os titulares da ação não são os sindicatos considerados individualmente, mas aqueles que:

[...] pertencem a uma coalizão de sindicatos que englobe as duas terceiras partes dos trabalhadores sindicalizados [...].

---

es revisable 90 días antes de su vencimiento; el colectivo 60 días antes de su vencimiento. El contrato-ley no puede exceder de dos años. El contrato colectivo puede celebrarse por tiempo indefinido". Tradução livre da autora.

[13] CUEVA, Mario de la. La Convención-Ley del Derecho Mexicano, en *Revista Mexicana del Trabajo*. México, n° 1, tomo XV, enero, febrero, marzo, 1968, p. 26. O texto no original esta assim redigido: "Debe ser el producto de un acuerdo colectivo libre entre los trabajadores y los empresarios. Debe contener la reglamentación de las relaciones de trabajo de las empresas y establecimientos de una rama determinada de la industria, hilados y tejidos, azúcar, ferrocarriles, etc.. Puede tener aplicación en toda la República, en cuyo caso adquiere el rango de una convención-ley nacional, tal la condición de la industria textil, o solamente en una región, que puede ser una entidad federativa o parte de dos o más de éstas. La convención debe estar suscrita por una mayoría de dos tercios de los trabajadores y de los empresarios, sea de la República, sea de una cierta región. La convención debe ser declarada obligatoria para todos los trabajadores y empresarios, presentes y futuros, de la República, bien en la región considerada". Tradução livre da autora.

É [...] o único caso em que se permite a uma coalizão de sindicatos, sem personalidade jurídica, a faculdade de atuar diante das autoridades trabalhistas.[14]

Por outra parte, deve-se mencionar que a legislação mexicana, não confere aos patrões o direito de solicitar a celebração de um *Contrato-lei*, segundo o que estabelece o Artigo 406 da Lei Federal do Trabalho.

Quanto a formação do *Contrato-lei*, o mesmo deve seguir determinadas disposições, ou seja: as da lei, que são conhecidas como requisitos de fundo e de forma ou as da convenção dos trabalhadores e patrões.

4.1. As disposições legais

No que diz respeito aos requisitos de fundo, podem-se mencionar os seguintes: a celebração preliminar de um contrato coletivo de trabalho e a participação das duas terceiras partes dos trabalhadores sindicalizados. Estes requisitos fundamentais estão previstos com mais detalhes na primeira parte do Artigo 415 da Lei Federal do Trabalho, cujo texto esta assim redigido:

> Se o contrato coletivo tiver sido celebrado pela maioria das duas terceiras partes dos trabalhadores sindicalizados de determinado ramo da indústria, em uma ou várias Entidades Federativas, em uma ou várias zonas econômicas ou em todo o território nacional, poderá ser elevado a categoria de contrato-lei, [...].[15]

Os requisitos de forma, são aqueles fixados pela lei vigente para fazer com que o contrato coletivo seja declarado obrigatório, e se encontra também no Artigo 415, incisos I a VI, da lei acima referida, a saber:

1. A solicitação, deverá ser apresentada pelos sindicatos de trabalhadores ou pelos patrões perante a Secretaria do Trabalho e

2. Previdência Social, ao Governador do Estado ou Território ou ao Chefe do Departamento do Distrito Federal [...];

3. Os sindicatos de trabalhadores e os patrões comprovarão que satisfazem o requisito de maioria indicado no Artigo 406;

4. Os peticionários acompanharão a solicitação com a cópia do contrato e indicarão a autoridade diante da qual este será depositado;

---

[14] GALLARDO IZAQUIRRE, Everardo. Breves Comentarios sobre la Formulación y Revisión de los Contratos Colectivos de Trabajo de Carácter Obligatorio, en *Revista Mexicana del Trabajo*. México, n° 2, junio, 1968, p. 108. O texto original esta assim redigido: "[...] pertenecen a una coalición de sindicatos que engloban a las dos terceras partes de los trabajadores sindicalizados [...]. Es, [...] el único caso en que se reconoce a una coalición de sindicatos, sin personalidad jurídica, la facultad de actuar ante autoridades del trabajo". Tradução livre da autora.

[15] CAVAZOS FLORES, 1980, p. 329. O texto original esta assim redigido: " Si el contrato colectivo ha sido celebrado por una mayoría de dos terceras partes de los trabajadores sindicalizados de determinada rama de la industria, en una o varias Entidades Federativas, en una o varias zonas económicas, o en todo el territorio nacional, podrá ser elevado a la categoría de contrato-ley [...]". Tradução livre da autora.

Questões Controvertidas de
DIREITO DO TRABALHO E OUTROS ESTUDOS

5. A autoridade que receba a solicitação depois de verificado o requisito de maioria, ordenará sua publicação no Diário Oficial da Federação ou no periódico oficial da Entidade Federativa e indicará um período não menor de quinze dias para se formularem os recursos;

6. Se não se formular recurso dentro do período indicado na convocatória, o Presidente da República ou o Governador do Estado, declarará obrigatório o Contrato-lei, [...];

7. Se dentro do prazo indicado na convocatória se formularem recurso, se observará às seguintes normas:

   a) Os trabalhadores e patrões terão um período de quinze para apresentar por escrito suas observações, acompanhadas das provas que as justifiquem;

   b) O Presidente da República, ou o Governador do Estado, levando em consideração os dados do expediente, poderá declarar a obrigatoriedade do contrato-lei.[16]

4.2. As disposições da convenção obreiro-patronal

No que diz respeito à convenção obrero-patronal. não existe a dependência de um contrato coletivo de trabalho anterior, como determina a Lei Federal do Trabalho no Artigo 415 e seus incisos. Desta maneira se permite que a decisão de celebrar um *Contrato-lei* seja tomada "[...] em uma convenção na qual participem patrões e trabalhadores, e se estes chegarem a um acordo, se obtém com este pacto o substitutivo do contrato coletivo, cuja obrigatoriedade pode ser exigida cumprindo-se as demais determinações legais".[17]

É importante, entretanto, indicar que as autoridades competentes, como a Secretaria do Trabalho e Previdência Social, o Governador do Estado ou o Chefe do Departamento do Distrito Federal, poderão decidir depois de algumas considerações, se é "[...] oportuna e benéfica para a indústria à celebração do contrato-lei, e convocarão para uma convenção os sindicatos de trabalhadores e patrões que possam ser afetados",[18] de acordo com o que estabelece o Artigo 409 da Lei Federal do Trabalho.

A aprovação da convenção obrero-patronal, de acordo com o texto do *Contrato-lei,* deve ser efetuada pelo sindicato de trabalhadores (as duas

---

[16] CAVAZOS FLORES, 1980, p. 329-330.

[17] GALLARDO IZAQUIRRE, 1968, p.108. O texto esta assim redigido no original: "[...] en una convención a la que concurran patrones y trabajadores, y si éstos llegan a un acuerdo, se obtiene con este pacto el sustituto del contrato colectivo, cuya obligatoriedad puede demandarse cumpliendo los demás conceptos de la ley". Tradução livre da autora.

[18] CAVAZOS FLORES, 1980, p. 328. O texto esta assim redigido no original: "[...] oportuna y benéfica para la industria la celebración Del contrato-ley, convocará a una convención a los sindicatos de trabajadores y a los patrones que puedan resultar afectados". Tradução livre da autora.

terceiras partes) e os patrões, em conformidade com a primeira parte do Artigo 414 da Lei Federal do Trabalho.[19]

Do mesmo modo, logo depois da aprovação da convenção obreiro-patronal, pela Secretaria do Trabalho e Previdência Social, pelo Presidente da República ou pelo Governador do Estado ou pelo Chefe do Departamento do Distrito Federal, terá que ser publicada no Diário Oficial ou em periódico da Entidade Federativa, "[...] declarando-a como contrato-lei no ramo da indústria considerada, para todas as empresas ou estabelecimentos que existam ou que se estabeleçam no futuro nas Entidades Federativas, em zonas que abarquem ou em todo o território nacional", segundo o que estabelece o Artigo 414 da Lei Federal do Trabalho.[20]

Com respeito a estas duas formas de celebração de um *Contrato-lei*, estabelecidas pela referida legislação, o autor Buen Lozano,[21] menciona que:

> [...] desta maneira, [...] se consagra, em primeiro lugar, o procedimento, que consiste em convocar uma convenção obrero-patronal que aprova um texto novo para o contrato-lei e, em segundo lugar, o velho e inútil sistema de declaração da obrigatoriedade de um contrato existente.

5. O conteúdo do Contrato-Lei

Ao referir-se sobre as cláusulas que poderão conter um *Contrato-lei*, a Lei Federal do Trabalho em seu Artigo 412, incisos I a VI, fixa as seguintes:

> Os nomes e domicílios dos sindicatos de trabalhadores e dos patrões;
> a Entidade ou Entidades Federativas, a zona ou zonas que abarque a expressão em todo o território nacional;
> Sua duração, que não poderá exceder de dois anos;
> As condições de trabalho;
> As regras sobre os planos e programas de capacitação e treinamento no ramo da indústria respectiva; e
> Outras condições estipuladas pelas partes.[22]

---

[19] Idem, ibidem, p. 329.

[20] Idem, ibidem, p. 329.

[21] BUEN LOZANO, Nestor de. *Derecho del Trabajo*. 5.ed. México: Porrúa, Tomo II, 1983, p.790. O texto no original esta assim redigido: "[...] de esa manera [...] se consagra, en primer lugar, el procedimiento, que consiste en convocar a una convención obrero-patronal que aprueba un texto nuevo para el contrato-ley y, en segundo término, el viejo e inútil sistema de la declaración de obligatoriedad de un contrato existente". Tradução livre da autora.

[22] Cf. CAVAZOS FLORES, 1980, p. 328-329. O texto original esta assim redigido: "Los nombres y domicilios de los sindicatos de trabajadores y de los patrones que concurrieron a la convención; La Entidad o Entidades Federativas, la zona o zonas que abarque o la expresión de regir en todo el territorio nacional; Su duración, que no podrá exceder de dos años; Las reglas conforme a las cuales se formularán los planes y programas para la implantación de la capacitación y el adiestramiento en la rama de la industria de que se trate; y Las demás estipulaciones que convengan las partes". Tradução livre da autora.

Questões Controvertidas de
DIREITO DO TRABALHO E OUTROS ESTUDOS

Além das cláusulas acima mencionadas, o *Contrato-Lei* poderá estabelecer também, assim como o faz o Contrato Coletivo de Trabalho no Artigo 395 da Lei Federal do Trabalho, as chamadas cláusulas de exclusão de ingresso e separação, acrescentando-se ainda que "[...] sua aplicação corresponderá ao sindicato administrador do contrato-lei em cada empresa", de acordo com o Artigo 413 da referida lei e não ao sindicato majoritário como ocorre no Contrato Coletivo.[23]

Quanto a administração do *Contrato-lei* nas empresas, é oportuno mencionar que "[...] corresponderá ao sindicato que represente dentro dela o maior número de trabalhadores. A perda da maioria declarada pela Junta de Conciliação e Arbitragem produz a da administração",[24] segundo os termos provenientes do Artigo 418 da Lei Federal do Trabalho.

Ainda com respeito à administração do *Contrato-lei*, o autor Buen Lozano indica que:

[...] este conceito expressa, simplesmente, que ao sindicato majoritário corresponderá o exercício das ações coletivas derivadas da existência do contrato-lei na empresa ou estabelecimento de que se trata. Estas ações se referirão a representação dos interesses individuais para o efetivo cumprimento do elemento normativo, a exigência do cumprimento em favor do próprio sindicato, do elemento obrigatório e, por último, a representação do interesse coletivo fazendo com que as ações sejam vinculadas a vigência do contrato-lei. Este último significa, de maneira particular, promover oportunamente a revisão do contrato-lei, participar da a convenção que estudará suas reformas e decretar, no caso, a greve, caso não se chegue a um acordo coletivo na revisão.[25]

Portanto, as cláusulas que formam o conteúdo de um *Contrato-lei*, de maneira geral, são similares aquelas que encontramos nos contratos coletivos de trabalho, por exemplo, àquelas que se referem às jornadas de trabalho, dias de descanso e férias, salários, a integração e funcionamento das Comissões nas empresas, além das disposições anteriormente citadas, e que estão presentes no Artigo 391 da Lei Federal do Trabalho.[26]

---

[23] Idem, ibidem, p. 329.

[24] CAVAZOS FLORES, 1980, p. 330.

[25] BUEN LOZANO, 1983, p.794. O texto no original esta assim redigido: "[...] este concepto expresa, simplemente, que al sindicato mayoritario corresponderá el ejercicio de las acciones colectivas derivadas de la existencia del contrato-ley en la empresa o establecimiento de que se trata. Estas acciones se referirán a la representación de los intereses individuales para el efectivo cumplimiento del elemento normativo, a la exigencia del cumplimiento, a favor del propio sindicato, del elemento 'obligatorio' y, por último, a la representación del interés colectivo por lo que hace a las acciones vinculadas a la vigencia del contrato-ley. Esto último significa, de manera particular, promover oportunamente la revisión del contrato-ley, concurrir a la convención que estudiará sus reformas y decretar, en su caso, la huelga, de no llegar a un acuerdo colectivo en la revisión". Tradução livre da autora.

[26] CAVAZOS FLORES, 1980, p. 315.

A partir das cláusulas legais estabelecidas no *Contrato-lei,* o autor De La Cueva,[27] determina os elementos que compõem o referido contrato:

1.ELEMENTO NORMATIVO: Está presente nos incisos do art. 412.	2. Jornadas de trabalho; 3. Dias de descanso e férias; 4. Valor dos salários; e 5. As estipulações que julgarem convenientes.
2. ELEMENTO OBRIGATORIO	- parágrafo primeiro do art.413, que permite a inclusão das cláusulas de exclusão; e - as cláusulas obrigacionais (art. 412), que resultarem de acordo entre sindicatos e empresas.
3. ELEMENTO OCASIONAL	- cláusulas referentes a renovação dos trabalhos, pagamento de salários caídos, ou reinstalação de trabalhadores.
4. ENVOLTURA PROTETORA	- duração; vigência; revisão; prorrogação e término.

6. Duração do Contrato-Lei

A Lei Federal do Trabalho, em seu Artigo 412, inciso III, indica que a duração do *Contrato-lei,* não poderá ser superior a dois anos. Além disso, tal contrato "[...] é sempre por prazo determinado, pois não se celebra em função de uma ou várias empresas, mas sim, igual que a lei, é a norma reguladora das relações trabalhistas de todas as empresas presentes e futuras".[28]

Em todo caso, podem-se apresentar duas situações: em primeiro lugar, quando se trata de um Contrato-Coletivo que foi decretado obrigatório, este terá a faculdade de estabelecer o prazo de duração do Contrato-lei; em

---

[27] Cf. CUEVA, 1981, p. 485-487 e 489-492.

[28] CUEVA, 1981,p.489. O texto no original esta assim redigido: "[...] es siempre por tiempo determinado, pues no se celebra en función de una o varias empresas, sino que, igual que la ley, es la norma reguladora de las relaciones laborales de todas las empresas presentes y futuras". Tradução livre da autora.

Questões Controvertidas de
DIREITO DO TRABALHO E OUTROS ESTUDOS

segundo lugar, se o Contrato-lei resultou de uma convenção obrero-patronal, é a Assembléia que deverá fixar a duração, em ambas circunstâncias não poderá o contrato exceder os dois anos estabelecidos pela lei.

Por outra parte, deve-se ter em conta, que o inicio da vigência de um *Contrato-lei*, se dá, de acordo com o estabelecido no Artigo 416 da Lei Federal do Trabalho, "[...] a partir da data de sua publicação no Diário Oficial da União, ou em periódico oficial da Entidade Federativa, salvo se a convenção indicar uma data distinta".[29]

Entretanto, tendo em vista a situação anterior, deve-se acrescentar que:

> [...] o Presidente da República, não pode reduzir o prazo de duração que se fixou no contrato-lei para sua vigência, já que nenhuma disposição o autoriza a realizar um ato de tal natureza, e que por mais que justificados que possam imaginar-se os atos do Poder Executivo, é preferível a permanência das relações jurídicas existentes.[30]

7. A revisão do Contrato-Lei

O processo de revisão obrigatória de um *Contrato-lei*, deve realizar-se de acordo com os procedimentos fixados no Artigo 419, incisos I a IV, da Lei Federal do Trabalho:

> Poderão solicitar a revisão os sindicatos de trabalhadores e os patrões;

> A solicitação deverá ser apresentada na Secretaria do Trabalho e Previdência Social, ao Governador do Estado ou ao Chefe do Departamento do Distrito Federal, noventa dias antes do vencimento;

> A autoridade que receber a solicitação, deve verificar o requisito de maioria, convocando os sindicatos de trabalhadores e os patrões para a realização da convenção;

> Se os sindicatos de trabalhadores e os patrões chegarem a um acordo, as autoridades específicas, ordenarão sua publicação no Diário Oficial da União ou no jornal oficial da Entidade Federativa.[31]

Além disso, de acordo com o disposto no Artigo 419 da Lei Federal do Trabalho,

> [...] os contratos-lei serão revisados a cada ano no que se refere aos salários mensal ou por quota diária [...] e, [...] a solicitação de revisão deverá fazer-se pelo menos

---

[29] CAVAZOS FLORES, 1980, p. 330. O texto no original esta assim redigido: " [...] a partir de la fecha de su publicación en el Diario Oficial de la Federación , o en el periódico oficial de la Entidad Federativa, salvo que la convención señale una fecha distinta". Tradução livre da autora.

[30] RAMOS, Eusébio. Derecho Sindical Mexicano y las instituciones que genera. México: Velux, 1975, p. 196. O texto no original esta assim redigido: "[...] el presidente de la República, no puede reducir el plazo de duración que se fijo en el contrato-ley para su vigencia, ya que ninguna disposición lo autoriza para llevar a cabo un acto de tal natureza, y que por más justificados que puedan imaginarse los actos del Poder Ejecutivo, es preferible la permanencia de las relaciones jurídicas existentes". Tradução livre da autora.

[31] Cf. CAVAZOS FLORES, 1980, p. 331.

sessenta dias antes de cumprir-se um ano da data, para que possa surtir efeitos a partir da celebração, revisão ou prorrogação do contrato-lei. [32]

É importante destacar que, de acordo com o Artigo 420 da referida lei, se as partes não tiverem solicitado o processo de revisão ou não exerceram o direito de greve, "[...] o contrato-lei se prorrogará por um período igual aquele que se tivesse fixado para a sua duração[...]",[33] e que não poderá ser superior a dois anos, conforme já mencionado anteriormente.

Entretanto, apesar do referido anteriormente, com relação ao conteúdo do Artigo 420 da Lei Federal do Trabalho, é interessante indicar, que a legislação é omissa quanto as penalidades que devem ser aplicadas as partes envolvidas no *Contrato-lei*, que violarem as estipulações conveniadas.

No caso de violação das disposições acordadas no *Contrato-lei* por parte dos patrões, se prevê apenas que os trabalhadores poderão exercer o direito de greve e exigir que se cumpra o contrato, segundo o que dispõe o Artigo 450, inciso IV da Lei Federal do Trabalho.

8. O término do Contrato-Lei

Com relação a este tema, o Artigo 421, incisos I e II, da referida Lei, estabelece as duas circunstâncias que podem se apresentar para produzir o término do *Contrato-lei*:

> Através de mútuo consentimento entre os sindicato de trabalhadores e os patrões, e quando da revisão, os sindicatos de trabalhadores e os patrões não chegarem a um acordo, salvo se os trabalhadores exercerem o direito de greve.[34]

Em virtude do estabelecido na Lei Federal do Trabalho, nos Artigos 420 e 421, pode-se observar que existe uma certa contradição entre os dois dispositivos: em primeiro lugar, se as partes interessadas não solicitarem a revisão ou não exercerem o direito de greve (art. 420), a lei permite que o *Contrato-lei* seja prorrogado; entretanto, se as partes não chegarem a um acordo depois de realizada a revisão (art. 421), a lei considera o *Contrato-lei* terminado. Por outro lado, cabe ao legislador analisar estes dispositivos e buscar uma solução mais objetiva para tentar resolver tal contradição.

Ao referir-se sobre o procedimento adotado pela lei, para considerar o término do *Contrato-lei*, o autor Castorena assim se expressa:

---

[32] CAVAZOS FLORES, 1980, p. 331. O texto no original esta assim redigido: "[...] Los contratos-ley serán revisables cada año en lo se refiere a los salarios en efectivo por cuota diaria". Tradução livre da autora.

[33] Idem, ibidem, p. 331. O texto no original esta assim redigido: "[...] el contrato-ley se prorrogará por un período igual al que se hubiese fijado para su duración". Tradução livre da autora.

[34] Idem, ibidem, p. 331. O texto no original esta assim redigido: " Por mutuo consentimiento de las partes que representen la mayoría a que se refiere el artículo 406; y si al concluir el procedimiento de revisión, los sindicatos de trabajadores y patrones no llegan a un convenio, salvo que aquellos ejerciten el derecho de huelga". Tradução livre da autora.

[...] consideramos que o contrato-lei em si não termina, o que acaba, é a sua obrigatoriedade que se faz efetiva através da declaração do executivo correspondente e em virtude da declaração o contrato se aplica a todos os trabalhadores e a todos os patrões de um ramo industrial e de uma região. Concluída a obrigatoriedade, subsiste o contrato coletivo, as empresas e os sindicatos a que eles se obrigam se regem por ele enquanto não se celebra outro. Isto significa dizer que o efeito do término é deixar em liberdade aquelas pessoas que se obrigaram ao contrato-lei, para acordar condições diferentes daquele.[35]

Em todo o caso, os *Contratos-lei* não deveriam terminar, pois assim se perderiam algumas daquelas melhores condições de trabalho conquistadas pelos trabalhadores durante a vigência do referido contrato nos vários ramos da indústria. Acredita-se que a melhor solução seria a prorrogação do *Contrato-lei* depois de terminado o seu prazo de vigência.

9. A convenção coletiva obrigatoria na legislação trabalhista brasileira

A Consolidação das Leis do Trabalho (CLT),[36] de 1943, prevê em seu Título VI as convenções e os acordos coletivos de trabalho, os quais são reconhecidos também pelo art.7°, inciso XXVI, da Constituição da República Federativa do Brasil, de 1988.

Cabe destacar, que a CLT, diferentemente da Lei Federal do Trabalho no direito mexicano, permite a celebração de convenção coletiva ou de acordo coletivo, apenas entre dois ou mais sindicatos representativos das categorias econômicas e profissionais, não existindo a possibilidade legal de que o Presidente da República ou os Governadores dos Estados e dos Territórios e o Governador do Distrito Federal, possam transformar em obrigatória uma convenção coletiva já assinada, nem tampouco a probabilidade do Ministro do Trabalho e do Emprego,[37] de realizar uma convocatória para a realização de uma convenção obrero-patronal, com o objetivo de instituir-se um *Contrato-lei,* nos moldes da lei mexicana.

---

[35] CASTORENA, J. Jesús. Manual de Derecho Obrero-Patronal Sustantivo. 5.ed. México: Fuentes Impresores, 1971, p.288 e 289. O texto no original esta assim redigido: " [...] consideramos que el contrato-ley en sí no termina, lo que concluye, es su obligatoriedad que se hizo, efectiva, por la declaración del ejecutivo correspondiente y por virtud de cuya declaración el contrato se aplica a todos los trabajadores y a todos los patrones de una rama industrial y de una región. Concluida la obligatoriedad, subsiste el contrato colectivo, las empresas y los sindicatos a los que obligó se rigen por él mientras no se celebra otro. Esto significa que el efecto de la terminación es dejar en libertad aquellas personas a quienes obligó el contrato-ley, para concertar condiciones diferentes a las de éste". Tradução livre da autora.

[36] Cf. BRASIL. *Consolidação das Leis do Trabalho-CLT.* 29. ed. atualizada e aumentada. São Paulo: Saraiva, 2002.

[37] O Ministério passou a ser denominado Ministério do Trabalho e do Emprego, através da Medida Provisória n° 1799, de 1° de janeiro de 1990.

Entretanto, é possível identificar na legislação trabalhista brasileira, alguns dispositivos legais anteriores, que diferentemente do ordenamento jurídico atual, apresentavam uma certa semelhança com o *Contrato-lei* no México, apesar do legislador brasileiro não utilizar a mesma terminologia, são eles, o Decreto nº 21.761, de 23 de agosto de 1932, que instituiu as convenções coletivas de trabalho e a CLT, que foi promulgada em 1º de maio de 1943, através do Decreto-lei nº 5.452.

Em uma ou outra forma, a convenção coletiva de trabalho, podia ser extendida aos trabalhadores e patrões de outros Estados ou Municípios, através de ato administrativo realizado pelo Ministro do Trabalho.

Desde este ponto de vista, pode-se dizer que:

[...] extensão no sentido do direito do trabalho convencional, é o mecanismo que tem por fim dotar as convenções coletivas de força obrigatória regulamentar, mediante a aplicação de seus efeitos, por ato da autoridade pública, além das partes contratantes. Trata-se, portanto, da ampliação do campo territorial normativo e do âmbito de validade pessoal da norma.[38]

A seguir, apresentar-se-ão os respectivos textos legais do ordenamento jurídico brasileiro, para uma melhor compreensão do tema:

Decreto nº 21.761, de 23 de agosto de 1932, indicando-se alguns dos dispositivos relacionados com a temática que vem sendo apresentada e que instituiu a convenção coletiva de trabalho:[39]

Art. 11. Quando uma convenção coletiva houver sido celebrada em um ou mais Estados ou Municípios por três quartos de empregadores ou empregados do mesmo ramo de atividade profissional, poderá o Ministro do Trabalho, Industria e Comércio,[40] ouvida a competente Comissão de Conciliação, tornar o cumprimento da Convenção obrigatório, naqueles Estados ou Municípios, para os demais empregadores e empregados do mesmo ramo de atividade profissional e em equivalência de condições, se assim o requerer um dos convenentes.

§ 1º O requerimento, para esse fim, será instruído com a prova plena de haver sido a convenção coletiva formada por três quartos de empregadores ou empregados do mesmo ramo de atividade profissional e deverá conter:

---

38 NASCIMENTO, Amauri Mascaro. *Fundamentos do Direito do Trabalho.* São Paulo: LTr, 1970, p. 199-200.

39 Convém mencionar que no Decreto de 1932, o conceito de convenção coletiva de trabalho era o seguinte: "[...] ajuste relativo às condições do trabalho, concluído entre um ou vários empregadores e seus empregados, ou entre sindicatos ou qualquer outro agrupamento de empregadores e sindicatos, ou qualquer outro agrupamento de empregados"., em RIBEIRO, Augusta Barbosa de Carvalho. *O Contrato Coletivo de Trabalho e a lei brasileira.* São Paulo: LTr, 1967, p. 131.

40 Cf. O Ministério do Trabalho, Indústria e Comércio, foi criado pelo Decreto nº 19.433, de 26 de novembro de 1930, e assinado pelo Presidente Getúlio Vargas, sendo que em 1931, através do Decreto nº 19.667, de 4 de fevereiro, foi definida a sua estrutura, assim composta: Secretaria de Estado; Departamento Nacional do Trabalho; Departamento Nacional do Comércio; Departamento Nacional de Povoamento e Departamento Nacional de Estatística. Ministério do Trabalho e Emprego. Disponível em: http://www.tem.gov.br/Menu?institucional?conteúdo/histórico.asp?Acao. Acesso em: 16 maio 2003.

a) designação do ramo de atividade profissional e dos Estados ou Municípios visados pelo requerente;

b) o prazo ajustado.

§ 2º Submetido pelo ministro o requerimento à Comissão de Conciliação, será o mesmo publicado, por determinação desta, durante quinze dias e marcado o prazo de trinta dias, para que sobre ele se manifestem empregadores e empregados, opinando a favor ou contra a obrigatoriedade generalizada da convenção coletiva.

§ 3º Findo o prazo da publicação, remeterá o presidente a Comissão de Conciliação ao Ministro do Trabalho Indústria e Comércio um relatório, acompanhado de suficiente documentação, consignando:

a) o número de empregadores e empregados já participantes da convenção coletiva;

b) o número de empregadores e empregados não participantes da convenção coletiva;

c) o número de empregadores e empregados que sejam favoráveis à obrigatoriedade generalizada da convenção coletiva e dos que não o sejam;

d) todos os dados oficiais que sirvam para fornecer ao ministro elementos de convicção acerca da capacidade produtora de cada um dos empregadores.

§ 4º Concordando o ministro em tornar geralmente obrigatório o cumprimento da convenção coletiva, ficarão sem efeito naqueles Estados ou Municípios, desde a data da publicação do despacho no Diário oficial, todas as outras convenções coletivas atinentes à mesma atividade profissional excetuadas nelas as cláusulas que não colidirem com as da convenção generalizada e forem mais do que as destas favoráveis aos empregados.

§ 5º Se ao ministro parecer que a obrigatoriedade somente possa ser deferida mediante modificações na convenção a ser generalizada, fará devolver o relatório e os documentos à Comissão para submeter as modificações à liberação dos três quartos de empregadores e empregados, e só depois de aprovados por estes procederá na conformidade do § 4º.

§ 6º Caso o ministro não considere justificável a obrigatoriedade generalizada da convenção coletiva, indeferirá o requerimento fazendo devolver o relatório e os documentos à Comissão de Conciliação.

Art. 12. A convenção coletiva, quando tornada geralmente obrigatória vigorará pelo mesmo prazo que tenha sido nela estipulado ou por outro resolvido entre as partes interessadas [...].[41]

Em virtude do exposto nos artigos 11 e 12, foi possível constatar que a convenção coletiva de trabalho normalmente se destinava aos grupos pactuantes de trabalhadores e patrões. Mas, por exceção, era possível ser extendida aos trabalhadores e patrões de um mesmo ramo de atividade profissional, mediante ato do Ministro do Trabalho e de acordo com as formalidades previstas nos dispositivos legais mencionados.

Em realidade, a extensão obrigatória da convenção coletiva, teve pouca aplicação prática no direito brasileiro, aplicando-se apenas em duas si-

---

[41] RIBEIRO, 1967, p. 135-136.

tuações concretas. Assim mesmo, apresentava características normativas, pois fazia lei entre as partes.

Como exemplo da uma extensão obrigatória da uma convenção coletiva, pode-se mencionar o ato

[...] do Ministro do Trabalho em expediente publicado no Diário Oficial de 29 de julho de 1935, que ampliou e tornou obrigatória a convenção formulada no dia 12 de setembro de 1935 entre o Sindicato dos Trabalhadores dos Transportes Terrestres e o Sindicato dos Proprietários de Veículos de Carga.[42]

Consolidação das Leis do Trabalho, com a redação de 1° de maio de 1943, é conveniente mencionar, que a Consolidação, neste período, no obstante haver trocado a terminologia utilizada no Decreto-lei de 1932, de convenção para contrato coletivo, não alterou em muito, as disposições do decreto e entre outras coisas, conservou o processo de extensão dos contratos coletivos através de ato ministerial, como verificado nos seguintes dispositivos:

Art. 612. O contrato coletivo, celebrado nos termos do presente Capítulo, aplica-se aos associados dos sindicatos convenentes, podendo tornar-se extensivo a todos os membros das respectivas categorias, mediante decisão do Ministro do Trabalho, Indústria e Comércio.

Art. 616. Depois de homologado, e no prazo de sua vigência, poderá o Ministro do Trabalho, Indústria e Comércio tornar o contrato obrigatório a todos os membros das categorias profissionais e econômicas, representadas pelos sindicatos convenentes, dentro das respectivas bases territoriais, desde que tal medida seja aconselhada pelo interesse público.

Art. 617. O contrato coletivo tornado obrigatório para as categorias profissionais e econômicas vigorará pelo prazo que tiver sido estabelecido, ou por outro lado, nos termos do presente Título, quando expressamente o fixar o Ministro do Trabalho, Indústria e Comércio no ato que o tornar extensivo.[43]

Entretanto, convém esclarecer, que a CLT, desde a sua criação em 1943, passou por várias alterações, destacando-se dentre elas, o Título VI – Das Convenções Coletivas de Trabalho, no que se refere a terminologia, a competência, as exigências para a celebração, e, principalmente: a revogação do art. 612, que em 1943, permitia a extensão do contrato coletivo para todos os membros das respectivas categorias, através da decisão do Ministro do Trabalho; a revogação do art.616, que permitia ao Ministro do Trabalho, tornar o contrato coletivo de trabalho obrigatório para todos os membros das categorias profissionais e econômicas, com base no interesse público, e a revogação do art. 617, que permitia a fixação de outro prazo de vigência do contrato coletivo tornado obrigatório, pelo Ministro do Trabalho.

---

[42] COTRIM NETO, Alberto Bittencourt. *Dos Contratos Coletivos de Trabalho (Esboço de uma teoria geral dos regulamentos intersindicais de serviços profissionais)*. Rio de Janeiro: Coelho Branco, 1940, p. 162.

[43] RIBEIRO, 1967, p. 141-142.

10. Considerações finais

Mesmo antes da promulgação da Lei Federal do Trabalho em 1931, o direito mexicano já havia incorporado a denominada *Convenção-Lei*, resultado de acordos estabelecidos entre os trabalhadores e os patrões.

Além disso, o *Contrato-Lei* se diferencia do contrato coletivo ordinário, pelo fato de abranger todas as empresas de um ramo da indústria, de uma Entidade Federativa, de uma zona econômica ou em todo o território nacional, e não apenas de uma ou mais empresas determinadas.

Para a celebração do *Contrato-Lei,* exige-se a assinatura de um contrato coletivo de trabalho anterior, para que o mesmo possa então ser declarado obrigatório, pelo Presidente da República, ou pelo Governador dos Estados e Territórios [desde 1980 não existem mais Governadores de Territórios], ou a celebração de uma *Convenção obrero-patronal,* realizada por patrões e trabalhadores.

No que se refere ao ordenamento jurídico interno, o Decreto nº 21.761, de 1932, foi o responsável por instituir a convenção coletiva de trabalho no Brasil, e especificamente no artigo 11, permitia que empregadores e empregados, ou sindicatos ou qualquer outro agrupamento de empregadores e empregados, celebrassem uma convenção coletiva, e, desde que a mesma tivesse sido celebrada por três quartos dos trabalhadores e patrões do mesmo ramo de atividades profissional, poderia se tornar obrigatória para os demais trabalhadores e patrões naqueles Estados ou Municípios, mediante ato do Ministro do Trabalho, como forma de generalizar suas condições.

A extensão se fazia necessária, pois a convenção coletiva celebrada sob a égide do Decreto de 1932, somente poderia ser aplicada as partes que houvessem participado da convenção.

Porém, na Consolidação das Leis do Trabalho de 1943, os contratos coletivos celebrados, passaram a ser prerrogativa dos sindicatos pactantes, mas ainda era necessário o ato ministerial para extender as condições ajustadas a todos os membros das categorias econômicas e profissionais. Entretanto, o artigo 612 não mencionava como requisito para tornar um contrato coletivo obrigatório, que tivesse sido celebrado por três quartos dos trabalhadores e patrões.

Com a promulgação do Decreto-Lei nº 229, de 28 de fevereiro de 1967, verifica-se um retrocesso na Consolidação das Leis do Trabalho, que sofreu várias modificações, entre elas, se voltou a utilizar outra vez a terminologia convenção coletiva. Revogam-se os artigos 612, 616 e 617, entre outros e como conseqüência, deixou de existir a extensão da convenção através de ato do Ministro do Trabalho.

Assim, apenas em um período muito curto, de 1932 a 1943, ou seja, até a promulgação do Decreto nº 229/1967, a legislação trabalhista brasileira, permitiu que uma convenção coletiva de trabalho pudesse ser extendida a outros empregadores e empregados, tornando-a obrigatória, através de ato do Ministro do Trabalho.

Portanto, a legislação trabalhista no Brasil, diferentemente da legislação mexicana, não incorporou o instituto do *Contrato-lei,* demonstrando-se assim, um maior avanço por parte da Lei Federal do Trabalho, que possibilita aos trabalhadores com sua celebração, conquistar melhores condições de trabalho na industria, em condições superiores aquelas presentes no contrato coletivo de trabalho.

Referências bibliográficas

BUEN LOZANO, Nestor. *Derecho del Trabajo.* 5.ed. México: Porrúa, Tomo II, 1983.

BRASIL. *Consolidação das Leis do Trabalho-CLT.* 29.ed. atualizada e aumentada. São Paulo: Saraiva, 2002.

BRASIL. *Ministério do Trabalho e Emprego. Histórico.* Disponível em: http://www.tem.gov.br/Menu/Institucional/conteudo/historico.asp?Acao Acesso em : 16 mio 2003.

COTRIM NETO, Alberto Bittencourt. *Dos contratos Coletivos de Trabalho)Esboço de uma teoria geral dos regulamentos intersindicais de serviços profissionais).* Rio de Janeiro: Coelho Branco, 1940.

CAVAZOS FLORES, Baltasar. *Nueva Ley Federal del Trabajo, tematizada y sistematizada.* 8.ed. México: Trillas, 1980.

———. *35 lecciones de Derecho Laboral.* 3.ed. México: Trillas, 1983.

CASTOREÑA, J. Jesús. *Manual de Derecho Obrero-Patronal.* 5.ed. México: Fuentes Impresores, 1971.

CUEVA, Mario de la. "La Convención-ley del Derecho Mexicano, en Revista Mexicana del Trabajo. México, nº 1, Tomo XV, enero, febrero, marzo, 1968.

———. *El Nuevo Derecho Mexicano del Trabajo.* 2.ed. México:Porrúa, Tomo II, 1981.

GALLARDO IZAQUIRRE, Everardo. *Breves Comentarios sobre la Formulación y Revisión de los Contratos de Trabajo de Carácter Obligatorio, en* Revista Mexicana del Trabajo. México, nº 2, junio, 1968.

LÓPEZ APARICIO, Alfonso. *Derecho Colectivo del Trabajo,* en El Derecho Latinoamericano del Trabajo. México: UNAM, Tomo II, 1974.

NASCIMENTO, Amauri Mascaro. *Fundamentos de Direito do Trabalho.* São Paulo: LTr, 1970.

RAMOS, Eusébio. *Derecho Sindical Mexicano y las instituciones que genera.* México: Velux, 1975.

RIBEIRO, Augusta Barbosa de Carvalho. *O Contrato Coletivo de Trabalho e a Lei Brasileira.* São Paulo: LTr, 1976.

RIVERO SOLANA, Manoel. *"La Obligatoriedad Del Contrato Colectivo en el Derecho Obrero Mexicano",* en JUS-Revista de Derecho y Ciencias Sociales. México, vol. XV, octubre, 1939.

TRUEBA URBINA, Alberto e TRUEBA BARRERA, Jorge. *Ley Federal del Trabajo – Reforma Procesal de 1980.* 51.ed. México: Porrúa, 1984.

— 12 —

A proteção ao direito da personalidade do empregado e o novo Código Civil

SIMONE CRUXÊN GONÇALVES

Advogada, Professora de Direito do Trabalho na UNISINOS,
Coordenadora do Curso de Especialização em Direito do Trabalho do Centro de
Ciências Jurídicas da UNISINOS, Mestre em Direito do Trabalho pela USP

Este artigo tem como preocupação o estudo dos direitos da personalidade[1] do empregado, tais como o respeito à vida, à integridade física e psíquica, à honra, à privacidade, à imagem e à igualdade de tratamento.Os direitos da personalidade, de cunho extrapatrimonial, dada a sua extrema relevância, são inatos, invioláveis, intransferíveis e irrenunciáveis, não podendo o seu exercício sofrer, via de regra, privação, nem mesmo voluntária (art. 11 do Código Civil)[2].

Vários foram os diplomas, quer em âmbito internacional, quer em âmbito interno, que se preocuparam em garantir, à pessoa, o respeito à dignidade e aos seus direitos básicos imanentes à condição de ser humano. No âmbito internacional, podemos destacar, dentre vários, a Declaração de Direitos (*Bill of Rights*) de 1689; a Declaração Francesa dos Direitos do Homem e do Cidadão de 1789; a Declaração Universal dos Direitos do Homem de 1948; A Convenção Americana sobre Direitos Humanos, celebrada em 1969, na Costa Rica; a Encíclica *Rerum Novarum* de 1891.

---

[1] A expressão *direitos fundamentais* deve ser resguardada para aqueles direitos da pessoa reconhecidos e positivados na esfera do direito constitucional estatal, uma vez que o termo *direitos humanos* estaria mais ligado a documentos de direito internacional, conferindo-lhe uma validade internacional, enquanto os direitos de personalidade, o amparo jurídico de sua proteção encontra-se na esfera infraconstitucional.

[2] Art. 11 do Código Civil:Com exceção dos casos previstos em lei, os direitos da personalidade são intransmissíveis e irrenunciáveis, não podendo o seu exercício sofrer limitação voluntária.

Questões Controvertidas de
DIREITO DO TRABALHO E OUTROS ESTUDOS

No que pertine ao âmbito interno, encontramos como amparo legal à proteção os direitos fundamentais os arts. 1°, III e IV, 4°, II , 5°, I, V e X, art. 7°, XXX, XXXI, XXXII, da Constituição Federal. Na seara infraconstitucional, o direito da personalidade encontra proteção nos arts. 11 a 21 do novo Código Civil, nos arts. 373-A, 5°, 461, 482 da CLT e nas Lei 9.029/95 e Lei n° 9.263/96, só para exemplificar.

Na Lei Maior, encontramos a dignidade da pessoa e o valor social do trabalho como pilares fundamentais do nosso Estado Democrático do Direito (art. 1°, III e IV da C.F.). Também na Constituição Federal, está estabelecido que a ordem econômica funda-se na valorização do trabalho humano (art. 170 da C.F) e tem por fim assegurar a todos a existência digna, conforme os ditames da justiça social. No art. 193 da C.F., é destacado que a ordem social tem como base o primado do trabalho e a justiça social.

Entretanto, em que pese, há muito, se falar em Direitos do Homem, em Direitos Fundamentais, em Direitos da Personalidade, presenciamos, ainda, várias transgressões nessa seara. Com efeito, não raro se constata tratamento desumano em relação aos trabalhadores, diante da violação a sua liberdade, honra, dignidade, privacidade, e, também, ao submetê-los a discriminações das mais diversas ordens do empregador. O empregado, porque subordinado juridicamente, encontra-se submetido às ordens, o que, muitas vezes, pode resultar em afronta aos seus direitos da personalidade. A ótica do estudo encontra-se voltada à violação dos direitos da personalidade do empregado, contudo, por óbvio, também o empregador, seja ele pessoa física ou jurídica (art. 2° da CLT), poderá ser lesado em direitos da personalidade. A própria Consolidação das Leis do Trabalho prevê, em seu art. 483, "K", o respeito à honra e à boa fama do empregador ou seus prepostos, sob pena de o contrato ser rescindido por justa causa praticada pelo empregado. Também o art. 52 do atual Código Civil estende às pessoas jurídicas, no que couber, a proteção dos direitos da personalidade.

Em pleno século XXI, constatamos violação à mais básica das garantias do homem: sua liberdade. Recentemente, a Revista Jurídica Consulex[3] traz, como matéria de capa, o "Trabalho Escravo" . Em princípio, a escravidão no Brasil, de índios e de negros vindos da África, perdurou até 13 de maio de 1888, quando a princesa Izabel promulgou a Lei Áurea. Apesar de, há muito, ter ocorrido a abolição do regime escravocrata e de existir criminalização da adoção do trabalho forçado (arts. 149 e 197 do Código Penal), conforme a Convenção das Nações Unidas sobre Escravatura, de 1926, a Declaração Universal dos Direitos Humanos, de 1948, a Convenção n° 29 da OIT (1930) sobre o trabalho forçado e a Convenção n° 105 da OIT (1957) sobre a Abolição do Trabalho forçado de 1957, esta abominável prática de

---

[3] Revista Jurídica Consulex, Ano 6, n. 142, 15 dez 2002, p.13.

privar a liberdade de um trabalhador ainda persiste no Brasil, sobretudo no meio Rural. No mundo contemporâneo, segundo o denunciado no Relatório Global do Seguimento da Declaração da OIT relativa a Princípios e Direitos Fundamentais no Trabalho, a privação da liberdade também é encontrada na Libéria, Mauritânia, Sudão, Serra Leoa, Índia, Nepal, Paquistão, Bangladesch, Sri Lanka. Recentemente, mediante Medida Provisória nº 74, de 23/10/02, alterando a redação do inciso I, art, 2º da Lei nº 7.998/90, o Governo previu a concessão de seguro-desemprego a trabalhadores que vierem a ser identificados como submetidos a regime de trabalho forçado ou reduzido à condição análoga à de escravo, retratando a penúria de alguns.

Em abril de 2002, o Governo brasileiro, após consulta a órgãos que se preocupam com a erradicação do trabalho forçado, como o Ministério do Trabalho e Emprego, a Secretaria de Estado dos Direitos Humanos e o Ministério Público do Trabalho, aprovou o projeto do Trabalho Forçado no Brasil, que se encontra em consonância com o Programa Nacional dos Diretos Humanos II, lançado em maio de 2002, também pelo Governo. Em 13 de maio de 2002, foi publicado o Decreto nº 4.229, que dispõe sobre o Programa Nacional de Direitos Humanos – PNHD, instituído pelo Decreto nº 1.904, de 13 de maio de 1996. Na preocupação do mencionado programa, destaca-se a implementação de atos, declarações e tratados internacionais dos quais o Brasil faz parte; a redução de condutas e atos de violência, intolerância e discriminação, visando à diminuição das desigualdades sociais e a difusão do conceito de direitos humanos.

Encontra-se em tramitação, na Comissão de Seguridade Social e Família do Congresso Nacional, o Projeto de Lei nº 6.458/02, de iniciativa do Deputado José Carlos Coutinho (PFL-RJ), que prevê a obrigação social e civil, das empresas, de proteger a saúde de seus empregados contra riscos do meio ambiente de trabalho.

A lesão a interesses não patrimoniais do trabalhador que lhe viole a honra, ocasionando-lhe dor, humilhação e sofrimento e abalando sua paz interior, em virtude de ato lesivo causado pelo empregador, tem, cada vez mais, recebido atenção dos estudiosos da área trabalhista, sobretudo após a promulgação da Constituição Federal de 1988 (art. 5º V e X). Destaque merece a inovação, no atual Código Civil (Lei 10.406/02), que insere, dentro da Parte Geral, no Livro I "Das Pessoas", o Capítulo II, destinado à regulamentação "Dos Direitos da Personalidade" (arts. 11 a 21).

Sem dúvida, a Constituição Federal deu um grande e necessário avanço ao deixar claro que a violação à intimidade, à vida privada, à honra e à imagem, assegura à pessoa lesada o direito à indenização pelo dano material ou moral sofrido (art. 5º, V e X). Tal regra recebeu reforço do nosso atual Código Civil, vindo a suprir lacuna existente no Código de 1916, ao estabelecer, no seu art. 186, ser indenizável o dano causado a uma pessoa, por outrem, ainda que exclusivamente moral.

Segundo o art. 12 do Código Civil, o empregado pode exigir que cesse a ameaça, ou a lesão, a direito da personalidade, e reclamar as respectivas perdas e danos decorrentes do ato ilícito a si perpetrado pelo empregador ou seus prepostos.

A violação aos direitos da personalidade do empregado também é encontrada no mundo do trabalho mediante a prática do assédio moral. O assédio moral, em linhas gerais, consiste na exposição dos empregados a situações vexatórias, humilhantes, enfim, a ofensas das mais variadas ordens, em virtude de atitudes tirânicas e manipulações perversas do empregador ou de seus superiores hierárquicos, que lhe ocasionam sentimentos de inferioridade, mágoa, pertubação e sofrimento no ambiente de trabalho.O tema não é novo, e pode-se dizer, inclusive, que é tão antigo quanto o trabalho, porém ganhou maiores proporções a partir do estudo realizado pela psiquiatra francesa Marie France Hirigoyen.[4] Segundo o referido estudo, as estratégias mais adotadas pelo agressor, causador do assédio moral, em relação a sua vítima, são isolá-la do grupo; impedi-la de se expressar, sem dizer o porquê; fragilizá-la; ridicularizá-la, menosprezá-la frente aos pares; culpabilizá-la, tecendo comentário público sobre sua incapacidade profissional; desestabilizá-la emocional e profissionalmente, dentre outros. Tamanha é a preocupação da matéria no ambiente de trabalho, que existem alguns projetos de lei visando positivar o assunto. Só para exemplificar, cita-se o projeto de Lei nº 4.742/2001, de autoria do Deputado Marcos de Jesus que tipifica o tema: "Assédio Moral no Trabalho. Art. 146-A. Desqualificar, reiteradamente, por meio de palavras, gestos ou atitudes, a auto-estima, a segurança ou a imagem do servidor público ou empregado em razão de vínculo hierárquico funcional ou laboral. Pena: Detenção de 3 (três) meses a um ano e multa." Também visando à regulamentação da matéria, temos o projeto de Lei nº 4.591/0⊦, de autoria da Deputada Rita Camata.

A Lei nº 10.270, de 29 de agosto de 2001, que acrescentou os parágrafos 4º e 5º ao art. 29 da CLT, vedou ao empregador efetuar qualquer espécie de anotação desabonadora à conduta do empregado em sua Carteira de Trabalho e Previdência Social, sob pena de pagamento de multa. A lei teve origem em projeto apresentado em 1997, pelo, então, Deputado Paulo Paim do PT/RS, resgatando a redação original, alterada em 1967, que proibia expressamente a averbação de notas que desabonassem a conduta do empregado.

---

[4] HIRIGOYEN, Marie-France. *Assédio Moral – A violência Perversa no Cotidiano.* 4. Ed. Rio de Janeiro: Bertrand Brasil, 2001. *Mal-Estar no Trabalho – Redefinindo o Assédio Moral.* Rio de Janeiro: Bertrand Brasil, 2002.

A vida privada do empregado é inviolável, e, em caso de transgressão, ele pode requerer, mediante a ação trabalhista, que o juiz do trabalho adote providências necessárias para impedir ou fazer cessar ato contrário a essa norma, conforme estabelece o art. 21 do atual Código Civil.

Em relação à privacidade, o art. 373-A da CLT, inserido por força da lei 9.799, de 26 de maio de 1999, proíbe ao empregador ou seu preposto proceder a revistas íntimas nas empregadas ou funcionárias.

Dar um tratamento igualitário a empregados que se encontrem na mesma situação também constitui uma forma de zelar pelos direitos da personalidade, uma vez que a igualdade é um direito fundamental, inclusive classificado como de Primeira Geração ou de Defesa.[5]

No ambiente de trabalho há uma natural congregação de pessoas de diferentes idades, raça, nível social, funções, desde o mais baixo escalão até o mais alto, com suas idéias, pensamentos, cultura e ideologias, pessoas que desenvolvem trabalho manuais, outras que realizam atividades intelectuais, artísticas e técnicas. Não obstante a diversidade patente entre as pessoas que irão conviver no mesmo ambiente de trabalho, o respeito às diferenças se impõe. A discriminação existente no mundo do trabalho traça diferenciações entre os seres humanos, classificando-os em melhores e piores, aqueles que merecem regalias e aqueles que merecem menosprezo. A discriminação consiste na conduta (ação ou omissão) que viola direitos de outrem com base em critério não justo e eqüânime. Sabidamente por critérios de raça, de cor, de opção política, religiosa, sexual, por problemas físicos ou psíquicos, as pessoas sofrem desagregação e exclusão social.

Segundo Américo Plá Rodriguez,[6] o princípio da não discriminação coíbe todas as formas de diferenciações que colocam o empregado em situação de inferioridade ou mais desfavorável que o conjunto de trabalhadores, e sem razão válida nem legítima. É, portanto, de acordo com este princípio que é vedado, ao empregador, conferir tratamento desigual em casos semelhantes, por causas não objetivas. O princípio não é ferido ao se tratar, desigualmente, situações desiguais.

Vários são os diplomas legais que objetivam coibir qualquer espécie de discriminação. Para exemplificar, podemos citar, em nível constitucional, os seguintes:

O Art. 3º, III, da C.F., destaca como um dos objetivos fundamentais da República Federativa do Brasil a promoção do bem de todos, sem pre-

---

[5] Hoje já se fala em quarta geração de direitos humanos, sendo que os de primeira geração de direitos humanos, estão calcados na definição e na preservação das liberdades fundamentais, mediante o exercício da cidadania e da aplicação do princípio da dignidade da pessoa humana, conforme esclarece Elisiane Rubin Rossato. "Os direitos fundamentais como amparo ao Princípio da Precaução". Estudos Jurídicos. *Revista do Centro de Ciências Jurídicas da UNISINOS*: v.35, n.94, maio/ago 2002, p. 9.

[6] RODRIGUEZ, Américo Plá. *Princípios do Direito do Trabalho*, 3. ed., São Paulo: LTr, 2000. p. 445.

conceitos de origem, raça, sexo, cor, idade e quaisquer outras formas de discriminação.O art. 5º da C.F. proclama que todos são iguais perante a lei sem distinção de qualquer natureza. Também encontramos menção à observância ao tratamento igualitário nos seguintes dispositivos constitucionais: art. 5º, I, XLI, art. 7º, XXX, XXXI, XXXII.

Na CLT, por sua vez, encontramos a matéria regulamentada pelos seguintes dispositivos: Art. 3º, parágrafo único, art. 5º, art. 6º e art. 461.

A Lei 8.081/90 e a Lei 9.029/95 estabelecem pena para atos discriminatórios.

A Convenção nº 100 da OIT (1951) e a Convenção nº 111 da OIT, que integram nosso ordenamento jurídico pátrio, uma vez que ratificado pelo nosso país, cujos princípios devem ser observados (art. 5º, § 2º, da C.F.), vedam a prática discirminatória.

Segundo a Convenção nº 111 da OIT, o termo *discriminação* corresponde a toda distinção, exclusão ou preferência, com base em raça, cor , sexo, religião, opinião política, racionalidade ou origem social, que tenha por fito anular ou reduzir a igualdade de oportunidade ou de tratamento no emprego ou na profissão.

A Lei Magna estabelece, em seu art. 5º, XLI, que a lei punirá qualquer discriminação atentatória dos direitos e liberdades fundamentais. Com vistas a abolir práticas discriminatórias, foi instituído, pelo Decreto nº 3.952, de 04/10/2001, o Conselho Nacional de Combate à Discriminação.

Apenas para exemplificar, relacionam-se algumas espécies de discriminação que ocorrem no mundo laboral e a proteção legal pertinente sobre o tema:

Em relação às mulheres, a Lei 9.029, de 13/04/95, representou um grande avanço, na medida em que proíbe a adoção de qualquer prática de discriminação para efeitos admissionais ou de permanência no trabalho. A referida lei proíbe a adoção de qualquer prática discriminatória e limitativa para efeito de acesso à relação de emprego, ou sua manutenção, por motivos de sexo, origem, raça, cor, estado civil, situação familiar ou idade.

A Lei 9.799, de 26 de maio de 1989, insere no Texto da Consolidação das Leis do Trabalho regras sobre o acesso da mulher ao mercado de trabalho, com forma de protegê-la contra discriminações. O Decreto Legislativo 26 de 22/06/64 visa à eliminação de toda a forma de discriminação contra a mulher.

O assédio sexual, também considerado como uma forma de discriminação no trabalho, consiste em uma conduta de caráter sexual reiterada e indesejada que, por sua natureza constrangedora, tende a atingir a dignidade e/ou a integridade física ou psíquica da vítima a ele submetido. Evidencia-se como um comportamento de conotação sexista dentro do ambiente de trabalho que normalmente se formaliza por intermédio de piadas grosseiras ou de duplo sentido, insinuações ou comentários sobre a aparência física, carícias, toques, beliscões, apalpadas, "tapinhas" ou pedidos de favores sexuais indesejados. Também pode ser configurado mediante cartas, convites, e-mail de conotação sexual indesejada, exibição de material pornográfico, entre outras formas.

Não obstante a mulher estar mais sujeita ao assédio sexual, também o homem pode ser vítima de forma hetero e/ou homossexual. Dados da Organização Internacional do Trabalho (OIT) apontam que 52%[7] das mulheres economicamente ativas já foram assediadas sexualmente.

A partir da promulgação da Lei 10.224, de 15 de maio de 2.001, com a inserção do art. 216-A no Código Penal, o assédio sexual laboral, por chantagem (*quid pro quo*),[8] tornou-se tipificado.

A Lei 9.799, de 26 de maio de 1999, que acrescentou o art. 373-A, deu um grande avanço em relação à proteção legal aos direitos de personalidade, na medida em que coíbe diversas formas de discriminação no mercado de trabalhos, dentre as quais se destaca:

a) vedar a publicação de anúncios de emprego no qual haja referência ao sexo, à idade, à cor ou à situação familiar, salvo quando a natureza da atividade a ser exercida, pública e notoriamente, assim o exigir; b) recusar emprego, promoção ou motivar a dispensa do trabalho em razão do sexo, idade, cor, situação ou estado de gravidez, salvo quando a natureza da atividade seja notória e publicamente incompatível; c) considerar o sexo, a idade, a cor ou a situação familiar como variável determinante para fins de remuneração, formação e oportunidade de ascensão profissional; d) exigir atestado ou exame, de qualquer natureza, para comprovação de esterilidade ou gravidez, na admissão ou permanência no emprego; e) impedir o acesso ou adotar critérios subjetivos para deferimento de inscrição ou aprovação em concursos, em empresas privadas, em razão de sexo, idade, cor, situação familiar ou estado de gravidez.

Em relação à privacidade, o art. 373-A da CLT também prevê a proibição do empregador ou seu preposto de proceder revistas íntimas nas empregadas ou funcionárias.

---

[7] *Jornal do Comércio* de Porto Alegre, 28 fev 2003, p. 7.

[8] A doutrina classifica o assédio sexual em duas espécies: o por chantagem, também denominado (*quid por quo – isto por aquilo*) e por intimidação, também denominado ambiental. O primeiro consiste na prática, por parte do empregador ou de superior hierárquico, que pretende da vítimas a prática de uma conduta de natureza sexual, não desejada pela vítima, sob a ameaça de perda de uma vantagem ou benefício ligado à relação de emprego (v.g., promoção, reajuste salarial, transferência). Há, nesse tipo de assédio, a presença do "poder". O segundo, também decorrente de práticas de natureza sexual não desejada, só que a autoria, normalmente, vem de colegas de trabalho, que detêm a mesma posição hierárquica, e que criam um mal-estar no trabalho, tornando-o hostil à pessoa assediada.

Especial proteção merecem os deficientes físicos contra atos discriminatórios. Nesse sentido, destaque merece o Decreto Federal 3.298, assinado em 1999, o qual determinou a obrigatoriedade de as empresas com 100 ou mais empregados reservarem de 2% a 5% dos seus cargos aos trabalhadores portadores de deficiência. O referido decreto visou a regulamentar o art. 7º, da Constituição Federal.

O Decreto 3.952, de 04/10/2001, publicado no DOU em 05/10/2001, dispõe sobre o Conselho Nacional de Combate à Discriminação – CNCD –, que visa a promover a igualdade dos indivíduos no País, a proteção dos seus direitos e o reconhecimento dos grupos étnicos afetados por discriminações.

Não obstante o racismo ser considerado crime inafiançável e imprescritível (art. 5º, XLII, da C.F.), o certo é que a população negra continua sofrendo sérios problemas de discriminação, inclusive em relação à matéria salarial. A Lei 7.716, de 05/01/89, define os crimes resultantes de preconceitos por motivo de raça e de cor. O Decreto 65.810, de 08/12/69, cuida da eliminação de todas as formas de discriminação racial.

Também em relação ao empregado portador do vírus HIV, quando se constata que foi despedido em razão de atitude discriminatória perpetrada pelo empregador, os nossos Tribunais pátrios, utilizando-se, por analogia, da Lei 9.029/95, têm-se inclinado[9] a determinar a reintegração no emprego, mais o pagamento de indenização por danos morais decorrentes do ato praticado.

A Organização Internacional do Trabalho, ciente da existência de práticas preconceituosas e discriminatórias que violam os direitos das pessoas com HIV e AIDS, estabeleceu recomendações para os países-membros com o objetivo de coibi-las, dentre as quais se destacam:"- fomentar um espírito de compreensão para com as pessoas infectadas pelo vírus e os pacientes com AIDS; proteger os direitos humanos e a dignidade das pessoas infectadas pelo HIV e/ou doentes com AIDS; evitar toda medida discriminatória ou estigamatizante contra elas na provisão de serviços, empregos e viagens;

---

[9] "Aids. Discriminação. Readmissão. Dano moral. Comprovada a discriminação ao trabalhador portador do vírus da imunodeficiência humana (HIV), aplicam-se os preceitos da Lei nº 9.029/95, com a sua readmissão e o reconhecimento do dano moral." (TRT-SC-RO-V 10159/99 – Ac. 1ª T., nº 00428/0001 – Rel. juiz C. A. Godoy Ilha).
"Reintegração. Empregado portador do vírus da AIDS. Caracterização de despedida arbitrária. Muito embora não haja preceito legal que garanta a estabilidade ao empregado portador da Síndrome da Imunodeficiência Adquirida, ao Magistrado incumbe a tarefa de valer-se dos princípios gerais de Direito, da analogia e dos costumes para solucionar os conflitos ou lides a ele submetidos. A simples e mera alegação de que ordenamento jurídico nacional não assegura ao aidético (sic) o direito de permanecer no emprego é suficiente a amparar uma atitude altamente discriminatória e arbitrária que, sem sombra de dúvida, lesiona de maneira frontal o princípio da isonomia insculpido na Constituição da República Federativa do Brasil" (TST-RR 21.7791/95-3 AC.-2ª. T. 3.473/97, 14/05/97, Rel. Min. Valdir Rughetto).

garantir a índole confidencial das provas do HIV e promover a disponibilidade de assessoramento a outros serviços de apoio".[10]

Também merece destaque, em relação à matéria, a Lei 11.872, de 19 de dezembro de 2002, promulgada pelo Governo do Estado do Rio Grande do Sul, com vistas ao reconhecimento do respeito à dignidade da pessoa, reprimindo atos atentatórios e coibindo toda forma de discriminação fundada na orientação, identidade e preferência sexuais.

Os trabalhadores que são submetidos a tratamento discriminatório, a atos humilhantes e que infrinjam sua honra e dignidade sofrem uma série de sintomas e seqüelas, dentre as quais é possível destacar abalo à auto-estima, gerando desestruturação na própria identidade do indivíduo; desenvolvimento de um sentimento de inferioridade; diminuição do rendimento; estresse; deterioração das relações interpessoais; acentuado aumento das doenças e mortes por causas cardiovasculares; abstencionismo ao trabalho; aumento de consumo de bebidas alcoólicas e de substâncias tóxicas.

Considerações finais

O empregador deve-se preocupar em promover a humanização no ambiente de trabalho, coibindo qualquer espécie de intimidação, molestamento, transgressão à honra e à paz interior, discriminação, segregação e não respeito a diversidades, enfim violações a direitos da esfera íntima do trabalhador, de cunho extrapatrimonial.

O Ministério Público do Trabalho, por intermédio da "Coordenadoria de Defesa dos Direitos Difusos e Coletivos – CODIN" , também exerce um importante papel na busca para evitar qualquer espécie de tratamento degradante, humilhante ou discriminatório.

Ao empregador incumbe zelar por um processo de humanização das relações de trabalho, impedindo qualquer manifestação que viole a dignidade do trabalhador, com vistas a desqualificá-lo e humilhá-lo. A empresa deve tentar desenvolver uma política gerencial, a fim de proibir qualquer ato discriminatório, hostil, agressivo, danoso, persecutório no ambiente de trabalho, que venha a trazer seqüelas de ordem física e psíquica ao trabalhador.

O empregador deve procurar esclarecer e propagar, entre os seus empregados, o respeito aos direitos fundamentais. É importante existir na empresa normas claras que estabeleçam uma política de conduta a ser observada, centrada no respeito ao próximo, criando, dessa forma, um comprometimento com um ambiente de trabalho saudável. Sem dúvida, o trabalho constitui uma dimensão fundamental da existência do homem, e, por

---

[10] *Revista Gênesis*, Curitiba , 17 (102) – junho de 2001, p. 922.

essa razão, o empregado necessita se sentir integrado à empresa e, sobretudo, valorizado. Tal preocupação também se intensifica na medida em que o empregador é responsável pela reparação dos danos, pelos atos de seus empregados, no exercício do trabalho que lhes competir, ou em razão dele, conforme preceitua o art. 932, III, do atual Código Civil.

O tema, apesar de antigo, continua na ordem do dia, na medida em que a implementação da harmonia e da paz social constituem um anseio de todas as Nações. Como bem salienta o conceituado jurista Ingo Wolfgang Sarlet,[11] apenas quando (e se) o ser humano viesse ou pudesse renunciar à sua condição é que se poderia cogitar da absoluta desnecessidade de qualquer preocupação com a dignidade humana e, por sua, já que indissociável, os direitos fundamentais.

Sendo assim, a busca de um ambiente de trabalho saudável, pautado no respeito ao próximo, não-discriminatório, no qual sejam observados os princípios constitucionais da dignidade humana e do valor social do trabalho, deve continuar sendo uma das grandes preocupações do mundo laboral contemporâneo, sobretudo nos países que são considerados um Estado Democrático de Direito.

Referências bibliográficas

ALMEIDA, Fernando Barcellos. *Teoria geral dos direitos humanos*. Porto Alegre: Sergio Antonio Fabris, 1996.

ALMEIDA, Lucio Rodrigues. *O dano moral e reparação trabalhista*. Rio de Janeiro: AIDE, 1999.

ALEXY, Robert. *Teoria de los derechos fundamentales*. Madri: Centro de Estudios Constitucionales, 1997.

ALVES, Cleber Francisco. *O princípio constitucional da dignidade da pessoa humana: o enfoque da doutrina social da igreja*. Rio de Janeiro: Renovar, 2001.

BARROS, Alice Monteiro. *Proteção à intimidade do empregado*. São Paulo: LTr., 1997.

BOBBIO, Norberto. *A era dos direitos*. 14. tiragem. Rio de Janeiro: Editora Campus, 1992.

COSTA-MARTINS, Judith. A boa-fé no direito privado. 1. ed. 2. tiragem. São Paulo: Revista dos Tribunais, 2000.

COSTA, Orlando Teixeira. *O direito do trabalho na sociedade moderna*. São Paulo: LTr., 1998.

COSTA, Sílvia Generali da. *Assédio – uma versão brasileira*. Porto Alegre: Artes e Ofício, 1995.

GONZÁLEZ PEREZ, Jésus. *La dignidad humana*. Madrid: Civitas, 1986.

HIRIGOYEN, Marie-France. *Assédio moral – a violência perversa no cotidiano*. 4. ed. Rio de Janeiro: Bertrand Brasil, 2001.

——. *Mal-estar no trabalho – redefinindo o assédio moral*. Rio de Janeiro: Bertrand Brasil, 2002.

---

[11] SARLET, Ingo Wolfgang. *Dignidade da pessoa humana e direitos fundamentais na Constituição Federal de 1988*. 2. ed. Porto Alegre: Livraria do Advogado, 2002. p. 27.

HUSBANDS, Robert. *Analisis Internacional de Las Leyes que Sancionan el Acoso Sexual*. Revista Internacional Del Trabajo, Genebra, OIT, v. 134, 1992.

LIMA, Francisco Gérson Marques. *Igualdade de tratamento nas relações de trabalho*. São Paulo: Malheiros, 1997.

LIPPMANN, Ernesto. *Assédio sexual nas relações de trabalho*. São Paulo: LTr, 2001.

MAR SENA, Maria Del. *El Acoso Sexual en el Trabajo: su Sanción en el Orden Social*. Revista Relaciones Laborales, Madrid, n. 17, 1990.

PAMPLONA FILHO, Rodolfo. *O assédio sexual na relação de emprego*. São Paulo: LTr., 2001.

PEDREIRO, Pinho. *O Princípio da Igualdade de Tratamento*. Revista LTr, v. 60, n. 4, abril 1996.

PIOVESAN, Flávia (Coord.). *Direitos humanos, globalização econômica e integração regional – desafios do direito constitucional*. São Paulo, 2002.

SARLET, Ingo Wolfgang. *A eficácia dos direitos fundamentais*. 3. ed. Porto Alegre: Livraria do Advogado, 2003.

——. *Dignidade da pessoa humana e direitos fundamentais na Constituição Federal de 1988*. 2. ed. Porto Alegre: Livraria do Advogado, 2002.

SILVA, Edson Ferreira. *Direito à intimidade*. São Paulo: Editora Oliveira Mendes, 1998.

SILVA, Luiz de Pinho Pedreira da. *O Assédio Sexual em Face do Direito do Trabalho*. Revista Trabalho & Doutrina, São Paulo: Saraiva. n. 9, 1996.

SCHÄFER, Jairo Gilberto. *Direitos fundamentais – proteção e restrições*. Porto Alegre: Livraria do Advogado, 2001.

ROBORTELLA, Luiz Carlos Amorim e PASTORE, José. *Assédio sexual no trabalho – o que fazer?* São Paulo: Makron Books, 1998.

ROSSATO, Elisiane Rubin. Estudos Jurídicos. *Revista do Centro de Ciências Jurídicas da UNISINOS: Os direitos fundamentais como amparo ao Princípio da Precaução*. São Leopoldo, v. 35, n. 94, maio/agosto 2002.

SANTOS, Aloysio. *Assédio sexual nas relações trabalhistas e estatutárias*. Rio de Janeiro: Forense, 1999.

SANTOS, Enoque Ribeiro dos. *O dano moral na dispensa do empregado*. São Paulo: LTr., 1998.

——. *Tutela da Personalidade do Trabalhador*. Revista LTr, 59- maio. p. 595

SARTORI, Frei Luís Maria A. *O trabalho na dinâmica do evangelho. Teologia, filosofia e pastoral do mundo do trabalho*. 2. ed. São Paulo: LTr, 1999.

— 13 —

Formas de contratar no Direito do Trabalho brasileiro: evolução histórica e aplicação subsidiária do Código Civil

RAFAEL FORESTI PEGO

Bacharel em Ciências Jurídicas e Sociais pela Pontifícia
Universidade Católica do Rio Grande do Sul

Sumário: Introdução; 1. O contrato individual do trabalho; 1.1. Noções Preliminares e Características; 1.1.1. Conceito; 1.1.2. Requisitos do Contrato de Trabalho; 1.1.3. Características do contrato de trabalho; 1.1.4. Requisitos do negócio jurídico; 1.2. Natureza Jurídica do Contrato de Trabalho; 1.2.1. O anticontratualismo; 1.2.2. Teorias Mistas; 1.2.3. Teoria Contratualista; 1.2.4. Dirigismo contratual; 2. Da função social dos contratos; 2.1. O instituto da função social no Direito Civil brasileiro; 2.1.1. Precedentes; 2.2.2. Da função social dos contratos no Direito Civil; 2.2.3. A boa-fé no contrato individual do trabalho; 2.2.4. A função social nos contratos individuais de trabalho; 3. Tendências modernas; 3.1. Tendências Atuais Quanto à Forma de Contratar na Relação de Emprego; 3.2. A Excelência no Contrato Individual do Trabalho; 3.3. A Revisão Contratual no Direito do Trabalho Fundada na Função Social dos Contratos Trabalhistas; Conclusão; Referências bibliográficas.

Introdução

O Direito do Trabalho passa por um período de constantes transformações, principalmente em decorrência da denominada Revolução Tecnológica, caracterizada pela alteração nos modos de produção, pelo desenvolvimento do fenômeno "globalização" e pela valorização da informação. Os operadores do Direito do Trabalho travam severas discussões acerca da tendência flexibilizatória das normas trabalhistas, como forma de solução dos problemas sociais impostos por essa nova realidade.

Tais transformações, tanto na sociedade quanto nas relações de emprego, têm o condão de intervir e modificar institutos jurídicos consagrados perante nosso ordenamento jurídico, tratamento este que não é diferente em relação ao contrato de trabalho. Desemprego, dificuldades no acesso à renda, miséria, exploração do trabalhador e exclusão social constituem-se uma realidade que não pode ser negada, sendo assim a contratação do trabalho está sofrendo freqüentes transformações, ora em prol da competitividade acirrada e de um capitalismo ávido, ora em razão da necessidade de concretização de medidas tendentes a solucionar os problemas sociais.

Paralelamente, tem-se o desenvolvimento do Estado Social, fundado em garantias constitucionais fundamentais do cidadão, que valorizam o trabalho e a dignidade da pessoa humana. Ainda, surge em 2002 um novo Código Civil, transpassando antigas concepções de liberalismo econômico e autonomia individual, consagrando expressamente os princípios da função social dos contratos e da boa-fé.

Com o objetivo de compreender as tendências contratuais modernas no direito do trabalho diante de inúmeras transformações, fez-se um estudo, inicialmente, do contrato individual de trabalho no direito brasileiro: sua evolução, características e natureza jurídica. Em seguida, torna-se necessária a análise do instituto da função social dos contratos, que é originária do Direito Civil, mas que interfere subsidiariamente e merece ser aplicada no Direito do Trabalho.

O princípio da função social ganhou força a partir da promulgação da Constituição Federal de 1988, inicialmente ligado aos direitos da propriedade. Embora houvesse construções doutrinárias e jurisprudenciais acerca da funcionalização dos contratos, foi a partir do Código Civil de 2002 que tal instituto recebeu o devido tratamento e, assim, tornou-se possível pensar a sua aplicação subsidiária nos contratos de trabalho pelo permissivo contido no artigo 8º da Consolidação das Leis Trabalhistas.

Não se pode deixar de lado a aplicação do princípio da função social e demais valores constitucionais fundamentais do Estado Social no contrato de trabalho, em razão de uma gama de transformações na órbita do trabalho, as quais acabam por colocar em xeque o próprio Direito do Trabalho mediante discussões intituladas "legislado *versus* negociados".

Nesse sentido, este trabalho mostra as tendências modernas na forma de contratação do trabalho, sugerindo, ao cabo, as condições que resultariam na excelência do contrato individual do trabalho. Inclusive, em contraposição às práticas que ferem os valores estudados, é de se pensar na possibilidade da revisão judicial dos contratos de trabalho de forma a adequá-los a esta nova realidade contratual concebida como pós-moderna.

1. O contrato individual do trabalho

1.1. Noções Preliminares e Características

1.1.1. Conceito. O instituto jurídico denominado contrato de trabalho possui uma gama de elementos, características e peculiaridades, que acabam por tornar extremamente árdua a tarefa de formular uma conceituação que abranja todos esses caracteres que permeiam esse instituto. Entretanto, é de imperiosa necessidade trazer uma definição de contrato de trabalho, ainda que de forma genérica, como ponto de partida para um aprofundamento da matéria.

Tal dificuldade de conceituar contrato de trabalho é real e pode ser constatada pela existência dos mais variados conceitos, formulados pelos principais autores do direito do trabalho que, em regra, tentam incluir nessa definição, de forma sucinta, aqueles elementos considerados essenciais. De todos, privilegia-se a conceituação proposta pela ilustre Carmen Camino, que trata o contrato individual do trabalho como:

> (...) a relação jurídica de caráter consensual, intuito personae em relação ao empregado, sinalagmático, comutativo, de trato sucessivo e oneroso pela qual o empregado obriga-se a prestar trabalho pessoal, não-eventual e subordinado ao empregador o qual, suportando os riscos do empreendimento econômico, comanda a prestação pessoal de trabalho, contraprestando-a através de salário.[1]

Salienta-se que se trata de uma definição doutrinária, uma vez que o conceito trazido pela CLT, nos termos do art. 442,[2] é considerado insuficiente, precário e até redundante por aqueles que consideram contrato e relação de emprego uma só figura ou, ainda, duas figuras coexistentes harmonicamente em uma mesma realidade.

É interessante somar ao conceito supracitado alguns caracteres mencionados por outros doutrinadores, como, por exemplo, o professor Sérgio Pinto Martins, que enfatiza ser o contrato de trabalho um "(...) negócio jurídico entre uma pessoa física (empregado) e uma pessoa física ou jurídica (empregador) sobre condições de trabalho".[3] Ainda, o professor José Augusto Rodrigues Pinto[4] acrescenta, em sua conceituação de contrato indi-

---

[1] CAMINO, Carmen. *Direito Individual do Trabalho*. 4 ed. Porto Alegre: Síntese, 2003, p. 257.

[2] "Art. 442 – Contrato individual de trabalho é o acordo tácito ou expresso, correspondente à relação de emprego.
Parágrafo único – Qualquer que seja o ramo de atividade da sociedade cooperativa, não existe vínculo empregatício entre ela e seus associados, nem entre estes e os tomadores de serviços daquela." (BRASIL. Consolidação das Leis Trabalhistas: Decreto-lei nº 5.452, de 1º de maio de 1943. Disponível em: http://www.planalto.gov.br. Acesso em: 05 ago. 2004.)

[3] MARTINS, Sérgio Pinto. *Direito do Trabalho*. 19 ed. São Paulo: Atlas, 2004, p.114.

[4] PINTO, José Augusto. *Curso de Direito Individual do Trabalho: noções fundamentais do direito do trabalho, sujeitos e institutos do direito individual*. 5 ed. São Paulo: LTr, 2003, p. 161.

vidual de emprego, a informalidade, reconhecida na possibilidade da sua celebração tácita.

Estabelecida uma definição inicial do contrato de trabalho, passa-se ao exame do seu objeto. Nesse sentido, não há divergência na doutrina, existindo o que Carmen Camino denomina duplo objeto do contrato de trabalho,[5] pois, para o empregado, o objeto do contrato é o salário, enquanto, para o empregador, é a força de trabalho. O mestre Sérgio Pinto Martins leciona, de forma objetiva, que constitui o objeto do contrato de trabalho "(...) a prestação de serviço não-eventual, mediante pagamento de salário".[6] Por fim, citam-se os ensinamentos de Américo Plá Rodriguez, que considera ser o objeto do contrato de trabalho as obrigações fundamentais que dele decorrem, especificamente a prestação de serviço e o respectivo pagamento.[7]

1.1.2. Requisitos do Contrato de Trabalho. O contrato de trabalho possui requisitos que acabam por diferenciá-lo das demais modalidades de contratação, inclusive tais requisitos servem para afastar, de plano, qualquer teoria que questione a independência ou existência desse instituto. Adota-se a enumeração elaborada pelo professor Américo Plá Rodriguez,[8] o qual sustenta a existência de quatro requisitos que caracterizam o contrato de trabalho e são inquestionáveis, ou seja, identificando-os em uma determinada situação de fato, está caracterizada a relação de trabalho e o perfil individual do contrato de trabalho.

O primeiro requisito é a atividade pessoal, em que o trabalho é um fazer humano, desenvolvido por uma pessoa certa e determinada. O vínculo empregatício se estabelece em relação àquele trabalhador, o qual não poderá ser substituído por outro na relação. Enfim, o contrato de trabalho é *intuitu personae* em relação ao empregado, eis que estritamente pessoal e, em assim sendo, apenas pode ser utilizada em um contrato de trabalho uma pessoa física. Embora a magistrada Carmen Camino[9] inclua também esse requisito como uma característica do contrato de trabalho, opta-se por abordá-lo neste trabalho como requisito essencial do contrato de trabalho.

O elemento seguinte é a subordinação, que tem grande destaque dentre os requisitos estudados por ser o mais característico do contrato do trabalho. A subordinação pode ser analisada sob diferentes concepções, tais como subordinação técnica, jurídica, social, econômica etc. Porém, como requi-

---

[5] CAMINO, Carmen. *Direito Individual do Trabalho,* ob. cit., p. 257.

[6] MARTINS, Sérgio Pinto. *Direito do Trabalho,* ob. cit., p. 127.

[7] PLÁ RODRIGUEZ, Américo. *Curso de direito do trabalho;*.São Paulo: LTr, 1982, Tradução de: João da Silva Passos, p. 120.

[8] Idem, p. 27.

[9] CAMINO, Carmen. *Direito Individual do Trabalho,* ob. cit., p. 253.

sito do contrato de trabalho, leva-se em conta a subordinação jurídica (ou hierárquica), também conhecida como dependência, expressões sinônimas que indicam inferioridade e vulnerabilidade do empregado.

A subordinação está intimamente ligada ao poder de direção do empregador, mesmo que seja apenas uma faculdade do mesmo de comandar a prestação de serviço. O simples fato de o empregado colocar a sua força de trabalho à disposição do seu empregador caracteriza a subordinação. Máximo Daniel Monzón[10] bem sintetiza a subordinação ao mencionar que ela representa o aspecto passivo do poder de direção que o empregador possui.

O terceiro requisito é a onerosidade, que está caracterizada pela retribuição (contrapartida) aos serviços prestados. Nesta esteira é que se pode afirmar que sem remuneração inexiste relação de emprego, nos termos do artigo 3º da CLT.[11] Entretanto, a ausência de salário não significa que inexista contrato de trabalho, apenas indica a inadimplência da prestação principal deste contrato, conforme entendimento da professora Carmen Camino.[12]

O quarto e último requisito fundamental é a continuidade (ou durabilidade) da relação jurídica, ou seja, um contrato de duração, de trato sucessivo, que não se exaure em um único ato. Destaca-se o aspecto subjetivo deste requisito, que se verifica na intenção dos contratantes de que a relação perdure.

Findo o exame dos requisitos essenciais do contrato de trabalho, não se pode deixar de mencionar outros requisitos que, *a priori*, não constituem óbice à existência do contrato de trabalho. Sendo assim, faz-se referência à alteridade, que significa trabalhar por conta de outro, de forma que o empregado não assume os riscos da atividade desenvolvida pelo empregador. Embora Sérgio Pinto Martins[13] trate a alteridade como requisito essencial do contrato de trabalho, essa interpretação não parece ser a mais plausível, uma vez que a alteridade se encontra implicitamente nos elementos essenciais da subordinação e onerosidade.

Ainda nesta temática, inclui-se o requisito da exclusividade, que supõe a impossibilidade de o trabalhador prestar serviços a mais de um patrão simultaneamente. Entretanto, a prática decorrente da realidade trabalhista impõe o desenvolvimento do duplo emprego, permitindo a existência su-

---

10 MONZÓN, Máximo Daniel. Sobre el concepto y alcance de la subordinación. *Revista Derecho del Trabajo*, 1949, p. 88.

11 "Art. 3º – Considera-se empregado toda pessoa física que prestar serviços de natureza não eventual a empregador, sob a dependência deste e mediante salário.(...)" (BRASIL. Consolidação das Leis Trabalhistas: Decreto-lei nº 5.452, de 1º de maio de 1943. Disponível em: http://www.planalto.gov.br. Acesso em: 05 ago. 2004.)

12 CAMINO, Carmen. *Direito Individual do Trabalho*, ob. cit., p. 196.

13 MARTINS, Sérgio Pinto. *Direito do Trabalho*, ob. cit., p. 126.

cessiva de contratos trabalhistas, observadas as limitações legais e as obrigações contratuais.

O jurista Américo Plá Rodriguez[14] cita o requisito da profissionalidade e o da colaboração. O primeiro, consubstanciado na prestação de trabalho, objetiva a obtenção de meios econômicos de subsistência e o exercício habitual de uma atividade, porém não deveria ser considerado elemento essencial por estar implícito nos demais requisitos analisados. O segundo, oriundo da doutrina italiana, está relacionado à confiança, ou seja, desenvolve uma atividade que, se possível, seria realizada pelo próprio empregador. Porém, também não pode ser considerado como requisito fundamental, pois está implícito na subordinação, e a colaboração constitui um dever decorrente do contrato de trabalho.

1.1.3. Características do contrato de trabalho. O contrato de trabalho, no plano da teoria geral das obrigações, se submete a uma classificação comum dos atos jurídicos. A professora Carmen Camino[15] elenca seis principais características do contrato de trabalho. A primeira delas é a consensualidade, uma vez que basta o simples acordo de vontades entre as partes, dispensando uma manifestação expressa de vontade ou qualquer outra formalidade. Também é um contrato *intuitu personae* em relação ao empregado, conforme o elemento da pessoalidade já analisado anteriormente.

Ainda, é um contrato sinalagmático (ou bilateral), no sentido de que impõe obrigações recíprocas aos contratantes. Como norma geral implícita em todos os contratos bilaterais, restou consagrada também nos contratos trabalhistas a cláusula da *exceptio non adimpleti contractus*, em que nenhum dos contratantes pode exigir o adimplemento do outro, sem antes cumprir as suas obrigações. É evidente que, frente a certas peculiaridades dos contratos de trabalho, tal regra deve ser aplicada com cautela, como, por exemplo, a exceção mencionada por Plá Rodriguez,[16] que recorda ser permitido ao trabalhador perceber benefícios salariais nos dias em que não trabalhou.

Outra característica é a comutatividade, eis que o pacto de emprego comporta prestações equivalentes, certas e determinadas, sem a possibilidade da contingência de riscos aleatórios. Além da comutatividade, o contrato trabalhista é classificado como oneroso e de trato sucessivo, características já examinadas no título anterior. Porém, sobre a continuidade do contrato de trabalho, é oportuno citar as sábias palavras de Amauri Mascaro Nascimento:

---

[14] PLÁ RODRIGUEZ, Américo. *Curso de direito do trabalho*, ob. cit., p. 42-47.
[15] CAMINO, Carmen. *Direito Individual do Trabalho*, ob. cit., p. 252.
[16] PLÁ RODRIGUEZ, Américo. *Curso de direito do trabalho*, ob. cit., p. 64.

(...) o trato sucessivo é outra nota que caracteriza o contrato de trabalho. A sua execução em caráter continuado através do tempo o distingue dos contratos denominados instantâneos, isto é, aqueles que se exaurem num só momento.[17]

José Augusto Rodrigues Pinto[18] acrescenta que o contrato de trabalho é um contrato privado, ou seja, situa-se na esfera do direito privado; é principal, pois subsiste por si mesmo; é pessoal, eis que cria obrigações; é nominado, uma vez que possui denominação legal específica; e é, de regra, não-solene, já que na maioria dos casos não possui forma específica de celebração.

1.1.4. Requisitos do negócio jurídico. Sendo o contrato de trabalho uma espécie de negócio jurídico, resta evidente a necessidade da observância da regra insculpida no art. 104 do Código Civil brasileiro de 2002. Essa aplicação subsidiária do direito civil, autorizada pela exegese do art. 8º da Consolidação das Leis Trabalhistas, é de suma importância, pois, do contrário, é possível suscitar a nulidade do contrato, ou a sua invalidade, se preferir aplicar a nova terminologia expressa na recente edição do Código Civil de 2002. Destarte, a aplicação subsidiária desta norma no direito do trabalho deve ser realizada com ressalvas em relação ao direito comum, como, por exemplo, não se aplica, no direito do trabalho, o princípio do efeito retroativo da nulidade, conforme citação de Délio Maranhão.[19]

Outrossim, em consonância com a doutrina trabalhista majoritária, em especial com os ensinamentos de Carmen Camino,[20] constituem elementos essenciais para a formação do contrato de trabalho o concurso de agente capaz; o objeto lícito, possível, determinado ou determinável e a forma prescrita ou não defesa em lei.

A questão da capacidade civil merece ser avaliada concomitantemente com a proibição de trabalhar prevista na Constituição Federal, no seu art. 7º, inciso XXXIII. Portanto, até os 16 anos, há uma incapacidade qualificada pela proibição do trabalho, salvo na condição de aprendiz. Dos 14 aos 18 anos, há uma capacidade relativa, exigindo-se que o menor seja assistido. Por fim, aos 18 anos, o sujeito atinge plena capacidade.

No tocante à licitude do objeto, conclui-se que as ilicitudes, que são práticas intrinsicamente contrárias ao legalmente permitido, viciam o ne-

---

17 NASCIMENTO, Amauri Mascaro. *Curso de direito do trabalho: história e teoria geral do direito do trabalho: relações individuais e coletivas do trabalho.* 15 ed. rev. e atual. São Paulo: Saraiva, 1998.

18 PINTO, José Augusto Rodrigues. *Curso de Direito Individual do Trabalho: noções fundamentais do direito do trabalho, sujeitos e institutos do direito individual.* 5 ed. São Paulo: LTr, 2003.

19 SÜSSEKIND, Arnaldo; MARANHÃO, Délio; VIANNA, Segadas; TEIXEIRA, Lima. *Instituições de Direito do Trabalho.* Vol. 1. 17 ed. Atual. / por Arnaldo Süssekind e João de Lima Teixeira Filho. São Paulo: LTr, 1997. p. 249.

20 CAMINO, Carmen. *Direito Individual do Trabalho*, ob. cit., p. 258.

gócio jurídico, não podendo este gerar efeitos. Entretanto, não se pode confundir a ilicitude do objeto com a proibição do objeto, eis que esta última significa a prática de um ato lícito, porém vedada em razão de determinadas pessoas e/ou circunstâncias.

Da mesma forma, constitui uma exigência para a validade do contrato de trabalho a forma prescrita ou não defesa em lei. Embora se possa constatar *prima facie* o desapego a formalidades na formação do contrato de trabalho, é imperioso destacar que existem situações que fogem à regra geral e, nestas exceções, exige-se uma formalidade, que sempre será em benefício do trabalhador.

Evolução Histórica do Contrato de Trabalho no Direito Brasileiro

O contrato de trabalho tem origem remota no Direito Romano, na espécie de contrato denominada *locatio conductio*, que regulava a entrega de coisa ou a prestação de serviços mediante retribuição, conforme descreve o doutrinador José Augusto Rodrigues Pinto.[21] Em específico, o contrato de trabalho tem ascendência no contrato de locação de serviços, numa época em que não havia uma doutrina trabalhista autônoma desenvolvida. O jurista Délio Maranhão,[22] ao tratar da origem romana do contrato de trabalho, destacou a distinção da locação de serviço em duas categorias: a *locatio operis,* referindo-se ao trabalho autônomo, para o qual o que importa é o resultado; e a *locatio operarum,* relacionada ao trabalho subordinado, que privilegia a força de trabalho em si.

Do surgimento de um novo tipo de relação humana de trabalho, sedimentada a partir da Revolução Industrial, é que houve a necessidade de uma regulação específica que atendesse às peculiaridades dessas relações. Porém, em sua evolução histórica, o contrato de trabalho foi por diversas vezes confundido com outros institutos similares. De acordo com os ensinamentos de Américo Plá Rodriguez,[23] o contrato de trabalho não se confunde com o de arrendamento de serviços, distinção esta já formulada pelos romanos ao tratarem da *locatio conductio operis* e da *locatio conductio operarum.* No arrendamento de serviços, embora haja uma prestação que se estenda no tempo, não existe subordinação.

Da mesma forma não se confunde contrato de trabalho com contrato de mandato, eis que, no primeiro, não há assunção de riscos, pois tem um caráter permanente, há subordinação e execução de atos materiais; já no Mandato, o mandatário assume os riscos inerentes, e serve tal contrato como instrumento para a realização de atos jurídicos.

---

[21] PINTO, José Augusto Rodrigues. *Curso de Direito Individual do Trabalho: noções fundamentais do direito do trabalho, sujeitos e institutos do direito individual.* 5 ed. São Paulo: LTr, 2003, p. 162.
[22] SÜSSEKIND, Arnaldo; MARANHÃO, Délio; VIANNA, Segadas; TEIXEIRA, Lima. *Instituições de Direito do Trabalho,* p. 229.
[23] PLÁ RODRIGUEZ, Américo. *Curso de direito do trabalho,* ob. cit., p. 48.

Também se distingue o contrato de trabalho do contrato de sociedade, pois neste se verifica a necessidade da *affectio societatis* e a inexistência de subordinação.

1.2. Natureza Jurídica do Contrato de Trabalho

A natureza jurídica de um instituto pressupõe a análise da sua essência para enquadrá-lo no ordenamento jurídico. Em se tratando da natureza jurídica dos contratos de trabalho, verifica-se a existência de duas teorias: a contratualista, que afirma a natureza contratual deste instituto; e a anticontratualista, que nega a gênese contratual da relação individual de emprego.

1.2.1. O anticontratualismo. O professor José Augusto Rodriguez Pinto consegue, em algumas palavras, repassar de forma inteligente o significado da tese anticontratualista:

> (...) Em suma, o anticontratualismo, com base, essencialmente, no interesse público que impregna o tratamento normativo do Direito do Trabalho, nega a necessidade de manifestação subjetiva para a formação da relação jurídica de emprego. Esta, portanto, não poderia ser classificada como um negócio jurídico, nem o contrato ser a modalidade de sua expressão.(...)[24]

A teoria anticontratualista possui um leque de variações, porém destacam-se as duas manifestações mais representativas, de acordo com os ensinamentos do jurista Amauri Mascaro Nascimento.[25] A primeira, a teoria da relação de trabalho, sustenta a inexistência de ato de vontade criador de direitos e obrigações, pois a relação jurídica trabalhista se constitui a partir de um fato objetivo, qual seja, a realização de atos de emprego no mundo fático, independentemente de qualquer manifestação subjetiva.

A segunda teoria, desenvolvida na França, principalmente nas idéias de Maurice Hauriou, sustenta que o empregado se submete a uma situação fundalmentalmente estatutária, eis que nada cria, apenas se sujeita às condições de trabalho previamente estabelecidas por um ordenamento jurídico protetivo.

1.2.2. Teorias Mistas. Os juristas Américo Plá Rodriguez[26] e Sérgio Pinto Martins[27] tratam, nas suas respectivas obras, da criação de posições mistas, que reconhecem a existência do contrato mesmo frente àquilo que há de positivo na teoria da relação de trabalho.

---

[24] PINTO, José Augusto. *Curso de Direito Individual do Trabalho: noções fundamentais do direito do trabalho, sujeitos e institutos do direito individual*, ob. cit., p. 187.

[25] NASCIMENTO, Amauri Mascaro. *Curso de direito do trabalho: história e teoria geral do direito do trabalho:* relações individuais e coletivas do trabalho, ob. cit., p. 354.

[26] PLÁ RODRIGUEZ, Américo. *Curso de direito do trabalho*, ob. cit., p. 83.

[27] MARTINS, Sérgio Pinto. *Direito do Trabalho*, ob. cit., p. 126.

Inicialmente, tem-se a concepção tripartida do contrato de trabalho, que distingue três elementos:

a) contrato preliminar: é o acordo acerca da futura constituição da relação de trabalho, devendo o empregado se apresentar para iniciar o serviço na data pactuada;

b) relação de trabalho: é a inserção do trabalhador na empresa, ocorrendo o cumprimento do contrato;

c) acordo de vontades: é o contrato de trabalho que estabelece as condições de trabalho que não foram fixadas pelas diversas fontes de direito do trabalho.

Já a teoria do trabalho como fato, que encontra maior expressão no ideal de De Ferrari, defende que existe um contrato de trabalho, mas a sua execução é regida não pelas suas normas, e sim por normas que regulam o trabalho como fato.

1.2.3. Teoria Contratualista. A doutrina trabalhista majoritária inclina-se pelo reconhecimento da natureza contratual da relação de trabalho. Tomam-se como base as explanações trazidas pela magistrada Carmen Camino,[28] que define ser a relação de emprego o suporte fático do contrato de trabalho. A relação de emprego é uma relação de fato, cujas características são a pessoalidade, a subordinação, etc. O contrato de trabalho situa-se no plano da abstração jurídica, construída na ciência do direito, cujas características são a consensualidade, a vinculação personalíssima, comutatividade, etc. Ainda, é possível verificar a relação entre as características do contrato de trabalho e as da relação de emprego.

Nas sábias palavras do professor José Augusto Rodrigues Pinto,[29] o consentimento é elemento essencial para a constituição da relação de emprego e, em assim sendo, considera-se tal relação um negócio jurídico contratual. A postura contratualista enfraquece em razão da forte presença da norma jurídica para proteger o trabalhador, constituindo um forte limitador da liberdade de contratar. Porém tal afirmação não prospera, pois todas as áreas do direito estão à mercê do intervencionismo normativo em razão do interesse social, sendo, em alguns casos, maior ou menor a intensidade das limitações impostas. Dessa forma, não se pode cogitar a existência da relação de emprego independente do contrato, inclusive levando em consideração a nossa legislação trabalhista, nos exatos termos do art. 442 da Consolidação das Leis do Trabalho[30] que prega a necessidade de um ajuste, ainda que verbal ou tácito, para caracterização da relação de emprego.

---

[28] CAMINO, Carmen. *Direito Individual do Trabalho*, ob. cit., p. 256.

[29] PINTO, José Augusto. *Curso de Direito Individual do Trabalho: noções fundamentais do direito do trabalho, sujeitos e institutos do direito individual*, ob. cit., p. 167.

[30] "Art. 442 – Contrato individual de trabalho é o acordo tácito ou expresso, correspondente à relação de emprego.

Parágrafo único – Qualquer que seja o ramo de atividade da sociedade cooperativa, não existe vínculo

1.2.4. Dirigismo contratual. É possível conceituar dirigismo contratual como "(...) a política jurídica destinada a restringir a autonomia negocial na determinação dos efeitos do contrato".[31] No campo do direito do trabalho, o dirigismo contratual tem forte intensidade, à medida que o Estado precisa proteger o trabalhador, que, na grande maioria dos casos, é parte hipossuficiente na relação de emprego. Portanto, a lei contém um "contrato mínimo de trabalho", expressão de La Cueva, que se impõe à vontade das partes na relação contratual. Entretanto, subsiste a autonomia de vontade individual, embora limitada, e também o contrato de trabalho, não havendo espaço para se falar em decadência da autonomia da vontade, nem publicização do contrato.

Em síntese, como bem esclarece Amauri Mascaro Nascimento, a suposta decadência na autonomia da vontade e o dirigismo contratual são peculiaridades de um ramo do direito, mas não justificam a recusa da natureza contratual do vínculo entre empregado e empregador. Não se pode negar a ocorrência de diversas transformações no campo do direito do trabalho, mas tais mudanças definitivamente não acarretaram o desaparecimento desse instituto.

2. Da função social dos contratos

2.1. O instituto da função social no direito civil brasileiro

2.1.1. Precedentes. O princípio da função social, recentemente inserido no Código Civil brasileiro,[32] advém de uma evolução histórica, social e jurídica do Estado, que acaba por sedimentar novos princípios que passam a reger as relações obrigacionais modernas em geral, dentre os quais se destacam a boa-fé objetiva e o princípio da solidariedade.

A transição do Estado Liberal para o Estado Social, principalmente a partir da promulgação da Constituição Federal de 1988, importou na alteração do sistema de codificação. Antes, havia um sistema fechado de normas, supostamente auto-suficiente, sem lacunas, construído sob o dogma da igualdade de todos perante a lei, não permitindo, conseqüentemente, a incidência de outros "direitos", tais como os princípios e valores sociais. Como bem enfatiza o ilustre Arion Mazurkevic,[33] esse modelo de sistema não mais se sustenta, dando lugar ao denominado sistema aberto, caracte-

---

empregatício entre ela e seus associados, nem entre estes e os tomadores de serviços daquela." (BRASIL. Consolidação das Leis Trabalhistas: Decreto-lei nº 5.452, de 1º de maio de 1943. Disponível em:http://www.planalto.gov.br. Acesso em: 16 ago. 2004).

31 NASCIMENTO, Amauri Mascaro. *Curso de direito do trabalho: história e teoria geral do direito do trabalho:* relações individuais e coletivas do trabalho, ob. cit., p. 364.

32 Arts. 421 e 422 do Código Civil brasileiro (Lei 10.406, de 10 de janeiro de 2002).

33 ROMITA, Arion Sayão. *Direito do trabalho: temas em aberto.* São Paulo: LTr, 1998.

rizado pela adoção de cláusulas gerais que permitem a incorporação de princípios, valores e diretrizes ao corpo codificado.

Um exemplo expressivo de cláusula geral é a boa-fé objetiva, elemento indispensável para a busca da função social dos contratos. Em consonância com a valiosa doutrina de Teresa Negreiros,[34] o princípio da boa-fé encontra fundamento a partir da interpretação constitucional, consagrada posteriormente pelo Código de Defesa do Consumidor[35] e recentemente insculpida no Código Civil pátrio.[36] Decorrem da boa-fé os deveres de informação, lealdade e cooperação entre os sujeitos da relação jurídica.

2.2.2. Da função social dos contratos no Direito Civil.

Embora respeitável posição em contrário, a função social do contrato foi inicialmente pensada a partir da doutrina que se opõe ao liberalismo, decorrente da Revolução Industrial, e que veio a ser adotada no Brasil pela Constituição Federal de 1988, em relação ao direito de propriedade, *ex vi* artigo 170, inciso III, da Magna Carta.[37] Essas atenuações ao princípio da autonomia da vontade e à liberdade de contratar se acentuaram a partir da edição do Código de Defesa do Consumidor[38] e do novo Código Civil brasileiro, nos termos do seu artigo 421.

A própria expressão *função social* já denota a predominância da destinação social, ou seja, a consagração de valores superiores em face de cláusulas abusivas e outras estipulações. O contrato não pode mais ser visto sob a ótica individualista, pois a função social terá por efeito a funcionalização das situações jurídicas à ordem constitucional. Nesse aspecto, dispõe a renomada Teresa Negreiros[39] que "(...) o contrato não deve ser concebido como uma relação jurídica que só interessa às partes contratantes, impermeável às condicionantes sociais que o cercam e que são por ele próprio afetadas.".

Portanto, a função social do contrato, positivada no atual Código Civil brasileiro, refere-se à harmonização dos interesses privativos dos contratantes com os interesses comuns de toda coletividade. A liberdade de contratar está adstrita aos fins sociais do contrato, implicando os valores da boa-fé e da probidade.[40] Neste sentido, o jurista Rafael Wainstein Zinn faz uma inteligível síntese acerca do instituto analisado:

---

[34] NEGREIROS, Teresa. *Teoria do contrato: novos paradigmas*, ob. cit, p. 125.

[35] Art. 51 do Código de Defesa do Consumidor (Lei 8.078, de 11 de setembro de 1990).

[36] Art. 422 do Código Civil brasileiro (Lei 10.406, de 10 de janeiro de 2002).

[37] RIZZARDO, Arnaldo. *Contratos*. 3 ed. Rio de Janeiro: Forense, 2004, p. 21.

[38] Lei 8.078, de 11 de setembro de 1990.

[39] NEGREIROS, Teresa. *Teoria do contrato: novos paradigmas,* ob. cit., p. 206.

[40] RIZZARDO, Arnaldo. *Contratos,* ob. cit., p. 21.

(...) O contrato moderno deverá manter como grande objetivo a circulação de riquezas. Entretanto, estas trocas econômicas deverão ser justas e úteis. Além disso, os pactos devem atender aos ditames da justiça social, boa-fé, equilíbrio entre as partes e deveres de cooperação. As relações contratuais que estiverem de acordo com estes preceitos estarão cumprindo com a sua função social.[41]

A Interferência do Código Civil e da Função Social nos Contratos de Trabalho

Não se pode negar a natureza social do Direito do Trabalho, bem como todos os outros ramos do direito, seja em maior, seja em menor grau de interferência. Entretanto, tal caractere não se confunde com a função social do contrato de trabalho, uma vez que esta é mais específica. A função social é um instituto que vem se desenvolvendo há alguns anos, principalmente a partir da Constituição Federal de 1988. Entretanto, a função social dos contratos somente veio a ser reconhecida expressamente pelo Código Civil de 2002[42] e, tanto no direito civil como no direito do trabalho, esta matéria ainda está sob análise pela doutrina em geral, de forma que pode ser considerada uma novidade.

O direito do trabalho permite a aplicação supletiva da lei comum, especialmente pelo permissivo contido no artigo 8º, *caput* e parágrafo único, da CLT,[43] e é a partir dessa aplicação subsidiária da lei civil que se pode pensar em aplicar aos contratos de trabalho o instituto da função social dos contratos, previsto no Código Civil brasileiro de 2002, sempre observando e adequando as peculiaridades que englobam os contratos de trabalho em geral.

A evolução histórica e social do Estado demonstra que as normas de direito privado estão passando a ser interpretadas em conformidade com a Constituição Federal, assim a autonomia privada começa a ter outros contornos. Nesta esteira é que se cogita a função social do contrato, fundada no livre desenvolvimento do homem, com respeito aos valores da pessoa.[44]

2.2.3. A boa-fé no contrato individual do trabalho. O princípio da boa-fé constitui um elemento indispensável para a funcionalização do contrato e para a ressistematização do Direito do Trabalho. Preliminarmente, há de ser evitada a confusão entre boa-fé subjetiva, que traduz um estado de consciência do indivíduo, e boa-fé objetiva, como princípio geral de

---

[41] ZINN, Rafael Wainstein. *O contrato em perspectiva principiológica: novos paradigmas da teoria contratual.* Porto Alegre: Livraria do Advogado Editora, 2004, p. 138.

[42] Arts. 421 e 422 do Código Civil brasileiro (Lei 10.406, de 10 de janeiro de 2002).

[43] BRASIL. Consolidação das Leis Trabalhistas: Decreto-lei nº 5.452, de 1º de maio de 1943.

[44] DALLEGRAVE NETTO, José Affonso; GUNTHER, Luiz Eduardo. O *impacto do novo código civil no direito do trabalho*, ob. cit., p. 358.

Questões Controvertidas de
DIREITO DO TRABALHO E OUTROS ESTUDOS

direito, consoante distinção ofertada pelo mestre Francisco Rossal de Araújo.[45] Nesse caso, o objeto de estudo é a boa-fé objetiva, cujo significado se pode buscar nos dizeres de Judith Martins-Costa,[46] a qual considera que a boa-fé objetiva representa "(...) modelo de conduta social, arquétipo ou *standart* jurídico, segundo o qual cada pessoa deve ajustar a própria conduta a este arquétipo, atuando como atuaria um homem reto: com honestidade, lealdade e probidade".

Como toda cláusula geral, a boa-fé possui caráter pragmático, ficando seu conteúdo e extensão condicionados à verificação na riqueza do caso concreto, sendo que essa aplicação deve ser orientada pela finalidade ou função do contrato. Mesmo assim, é possível dizer que a boa-fé limita a conduta desonesta e exige o convívio civilizado entre as partes. Neste diapasão, leciona o mestre Francisco Rossal de Araújo:

> Para que se tenha uma perspectiva de justiça social efetiva, é preciso analisar o princípio de maneira que facilite o trânsito da ética dentro da relação de trabalho, de forma que a atuação das partes, a massa das decisões jurisprudenciais e o trabalho da doutrina possam concorrer para a evolução de todo o sistema laboral.[47]

A boa-fé objetiva é classificada em diversas funções, dentre as quais se destaca a função de norma de limitação ao exercício de direitos subjetivos, atuando na condição de máxima de conduta ético-jurídica, orientada pela função social do contrato. Em outras palavras, há um dever de agir com lealdade e correção, pois só assim se atinge a função social que lhe é cometida.[48] Assim, a boa-fé adequa a declaração de vontade aos limites éticos, de forma a resguardar o equilíbrio contratual.

Para complementar o estudo, oportuno frisar as palavras do doutor Eduardo Milléo Baracat:

> O princípio da boa-fé atua como regra que imputa deveres de conduta às partes, sendo que as condutas impostas às partes decorrem de juízos de valor formulados de acordo com exigência básicas de justiça e moral, formadas em função de uma consciência jurídica da comunidade.[49]

Diante disso, a boa-fé se compatibiliza com o direito do trabalho, seja na função de cânone hermenêutico-interativo do contrato, seja como norma de criação de deveres jurídicos, seja ainda como norma de limitação do exercício de direitos subjetivos.

---

[45] ARAÚJO, Francisco Rossal de. *A boa-fé no contrato de emprego*. São Paulo: LTr, 1996, p. 16.

[46] MARTINS-COSTA, Judith. *A boa-fé no direito privado*. São Paulo: Revista dos Tribunais, 2000, p. 411.

[47] ARAÚJO, Francisco Rossal de. *A boa-fé no contrato de emprego*, ob. cit. p. 21.

[48] DALLEGRAVE NETTO, José Affonso; GUNTHER, Luiz Eduardo. O *impacto do novo código civil no direito do trabalho*, ob. cit.,p. 368.

[49] BARACAT, Eduardo Milléo. *A boa-fé no direito individual do trabalho*. São Paulo: LTr, 2003, p. 67.

Assim, este princípio da boa-fé é também fundamento da função social do contrato, eis que ambos se encontram interligados à medida que compõem as bases conceituais para a tutela do interesse social no contrato de trabalho.[50]

Para tornar cristalina a questão, adere-se à conclusão elaborada por Arion Mazurkevic:

> (...) os intérpretes e aplicadores do Direito do Trabalho precisam voltar os olhos para a renovação que se desenvolve no Direito Civil contemporâneo, a fim de identificar e passar a utilizar os instrumentos compatíveis que neste vêm sendo explorados.[51]

2.2.4. A função social nos contratos individuais de trabalho. Antes de mais nada, é oportuno mencionar as transformações sociais que alteram as relações de trabalho e o próprio contrato individual de trabalho. Atualmente, assiste-se a uma sociedade denominada pós-industrial ou pós-capitalista, que não mais se caracteriza pelo modo de produção industrial, mas que valoriza o conhecimento, consoante princípios de desconcentralização e horizontalização, sempre almejando a maximização do capital.[52] Dessa forma, é necessária uma releitura dos elementos insculpidos na CLT, segundo uma concepção humanitária da sociedade e nos ditames da função social do contrato individual de trabalho.

Embora esse tema esteja em desenvolvimento e careça de maiores definições, os valores constitucionais e princípios gerais, com destaque para a boa-fé, servem como âncora teórica para descrever a função social do contrato. Nesse sentido, a função social do contrato pode ser entendida como "o agir das partes contratantes que observa os direitos fundamentais constitucionalmente assegurados".[53] Ou seja, ocorre uma mitigação da autonomia da vontade em face de valores constitucionais, como liberdade, segurança, bem-estar, desenvolvimento, igualdade, justiça etc., de forma que o empregador venha a sofrer uma limitação do seu poder diretivo em razão da função social do contrato.

Outrossim, destaca-se o ideal de Paulo Nalim,[54] que traz como bases para a função social do contrato a quebra do individualismo, a busca da igualdade substancial, a tutela de confiança e o equilíbrio das parcelas do contrato. Nesse diapasão, é louvável o ideal proposto pelo jurista Eduardo Milléo Baracat: "(...) o contrato de trabalho é instrumento para a inserção

---

[50] DALLEGRAVE NETTO, José Affonso; GUNTHER, Luiz Eduardo. *O impacto do novo código civil no direito do trabalho*, ob. cit., p. 191.

[51] Idem, p. 373.

[52] DALLEGRAVE NETO, José Affonso. *Direito do trabalho contemporâneo: flexibilização e efetividade*. São Paulo: LTr, 2003, p. 43/46.

[53] Idem, p. 191.

[54] NALIN, Paulo. *Do contrato: conceito pós-moderno. Em busca de sua formulação na perspectiva civil-constitucional*. Curitiba: Juruá, 2001, p. 223.

socioeconômica do trabalhador, como forma de torná-lo membro indispensável de uma sociedade que almeja, juntamente com a empresa, o desenvolvimento social e econômico".[55]

Para a compreensão do princípio da função social, é imprescindível entender o princípio da igualdade, uma vez que aquele densifica este, de acordo com o pensamento do professor Ricardo Aronne.[56] A igualdade, garantia constitucional do indivíduo,[57] deve ser apreciada, nesse contexto, em seu aspecto material, e não meramente formal, sob pena de estar abstraindo excessivamente seu conteúdo da realidade.

Diante do denominado Estado Social, o renomado professor Ricardo Aronne mostra o sentido do princípio da igualdade:

> Nesse passo, o princípio da igualdade alcança o sentido de igualdade de oportunidades e condições reais de vida. Em tal ponto, o princípio da igualdade traduz princípio impositivo de uma política de justiça social, de acesso à cultura, saúde, erradicação da miséria, e outras, como contraponto jurídico-constitucional impositivo de compensações de desigualdade de oportunidades e como sancionador da violação da igualdade por comportamento omissivo, passível de declaração de inconstitucionalidade.[58]

Dessa forma, pode-se dizer que o princípio da função social está atrelado aos princípios da igualdade, cidadania e dignidade da pessoa humana.

No que concerne à função social dos contratos, ressaltam-se as características apontadas pelo mestre Alexandre Agra Belmonte:

> Já no concernente à função social, tem-se que o contrato deve atender ao fim social de autoregulação de interesses, devendo servir para a promoção do bem comum e não podendo ferir a boa-fé objetiva. Por conseqüência, são nulas ou anuláveis as convenções destinadas a tangenciar a lei, para obtenção de resultado anti-social, cabendo ao juiz a correção em caso de desvio de conduta ou de finalidade.[59]

---

[55] BARACAT, Eduardo Milléo. *A boa-fé no direito individual do trabalho*, ob. cit., p. 150.

[56] ARONNE, Ricardo. *Propriedade e domínio: reexame sistemático das noções nucleares de direitos reais*. Rio de Janeiro: Renovar, 1999, p. 199.

[57] BRASIL. *Constituição da República Federativa do Brasil de 1988*. Disponível em: http://www.planalto.gov.br. Acesso em: 18 set. 2004. "PREÂMBULO – Nós, representantes do povo brasileiro, reunidos em Assembléia Nacional Constituinte para instituir um Estado Democrático, destinado a assegurar o exercício dos direitos sociais e individuais, a liberdade, a segurança, o bem-estar, o desenvolvimento, a igualdade e a justiça como valores supremos de uma sociedade fraterna, pluralista e sem preconceitos, fundada na harmonia social e comprometida, na ordem interna e internacional, com a solução pacífica das controvérsias, promulgamos, sob a proteção de Deus, a seguinte CONSTITUIÇÃO DA REPÚBLICA FEDERATIVA DO BRASIL.". "Art. 5º, *caput* – Todos são iguais perante a lei, sem distinção de qualquer natureza, garantindo-se aos brasileiros e aos estrangeiros residentes no País a inviolabilidade do direito à vida, à liberdade, à igualdade, à segurança e à propriedade, nos termos seguintes (...)".

[58] ARONNE, Ricardo. *Propriedade e domínio: reexame sistemático das noções nucleares de direitos reais*. Rio de Janeiro: Renovar, 1999, p. 204.

[59] BELMONTE, Alexandre Agra. *Instituições civis no direito do trabalho*. 3.ed. atualizada de acordo com o novo Código Civil e aumentada. Rio de Janeiro: Renovar, 2004, p. 323.

Ainda em alusão à obra referida, tem-se que o contrato não cumprirá seu objetivo nem alcançará sua função social se uma das partes não tiver condição econômica de assumir determinada prestação, ou ainda, se na execução do contrato vier a ocorrer um desequilíbrio nas prestações, fato este que induz à necessidade da correção de forma a atender aos interesses condizentes à sua utilidade social.

Por tais características e pelo sentido pragmático do princípio da função social, este instituto somente será corretamente aplicado e compreendido no caso concreto, analisando as circunstâncias existentes e, dessa maneira, definindo o seu alcance. Sendo assim, faz-se referência à jurisprudência trabalhista que, de forma tímida, inicia a contemplação da função social, como, por exemplo, o acórdão do Recurso Ordinário em rito sumaríssimo n° 200400201663, julgado, em 03/02/2004, pela Quinta Turma do Tribunal Regional do Trabalho da 2ª Região, que assim dispõe:

Dispensado relatório, face o rito procedimental adotado.

A r. sentença (fls. 100/106) recebe hostilidade recursal de ambos os litigantes.

I – Recurso Ordinário do Reclamante (razões recursais de fls. 110/113): Prescrição

A insurgência recursal obreira contra a r. sentença (f. 100/106) de extinção com julgamento do mérito (CPC, art. 269, IV) não merece agasalho da segunda instância pelos seguintes fundamentos: a extinção contratual foi em 09.03.1993 e a propositura da reclamação sucedeu no dia 24.06.2003; o pleito é de diferenças do FGTS e a respeito do tema estatui o Enunciado nº 362, do Colendo TST (nova redação pela Resolução nº 121, publicada no DJ de 21.11.2003), que "é trintenária a prescrição do direito de reclamar contra o não recolhimento da contribuição para o FGTS observado o prazo de 2 anos após o término do contrato de trabalho"; o prazo a que se refere o citado enunciado jurisprudencial é o da Constituição Federal, consoante art. 7º, XIX, e que deve ser respeitado sob pena de transgressão à natural hierarquia das normas jurídicas (imperativos autorizantes, no dizer do Professor Goffredo da Silva Telles Júnior); não pode ser acolhida a tese de que a prescrição só poderia ser contada a partir da edição da Lei Complementar nº 110, de 29.06.2001 (publicada no dia 30.06.2001) eis que a suposta lesão a direito teria nascido apenas com o alegado pagamento a menor dos títulos rescisórios; tudo isto não bastasse, não existe ainda notícia de que a trabalhadora tenha se valido da figura do protesto cautelar, de molde a evitar o inexorável decurso do prazo prescricional previsto na Carta Magna, art. 7º, XIX, e tratado pelo Enunciado nº 362, do Colendo TST; por derradeiro, a utilização analógica (Consolidação das Leis do Trabalho, art. 8º) da O.J. nº 254, SDI 1 da mesma Corte Superior, em face dos termos contidos no art. 18, § 1º, da Lei nº 8036/90, com respeito à responsabilidade do empregador quanto a valores do FGTS; reformulando, pois entendimento anterior deste julgador, tenho mesmo que a contagem do prazo prescricional para o exercício do direito de ação deve ser feita a partir da extinção do contrato laboral (Constituição Federal, art. 7º, XIX e TST, Enunciado nº 362) e não em momento ulterior, sob pena da geração de uma indesejável insegurança nas relações jurídicas, agressiva até aos arts. 421 (função social do contrato) e 422 (probidade e boa-fé na conclusão contratual) do

Questões Controvertidas de
DIREITO DO TRABALHO E OUTROS ESTUDOS

Código Civil, aqui usado com base no artigo 8º da Consolidação das Leis do Trabalho. (...) (Recurso Ordinário em rito sumaríssimo n.o 20040020163, Quinta Turma, Tribunal Regional do Trabalho, Juiz Relator Ricardo Verta Luduvice, julgado em 03/02/2004).

3. Tendências modernas

3.1. Tendências Atuais Quanto à Forma de Contratar na Relação de Emprego

Conforme já mencionado no capítulo anterior, hoje se verifica a existência de uma sociedade denominada pós-industrial, globalizada, caracterizada pela intelectualização da sociedade humana, que valoriza o conhecimento e a informação. Essas transformações, conseqüentemente, afetam de forma nítida as relações de trabalho.

O atual contexto é assim descrito por Jefferson Ramos Brandão:

O incremento do desemprego, juntamente com a progressiva intelectualização do labor (gerada pela subordinação da força humana de trabalho pela força de trabalho da máquina) dão ensejo ao desenvolvimento de novas formas de prestação de serviços, sempre na esteira da precariedade do emprego.[60]

Ainda, em decorrência do avanço tecnológico, da crescente competitividade do mundo globalizado, as atividades consideradas essenciais para a empresa passaram a ser secundárias, aumentando a busca por trabalhos esporádicos, colocando em xeque a necessidade do caráter contínuo para configuração da relação de emprego.

A título exemplificativo, observa-se edição da Lei nº 9.601, de 1998, que possibilitou a contratação a prazo determinado, em quaisquer condições, mediante negociação coletiva, sendo que o objetivo da referida lei foi reduzir o desemprego no Brasil. De fato, os indicadores demonstram uma triste situação econômica de miséria e de grandes desigualdades sociais da população em geral, o que também se reflete na classe de trabalhadores.

Assim, os brasileiros vêm assistindo a um aumento desproporcional da economia e do trabalho informal, aumento do desemprego, perda do poder de compra dos salários, aumento da pobreza, dentre outros fatores que, segundo o jurista Arion Sayão Romita,[61] levaram à seguinte indagação: em que consiste a referida "proteção" que o Direito do Trabalho e sua legislação específica, fundada no princípio da proteção, supostamente proporcionaria ao empregado? De fato, essa matéria é digna de uma análise e discussão mais aprofundada.

---

[60] DALLEGRAVE NETO, José Affonso. *Direito do trabalho contemporâneo: flexibilização e efetividade*, ob. cit., p. 49.

[61] ROMITA, Arion Sayão. *O princípio da proteção em cheque e outros ensaios*. São Paulo: LTr, 2003, p. 29.

Sob pressão das novas realidades econômicas e sociais, o contrato recebe novo tratamento jurídico. O legislador deixa de impor um comportamento e passa a criar mecanismos e procedimentos que ensejam aos atores sociais a auto-regulação de seus interesses e a criação de meios de composição das suas controvérsias.[62]

Diante disso, é imprescindível trazer à tona a tendência de flexibilização das normas trabalhistas, que atualmente enseja rigorosos debates pelos doutrinadores do Direito do Trabalho, em regra intitulado de "negociado *versus* legislado". O capitalismo adentra em um novo ciclo, marcado pela globalização econômica, pelo desenvolvimento da lógica de mercado e, principalmente, pelo elevado número de atores sociais excluídos do mercado de trabalho e, conseqüentemente, excluídos da renda. Esse novo panorama social, no campo normativo, traz a institucionalização de mecanismos de inserção e de regulação atípicos no mercado de trabalho.[63]

O professor Leandro do Amaral D. de Dorneles afirma, nesse sentido, que "(...) a flexibilização juslaborista brasileira reveste-se na desregulamentação ou na re-regulamentação de direitos historicamente consagrados aos trabalhadores".[64] O jurista Oscar Ermida Uriarte define flexibilidade como a "(...) eliminação, diminuição, afrouxamento ou adaptação da proteção trabalhista clássica, com a finalidade – real ou pretensa – de aumentar o investimento, o emprego ou a competitividade da empresa".[65] Ainda, na obra, são citadas múltiplas possibilidades de flexibilização, dentre as quais se destaca a eliminação ou diminuição de direitos e/ou benefícios trabalhistas, ou a modificação da relação entre as fontes, prevalecendo a negociação coletiva sobre os preceitos legais.

Na prática, é visível o fenômeno flexibilizatório pela adoção de medidas, como o denominado "banco de horas", pela maior abrangência dos contratos a prazo determinado, pela possibilidade de redução salarial, pelo conhecido *job sharing* etc. Por fim, destaca-se a tendência de generalização da flexibilidade através do Projeto de Lei 5.483/2001, ora em trânsito pelas câmaras congressuais. Sua proposta é " (...) relegar totalmente para segundo plano a norma estatal, firmando a precedência da norma profissional negociada entre os próprios atores das relações trabalhistas para regê-las".[66]

Paralelamente à flexibilização, a exteriorização do emprego, fenômeno também denominado de "terceirização", deixou de ser uma tendência e

---

[62] Idem, p. 126.

[63] DORNELES, Leandro do Amaral D. de. *A transformação do direito do trabalho: da lógica da preservação à lógica da flexibilidade*. São Paulo: LTr, 2002, p. 175.

[64] Idem, ibidem.

[65] ERMIDA URIARTE, Oscar. *A flexibilidade*. São Paulo: LTr, 2002, p. 9.

[66] PINTO, José Augusto. *Curso de Direito Individual do Trabalho: noções fundamentais do direito do trabalho, sujeitos e institutos do direito individual*, ob. cit., p. 623.

passou a ser uma realidade, a partir do art. 455 da CLT[67] e, posteriormente, pelas normas que regulam o trabalho temporário e outros preceitos normativos. Esse fenômeno vem se desenvolvendo em face de um amplo conjunto de medidas que buscam adequar as relações de emprego às transformações que vêm ocorrendo no sistema de produção.

Quanto à natureza jurídica da terceirização, têm-se as seguintes considerações:

> Do ponto de vista jurídico, a terceirização representa a contratação de serviço e a mão-de-obra. A relação de emprego se faz entre o trabalhador e a empresa prestadora do serviço, e não diretamente com o contratante da atividade.[68]

Em suma, a terceirização exige da empresa tomadora um menor capital, de modo a possibilitar uma maior dedicação e qualidade na sua atividade-fim e, ao mesmo tempo, induz cada vez mais à especialização.

Esta prática é plausível, desde que o serviço contratado se execute fora do âmbito das atividades essenciais e normais da empresa principal. Tal orientação encontra fundamento no Enunciado 331 do egrégio Tribunal Superior do Trabalho, que demonstra o incentivo à subcontratação em razão das novas exigências econômicas.[69]

Além das modalidades mencionadas, verificam-se ainda o surgimento de contratos especiais de trabalho que tendem a flexibilizar o emprego, como, por exemplo, a jornada de trabalho em tempo parcial; o trabalho temporário, consoante as disposições da Lei 6.019/74; o trabalho por projeto ou por tarefa; contrato por teletrabalho; cooperativa de trabalho, nos termos da Lei 6.019/74, e suspensão temporária do contrato de trabalho, conhecida como *lay-off*.[70]

Portanto, conclui-se que, na aludida pós-modernidade, a relação de emprego tem um novo perfil, em que os pressupostos básicos adquirem plasticidade, causando confusão aos que lidam com o direito. A exteriorização do trabalho o torna cada vez mais impessoal; o uso racional da mão-de-obra durante o tempo estritamente necessário gera uma gama de

---

[67] BRASIL. Consolidação das Leis Trabalhistas: Decreto-lei n° 5.452, de 1° de maio de 1943. Disponível em: http://www.planalto.gov.br. Acesso em: 20 set. 2004
Art. 455 – Nos contratos de subempreitada responderá o subempreiteiro pelas obrigações derivadas do contrato de trabalho que celebrar, cabendo, todavia, aos empregados, o direito de reclamação contra o empreiteiro principal pelo inadimplemento daquelas obrigações por parte do primeiro.
Parágrafo único – Ao empreiteiro principal fica ressalvada, nos termos da lei civil, ação regressiva contra o subempreiteiro e a retenção de importâncias a este devidas, para a garantia das obrigações previstas neste artigo.

[68] CHAHAD, José Paulo Zeetano; CACCIAMALI, Maria Cristina. *Mercado de trabalho no Brasil: novas práticas trabalhistas, negociações coletivas e direitos fundamentais no trabalho*. São Paulo: LTr, 2003, p. 106.

[69] ROMITA, Arion Sayão. *O princípio da proteção em cheque e outros ensaios*, ob. cit., p. 232/233.

[70] CHAHAD, José Paulo Zeetano; CACCIAMALI, Maria Cristina. *Mercado de trabalho no Brasil: novas práticas trabalhistas, negociações coletivas e direitos fundamentais no trabalho*, ob. cit., p. 58.

supostos trabalhadores autônomos; os salários meritórios mascaram uma divisão dos riscos da atividade econômica, vinculados à produtividade.[71] Frente a esta situação, o contrato de trabalho merece ter seus elementos reconfigurados, de forma a adequar-se a essa realidade imposta, garantindo efetiva valorização do trabalho e inclusão social.

3.2. A Excelência no Contrato Individual do Trabalho

(...) no início, foi a lei do patrão; depois, a lei do Estado; agora, é a lei dos contratantes.[72]

Em face das transformações que vêm ocorrendo nas relações de emprego pós-modernas, que acabam por confundir e descaracterizar seus pressupostos de base concebendo-os menos rígidos, o contrato individual de trabalho adquire importância como instrumento fundamental de regulação do trabalho. Em assim sendo, fica em aberto a questão acerca de quais os elementos que deve um contrato de trabalho possuir de forma a melhor resguardar os interesses sociais, sem configurar prejuízo aos interesses das partes contratantes.

Um primeiro passo é a valorização da continuidade do emprego. Deve haver uma contratação efetiva, duradoura, através da modalidade de contrato de trabalho a prazo indeterminado, afastando desde logo a precariedade da relação de emprego. Esse tipo de contratação privilegia o investimento na capacitação dos trabalhadores e no seu envolvimento pessoal, elementos indispensáveis para o desenvolvimento de uma empresa nos tempos modernos.

O direito comparado é sempre um norte para analisar as tendências no Direito do Trabalho e as respectivas conseqüências. No caso, é possível tomar por base o exemplo da legislação trabalhista espanhola, que inicialmente incentivou a contratação a prazo determinado e, posteriormente, teve de rever essa posição, valorizando o contrato por tempo indeterminado. O jurista Arion Sayão Romita explica o ocorrido:

De fato, a grande rotatividade da mão-de-obra e a impossibilidade de implementar processos de qualificação profissional dos trabalhadores (dada a curta permanência do empregado na empresa) levaram o legislador, em 1997, a rever a orientação adotada. Decidiu-se privilegiar a contratação por tempo indeterminado, de modo que se reeditou o prestígio do princípio da continuidade do contrato de trabalho, fixando o empregado no quadro de pessoal da empresa.[73]

Além disso, a empresa, através do contrato de trabalho por prazo indeterminado, tem o dever de investir na capacitação do empregado, sem a

---

[71] CUNHA, Carlos Roberto. *Flexibilização de direitos trabalhistas à luz da Constituição Federal.* Porto Alegre: Sergio Antonio Fabris, 2004, p. 366.

[72] ROMITA, Arion Sayão. *O princípio da proteção em cheque e outros ensaios*, ob. cit., p. 208.

[73] ROMITA, Arion Sayão. *Direito do trabalho: temas em* aberto. São Paulo: LTr, 1998, p. 207.

qual não se pode atender as necessidades atuais de flexibilização da produção e da plurifuncionalidade.

Outro fator que deve ser consolidado é a formalização do contrato de trabalho. Ou seja, em tempos de valorização do contrato de trabalho como instrumento que definirá as condições da prestação, o qual deve atentar a sua função social, não se pode aceitar a sua elaboração de forma verbal ou tácita. Sem contestar o princípio da primazia da realidade, o contrato de trabalho deve ser solene, por escrito, pela sua importância e pelo fato de que todas as demais obrigações dele derivam. Nesse sentido, destaca-se a lei de trabalho mexicana, que somente aceita a contratação por escrito, e esta é dever do empregador elaborar, embora possam ser reconhecidos os direitos do trabalhador na sua ausência.

Em um contexto em que as empresas acabam por impor sua vontade ao empregado contratado, respeitadas algumas exceções, o contrato de trabalho não pode perder de vista o equilíbrio contratual, base da função social do contrato, mediante a equivalência nas prestações e um estreito dever de cooperação entre as partes, preservando a confiança dos interesses envolvidos. Qualquer abuso que atentasse contra valores como a justiça social, dignidade da pessoa humana e solidariedade, deveria ser sanado, pois, do contrário, estaria a atentar contra a funcionalidade contratual na relação de emprego.

Os problemas elencados anteriormente, como o desemprego e outros, estão consubstanciados muito mais em razão do sistema econômico do que em função do Direito do Trabalho.[74] Sendo assim, o contrato de trabalho deve atender às necessidades impostas pela situação econômica vivenciada, não podendo ser totalmente rígido, mas preservando sua função social e os valores constitucionais garantidos à pessoa humana, caracteres fundamentais à manutenção do Estado Social.

Deve ser frisado que não há como negar a flexibilização, uma vez que ela faz parte de um processo evolutivo que fará sentir seus efeitos no momento em que se encaminha para um estágio seguinte da civilização humana.[75] Porém, neste trabalho não se está propondo um retrocesso ao liberalismo econômico exacerbado e ao individualismo jurídico, mas uma flexibilização que não signifique e nem enseje o desequilíbrio de forças entre capital e trabalho, em favor do primeiro, mas que, justamente, através de uma visão individual e condicionada às circunstâncias de cada caso concreto, venha a trazer maior equilíbrio neste tipo de relação obrigacional. Portanto, o contrato de trabalho não pode mais ser visto apenas como o

---

[74] ERMIDA URIARTE, Oscar. *A flexibilidade.* ob. cit., p. 59.

[75] PINTO, José Augusto. *Curso de Direito Individual do Trabalho: noções fundamentais do direito do trabalho, sujeitos e institutos do direito individual,* p. 628.

instrumento que regula as condições de trabalho, mas deve atentar a sua função social, buscando sempre a socialização e humanização dos postos de trabalho, de modo a diminuir cada vez mais a exclusão social e a precariedade do trabalho.

3.3. A Revisão Contratual no Direito do Trabalho Fundada na Função Social dos Contratos Trabalhistas

Em tempos de neoliberalismo, globalização e capitalismo ávido, não parece sensata a prevalência do negociado, da livre negociação, sem que exista um sindicalismo forte e consolidado.[76] A flexibilização seria a solução no momento em que o Estado passasse a estimular a organização da classe dos trabalhadores para alcançar seus legítimos interesses através da negociação com seus empregadores. Nesse sentido, destaca Arion Sayão Romita:

> É a união da classe trabalhadora, sua organização em entidades sindicais livres, autênticas e representativas que protege o trabalhador. É no regime de liberdades públicas, assegurado o direito de reunião e de livre manifestação do pensamento, em suma, em regime de liberdade sindical, que o trabalhador encontra a única proteção que almeja, ou seja, a proteção deriva de sua própria força.[77]

Entretanto, os aspectos fáticos demonstram que o Brasil ainda está distante de possuir sindicatos fortes e representativos. Não há previsão para que a liberdade sindical plena se torne uma realidade, por isso, é necessário criar mecanismos imediatos para solução e adequação das relações de trabalho e seus institutos. O professor Leandro do Amaral D. de Dorneles menciona as dificuldades, no plano social, vivenciadas atualmente na organização dos trabalhadores:

> A flexibilização de direitos trabalhistas pelo Estado ou pelas leis de mercado, na ausência de uma organização sindical eficiente, leva a precariedade no mundo do trabalho, aumentando as desigualdades já existentes. Por isso, somente poderia ser concebida uma flexibilização das normas trabalhistas se respeitada a função social do contrato de trabalho, com a valorização do trabalho, dignidade humana e demais princípios sociais que servem de norte no atual sistema jurídico. Para tanto, o meio hábil para a revisão pretendida em prol da correção do contrato de trabalho é a Justiça do Trabalho, através dos dissídios individuais, em que se pode analisar as circunstâncias concretas e efetivas da relação entre empregado e patrão.[78]

Infelizmente, trata-se de uma questão demasiadamente teórica, a qual somente pode ser efetivada no caso concreto. Existem inúmeras situações

[76] CUNHA, Carlos Roberto. *Flexibilização de direitos trabalhistas à luz da Constituição Federal*, ob. cit,, p. 368.
[77] ROMITA, Arion Sayão. *O princípio da proteção em cheque e outros ensaios*, ob. cit., p. 31.
[78] DORNELES, Leandro do Amaral D. de. *A transformação do direito do trabalho: da lógica da preservação à lógica da flexibilidade*. São Paulo: LTr, 2002.

que poderiam ensejar a revisão do contrato de trabalho com base na sua função social e nos valores constitucionais consolidados, principalmente em questões que não envolvam contrariedade à lei, seja legislada ou negociada, ou seja, condições tipicamente reguladas pelo contrato de trabalho. Sem desmerecer estas questões, seria da mesma forma plausível estender este debate, para refletir acerca de uma possível flexibilização dos direitos trabalhistas no âmbito do contrato individual do trabalho, à luz do princípio da função social e dos demais valores constitucionais interligados.

Na tentativa de vislumbrar a aplicação prática da revisão judicial do contrato de trabalho com base na sua função social, utiliza-se o caso hipotético de uma empresa consolidada ao longo dos anos no mercado a qual, em virtude das transformações econômicas, produtivas etc., acaba necessitando adequar-se a essas mudanças, inclusive passando por dificuldades financeiras. Essa mesma empresa possui um empregado que presta seus serviços desde os tempos mais antigos; em função do tempo, ele acaba por adquirir benefícios trabalhistas de valores expressivos.

Nesse caso, engessar as normas do trabalho significa colocar essa empresa em um verdadeiro "beco sem saída", pois não restaria outra alternativa senão a rescisão unilateral do contrato de trabalho para possibilitar uma adequação da empresa frente às novas realidades e dificuldades existentes. Ressalte-se que, *in casu*, não caberia uma negociação coletiva como forma de solução desse impasse, uma vez que se trata de um problema estritamente individual, relacionado a determinado trabalhador, sendo que se pode considerar desnecessária a modificação nas normas de toda uma categoria para resolver apenas um conflito, uma situação.

Para resolver a questão, é necessário conjugar e sopesar valores. O que seria melhor para o trabalhador: ser dispensado em razão dos encargos trabalhistas vultosos, ou ter uma diminuição dessa quantia, mas que garanta a ele um emprego e, enfim, todos os ganhos pessoais que derivam do fato de uma pessoa exercer um trabalho? Talvez seja possível ter uma vaga idéia da grande dificuldade que é a reinserção, no mercado de trabalho, de uma pessoa já de certa idade, que sempre prestou serviço em uma mesma empresa, em um país com elevado índice de desempregados, concorrendo com profissionais jovens, atualizados e qualificados. Onde se situa a proteção ao trabalhador e a dignidade da pessoa humana nesse contexto? A rescisão contratual, na verdade, estaria a obstaculizar as garantias constitucionais e fundamentais do cidadão trabalhador, bem como seu desenvolvimento pessoal, econômico e social.

Embora a CLT expressamente proíba a alteração nas condições de trabalho que sejam desfavoráveis ao trabalhador, resta indagar se somente esta diminuição das verbas decorrente da relação de emprego é que pode ser considerada desfavorável ao trabalhador, ou é um dever considerar todos os fatores sociais que permeiam a relação e, principalmente, as conseqüências devastadoras que a perda do seu emprego geraria.

Tal afirmativa conduz à conclusão de que a revisão do contrato, mesmo que suprimisse alguns direitos e aparentasse um prejuízo imediato ao trabalhador, traria conseqüências mediatas muito mais benéficas, de forma a obedecer aos mandamentos e princípios constitucionais do Estado Social. A manutenção do emprego é o que realmente faria com que o contrato de trabalho cumprisse a sua função social e os demais princípios constitucionais que protegem o cidadão trabalhador. Do contrário, haveria uma aparente proteção e observação dos preceitos da Magna Carta, meramente formal, eis que estaria a degradar as condições sociais do trabalhador, impondo-lhe consideráveis dificuldades e causando-lhe prejuízos incomensuráveis, impossibilitando-lhe a emancipação e a realização pessoal.

Portanto, o contrato de trabalho deve refletir um equilíbrio entre os interesses do capital e do trabalho, ser passível de flexibilização das normas, desde que o interesse social prevaleça ao privado, limitado à sua função social e aos preceitos constitucionais que imperam na sociedade moderna.

Conclusão

O contrato de trabalho já não se encontra fadado aos seus elementos de base, uma vez que a globalização, os avanços tecnológicos, o poder da informação e as mudanças no modo de produção exigem formas alternativas de contratação do trabalho. Concomitantemente, o ordenamento jurídico não mais se fundamenta no liberalismo contratual e na autonomia da vontade, e sim protege valores constitucionais em prol da justiça social, do equilíbrio contratual, da boa-fé e da dignidade da pessoa humana.

A necessidade de flexibilização das normas e a formação de um contrato de trabalho menos rígido em relação aos seus requisitos são fatos que não podem ser negados. Na grande maioria, os doutrinadores do Direito do Trabalho se inclinam pela flexibilização como uma necessidade de adequação da legislação trabalhista aos novos tempos, desde que haja uma fortificação da organização sindical, de forma a ser alcançada a liberdade sindical plena. Ocorre que, ao analisar o que está sendo feito neste sentido e os projetos que estão sendo propostos, é possível concluir que a liberdade sindical plena é um ideal distante de se transformar numa realidade no Brasil, adquirindo um caráter praticamente utópico.

Nessas condições, em razão da urgência de se criarem mecanismos que solucionem toda a problemática que envolve a questão do trabalho hodiernamente, a valorização do contrato individual de trabalho torna-se uma opção salutar, pois dele derivam todas as condições e obrigações da relação empregatícia, inclusive consubstanciada na possibilidade de flexibilização dos direitos trabalhistas em razão da adequação dos pactos aos ditames da função social contratual, boa-fé, valorização do trabalho, dignidade do cidadão e demais valores insculpidos na Constituição Federal de 1988.

Portanto, o contrato de trabalho deve refletir um equilíbrio não apenas entre as partes, mas também entre os interesses do capital e do trabalho, consolidando a equivalência das prestações e obrigações, atentando a sua função social, em prol da socialização e humanização nos postos de trabalhos, bem como privilegiando qualquer outro interesse social em detrimento do privado. Mediante a revisão judicial do contrato, a relação de emprego poderá ser alterada sempre que houver necessidade de uma adequação aos preceitos constitucionais modernos, de modo a diminuir cada vez mais a exclusão social e a precariedade do trabalho.

Referências bibliográficas

ARAÚJO, Francisco Rossal de. *A boa-fé no contrato de emprego*. São Paulo: LTr, 1996.

ARONNE, Ricardo. *Propriedade e domínio: reexame sistemático das noções nucleares de direitos reais*. Rio de Janeiro: Renovar, 1999.

BARACAT, Eduardo Milléo. *A boa-fé no direito individual do trabalho*. São Paulo: LTr, 2003.

BELMONTE, Alexandre Agra. *Instituições civis no direito do trabalho*. 3.ed. atualizada de acordo com o novo Código Civil e aumentada – Rio de Janeiro: Renovar, 2004.

BRASIL. *Código Civil Brasileiro: Lei n.º 10.406, de 10 de janeiro de 2002*. Disponível em: http://www.planalto.gov.br. Acesso em: 20 set. 2004.

BRASIL. *Código de Defesa do Consumidor: Lei n.º 8.078, de 11 de setembro de 1990*. Disponível em: http://www.planalto.gov.br. Acesso em: 20 set. 2004.

BRASIL. *Consolidação das Leis Trabalhistas: Decreto-lei n.º 5.452, de 1º de maio de 1943*. Disponível em: http://www.planalto.gov.br. Acesso em: 05 ago. 2004.

BRASIL. *Constituição da República Federativa do Brasil de 1988*. Disponível em: http://www.planalto.gov.br. Acesso em: 18 set. 2004.

CAMINO, Carmen. *Direito Individual do Trabalho*. 4ª ed. Porto Alegre: Síntese, 2003.

CHAHAD, José Paulo Zeetano; CACCIAMALI, Maria Cristina. *Mercado de trabalho no Brasil: novas práticas trabalhistas, negociações coletivas e direitos fundamentais no trabalho*. São Paulo: LTr, 2003.

CUNHA, Carlos Roberto. *Flexibilização de direitos trabalhistas à luz da Constituição Federal*. Porto Alegre: Sérgio Antônio Fabris Ed., 2004.

DALLEGRAVE NETO, José Affonso. *Direito do trabalho contemporâneo: flexibilização e efetividade*. São Paulo: LTr, 2003.

——; GUNTHER, Luiz Eduardo. *O impacto do novo código civil no direito do trabalho*. São Paulo: LTr, 2003.

DORNELES, Leandro do Amaral D. de. *A transformação do direito do trabalho: da lógica da preservação à lógica da flexibilidade*. São Paulo: LTr, 2002.

ERMIDA URIARTE, Oscar. *A flexibilidade*. São Paulo: LTr, 2002.

MARTINS, Sérgio Pinto. *Direito do Trabalho*. 19 ed. São Paulo: Atlas, 2004.

MARTINS-COSTA, Judith. *A boa-fé no direito privado*. São Paulo: Revista dos Tribunais, 2000.

MONZÓN, Máximo Daniel. "Sobre el concepto y alcance de la subordinacióm". *Revista Derecho del Trabajo*, 1949.

NALIN, Paulo. *Do contrato: conceito pós-moderno. Em busca de sua formulação na perspectiva civil-constitucional*. Curitiba: Juruá, 2001.

NASCIMENTO, Amauri Mascaro. *Curso de direito do trabalho: história e teoria geral do direito do trabalho: relações individuais e coletivas do trabalho*. 15 ed. rev. e atual. São Paulo: Saraiva, 1998.

NEGREIROS, Teresa. *Teoria do contrato: novos paradigmas*. Rio de Janeiro: Renovar, 2002.

PINTO, José Augusto Rodrigues. *Curso de Direito Individual do Trabalho: noções fundamentais do direito do trabalho, sujeitos e institutos do direito individual*. 5 ed. São Paulo: LTr, 2003.

PLÁ RODRIGUEZ, Américo. *Curso de direito do trabalho*. São Paulo: LTr, 1982. Tradução de João da Silva Passos.

RIZZARDO, Arnaldo. *Contratos*. 3 ed. Rio de Janeiro: Forense, 2004.

ROMITA, Arion Sayão. *Direito do trabalho: temas em aberto*. São Paulo: LTr, 1998.

——. *O princípio da proteção em cheque e outros ensaios*. São Paulo: LTr, 2003.

SÜSSEKIND, Arnaldo; MARANHÃO, Délio; VIANNA, Segadas; TEIXEIRA, Lima. *Instituições de Direito do Trabalho*. Vol. 1. 17 ed. atual. por Arnaldo Süssekind e João de Lima Teixeira Filho. São Paulo: LTr, 1997.

ZINN, Rafael Wainstein. *O contrato em perspectiva principiológica: novos paradigmas da teoria contratual*. Porto Alegre: Livraria do Advogado, 2004

Impressão:
Editora Evangraf
Rua Waldomiro Schapke, 77 - P. Alegre, RS
Fone: (51) 3336.2466 - Fax: (51) 3336.0422
E-mail: evangraf@terra.com.br